U0061329

簡明

香港華人風俗史

黃競聰 著

推薦序

．．．．．．．．．．．．．．

　　香港位廣東省之南陲，鄰接深圳特區，歷代皆中國屬土，早於宋明期間，中原人士相繼遷入，開村立業，清初雖一度離去，數年後亦多遷回復業。至乾嘉間，鄰近客籍人士入遷。英人東來時，該區已有眾多廣客村莊，居民多以樵農為業，濱海蜑民多務漁農。此等人士，多自其原居地帶入其傳統生活習慣、風俗文化及宗教信仰，因至該區之風俗文化多姿多彩。

　　競聰博士對香港歷史研究甚力，對香港新界華人傳統風俗文化及民間信仰有深入探索。多年來，於新界地區進行田野考察，調查訪問，抄錄碑銘，拍照記錄，並與鄉村父老長者交談，收集資料，歸家後以中英文獻資料、地方志乘、族譜及碑銘資料，研究其歷史與風俗文化，並撰文記錄。現輯集成書，題為《簡明香港華人風俗史》，介紹新界華人民間之傳統風俗與信仰，囑余為序。余以其書內容豐富，對新界之傳統風俗、習慣及信仰各項問題，解說甚為詳盡，故特作推薦。

二零二零年九月蕭國健於顯朝書室

自序

．．．．．．．．．．．．．

十多年前，筆者因着工作關係，經常記錄香港傳統風俗活動，並訪問風俗傳承人，寓工作於興趣。遙想當年初出茅廬，觀風問俗猶如「劉姥姥入大觀園」，常有讀萬卷書不如行萬里路之嘆。怎想區區彈丸之地，香港華人風俗如此多姿多彩，遂萌生採風成書的構想。迄至兩年前，筆者喜獲游子安教授之推薦，撰寫《簡明香港華人風俗史》，頓覺夢想成真。

胡樸安《中華全國風俗志》云：「舉其大綱，凡政治、經濟、文化、信仰等，舉其細目，凡生產、貿易、居住、飲食、器物、服飾、娛樂、婚嫁、喪葬、祭祀、禮儀、時令、語言等」。由此可見，風俗的範圍廣泛，見諸日常生活之中，每一大綱或細目皆能獨立成書。是故，構思寫作此書時，選材舉例尤為困難。再者，筆者工務繁重，兼要分身大專教學，進度一再拖延。幸得香港三聯書店梁偉基兄多番鞭策，復有編輯張軒誦先生的全力配合，加上吳冠曼小姐的精美設計，以及周家建博士的珍貴相片，始能順利付梓出版。

本書以香港華人風俗為研究對象，運用文獻、口述資料和

田野考察，加以整理和分析，嘗以探古尋源，勾勒出香港華人風俗的風貌。選材方面，限於篇幅，基調以簡明為主，嚴選歲時節慶、人生禮儀和居住建築三個範疇，作深入剖析。中國以農立國，古人依據歲時之變化，確定日常生活的方式，逐漸發展成歲時節慶風俗。在西方文化衝擊之下，香港歲時節慶風俗呈現不一樣的人文風貌。結婚和死亡是人生中重要的階段，受着官方政策的影響，婚俗和喪俗之演變凸顯了香港華人風俗的特色。反觀西方保育觀念的普及，賦傳統民居建築以新的價值，風俗習慣也一躍成為非遺項目。

感謝蕭師國健教授賜序。蕭公時常勉勵學生，不要怠於研究，要孜孜不倦，勤於發表論文，結集成書。寫作期間，偶遇荊途，但身邊不乏前輩學者和良朋益友，提供不少寶貴的知識和經驗，趁此機會感謝鄧家宙博士、施志明博士、陳覺聰先生、梁中杰先生、朱詠筠小姐、葉長清道長、蘇萬興先生、蔡旭威先生和陳子安先生等，筆者銘感五內。最後，筆者終日忙於工作，疏於家務，猶幸太太體諒包容，方能成就此書出版，在此衷心感激。

黃競聰謹識

目　錄

∙∙∙∙∙∙∙∙∙∙∙

1

導論：
香港人之香港華人風俗史

一、土著與中原文化之競逐

2018 年 10 月 13 日，西貢鄉事委員會雲集近十隊麒麟隊伍，他們均來自西貢墟鄰近的村落，名副其實是一場「西貢麒麟武林大會」。當時，筆者與葉德平博士正開展一個西貢區舞麒麟的研究計劃，在西貢區鄉事委員會協助下召開這次會議，希望從中梳理出整個西貢舞麒麟源流的輪廓。言談之間，發現有幾支麒麟隊伍互稱同門，源出一脈，均師承於朱家螳螂拳鄧雲飛。[1] 及後，筆者與當中一支隊伍聯合堂花炮會進行訪談。據蘇國興師傅憶述，聯合堂是由一班海陸豐漁民組成的花炮會，每年西貢天后誕，成員都會舞客家麒麟，護送花炮，前往西貢天后廟賀誕。為甚麼聯合堂不去舞海陸豐麒麟呢？蘇師傅答得妙，因為當地沒有海陸豐麒麟師傅；而拜入鄧雲飛師傅門下，原因很簡單，因為鄧師傅在西貢墟非常出名，哪怕學的是客家麒麟。

這個拜師的故事打破了傳統固有的框架，不同族群的人士因應自身的生活經驗和環境，即使同處一個地方，風俗的表現形式亦能帶有族群的色彩。不可忽略的是，作為少數的群體來到新的地方生活，為了適應當地物質條件，無可避免也調整自己的生活模式，甚至放棄自己的傳統文化，以融入當地社會環境。這種不同的文化競逐過程一直緊貼香港歷史發展的脈絡，遷海以前香港風俗受到中原文化與土著文化互動影響。1955 年，興建李鄭屋邨期間，建築工人無意之間發現了一座東漢時期的古墓。從陪葬品的形制和組合來看，與華南地區墓葬的形式相近，加深我們對

徐橫細師傅在聯合堂花炮會會址前拍攝

聯合堂花炮會成員舞動客家麒麟，慶賀西貢天后誕。

當時香港華人富裕階層日常生活習慣的理解。香港的地理條件優良，區內有鹽、珠、香、茶之利，到了明代中葉所記錄之香港地名共有七十四個，足證本港發展不俗。[2]

香港地區隸屬於中原政權的邊陲領地，本是越、傜、輋等土著聚居之地，卻與中國皇朝政局之演變存在着微妙關係。隨着朝代更迭，中原人士為避戰亂大舉南遷，與土著雜處，互有往來，並將中原文化引入本區，嶺南先民土著在華夏風俗影響下逐漸漢化。我們通常稱這班南遷人士為本地人，他們帶有原居地風俗習慣，因地制宜，與原先居住的傜、輋和蛋等長時期融和，構成「我中有你，你中有我」的風俗內涵。此時期入遷者多擇谷地平原而居，近有河流便利灌溉，以務農為生，氣候有利兩造米種植，有利家族發展。部分早來者已歷數代，人口繁衍，更有能力分遷建村。濱海者則以漁鹽為業。可惜的是，香港的傳統風俗概況缺乏官府文獻紀錄，僅從考古和文人著作等找到零碎的資料，正如《新安縣志》所云：「餘節大略與荊楚歲時無異」。

二、中國人對風俗的理解與傳承

風俗自有其生命力，無論是它的形成與發展，「既受當時當地物質條件與生活方式的影響，又受人們思想認識與心理狀態的支配，互為因果，參同契合」。[3] 在中國傳統農業社會，無論是物質條件或生活方式，基本上都受制於天時和地理的因素，而思想行為的模式則是由社會群體所創建出來，三者互動下形成「千

里不同風，百里不同俗」的情況。過去很多學者對風俗的定義有着各異的看法，人言人殊，莫衷一是。風的本義為空氣流動而形成的自然現象，後世引伸為教化和風氣兩種涵義。至於俗者，習也。俗的本義就是風尚習慣。因此，風俗兩字合成一詞，就衍生出兩個說法，一是教化民間的習俗，二是民間形成的風尚習慣。

直到東漢時期，班固和應邵兩人承繼前人之研究，重新詮釋風俗的涵義。班固認為由於各地水土不同，造就出當地人民各異的風氣；俗意謂教化，由君主倡導，制定一套善惡標準，由上而下推而廣之，讓百姓有所依循。[4] 應邵認為「風」指受不同的自然環境影響而形成的習慣，如氣侯、地理和物產等，「俗」則是由社會環境影響而形成的習慣，如政制、族群和宗教等。風俗有正邪之分，只有通過聖人進行王道教化，才能夠齊正風俗。[5] 應邵的風俗概念影響尤為巨大，清中葉以前的學者基本上都是依循應邵之說法進一步演繹和轉化，認為風俗「既是社會文化的表徵，也是政治教化的重要體現」。

元人李果序《風俗通義》云：「上行下效謂之風，眾心安定謂之俗。」[6] 古代讀書人相信觀一地風俗之興衰，便可知其政治之得失。中國皇朝時代深受儒家思想的影響，上位者需要建立一套由上而下的行為規範，移風易俗，導正社會風氣，政權才能穩定。清中葉以後，中國處於積弱之勢，學者對於傳統風俗觀亦有新的角度和觀察。他們大多接觸了西方學說，逐漸擺脫了傳統儒家的視覺，抽走了王道教化的成分，重新詮釋風俗的定義。[7] 簡言之，風俗是一個社會群體將世代相傳的生活經驗相沿成習所形

成的生活模式，它因應社會、地理和時代變遷而有所改變。

　　風俗所涵蓋的內容廣泛，包羅萬有，牽涉日常生活的行為和知識，未有清晰明確的界線。胡樸安《中華全國風俗志》云：「舉其大綱，凡政治、經濟、文化、信仰等，舉其細目，凡生產、貿易、居住、飲食、器物、服飾、娛樂、婚嫁、喪葬、祭祀、禮儀、時令、語言等」，均屬於風俗的範疇。[8] 唯歷代的地方志有「風俗」一條，稍有界定風俗的內涵和界線，可以作為參考之用。以《新安縣志‧輿地略》風俗條為例，廖廖數百字，包括的範圍就有性情、居住、婚嫁、喪葬、生產、語言、喪葬、服飾、飲食、祭祀、時令和禮儀等。[9]

三、遷界後土客風俗文化之互動

　　清初，鄭成功佔據台灣等地繼續抗清，沿海居民與台灣鄭氏互有勾結。自順治十八年（1661）八月以降，清廷先後三次頒令遷界，範圍波及直隸、山東、江蘇、浙江、福建、廣東六省，內遷十里至五十里不等，史稱「辛丑播遷」。當時，香港隸屬新安縣，自不能幸免，納入遷界範圍。康熙五年（1666），新安縣併入東莞縣。[10] 清兵盡把香港區內房屋拆毀，以絕居民回區之心，致使前代文物建築無存，香港形如廢墟。但遷海政策無損鄭成功自立於台灣，相反更不得民心，破壞沿海經濟，甚至迫使沿海居民與反清軍隊合作。康熙八年（1669），清政府復置新安縣，重設官富巡檢司。復界初期，土地荒蕪，回遷的香港地區居民為數

不多。直到康熙末年，重建的香港村落只有一百二十七條。[11]

清廷唯有改變策略，推出優惠政策，吸引他縣農民來港定居，開墾荒地。[12] 清代雍正、乾隆年間（1723-1795），從外地遷入者可分三系：一，自廣東的東、韓二江流域遷入；二，自廣東惠州、潮州一帶遷入，操客語，俗稱客族；三，自福建沿海一帶遷入，俗稱福佬，操漳潮語系。[13] 因為肥沃之地早被回遷居民所佔，故只能選擇較貧瘠地域聚居，如大埔、林村、沙田、屯門、荃灣及西貢等，或聚居於回遷大宗族鄰近的地域，如元朗、錦田、上水等。客族居民於本區建村，無論人口和經濟能力，都難以與回遷大族抗衡。部分依附在大宗族邊緣建村，或寄人籬下為佃農。

經過多年的休養生息，迄至嘉慶二十三年（1818），人口已達二十二萬五千九百七十九，其中男丁十四萬六千九百二十二人，女子七萬九千零五十七人，人口的增長可謂驚人。[14] 以下是嘉慶年間出版之《新安縣志》所記載的香港地區風俗概況：[15]

分類	內容
民風	— 士勵學術而謹仕進，其彈冠膺職者，代有賢聲焉。有瞻學以給子孫之為諸生者；有卷資以給童試者；有路費以贈公車者。歲飢則散錢穀以周貧乏。惟子孫犯規及為公役者，不得入祠，猶為近古。 — 俗尚巫信鬼。凡有病，或使嫗持衣燎火而招於門，或延道家逐鬼，角聲嗚嗚然，至宵達旦。諺云：「禾黃鬼出，鬼猶求食。」其氣餒以取之也。

分類	內容
歲時節令	－ 立春前期一日，有司以土牛、芒神，迎於南山下。次早鞭春。民間以是日有事於祖祠。 － 元宵張燈作樂，凡先年生男者，以是晚慶燈。 － 正月望後四日，俗謂天穿日。土人作餺飥，以針線縫其上，禱於天，謂之補天穿。 － 七月十四日及冬至日祀祖，必以宰鴨為敬。 － 重陽掃墓，與清明同。餘節大略與荊楚歲時無異。
經濟生活	－ 民多重農桑而後商賈。農人種田，一年兩收。 － 邑地瀕海，民多以業漁為主。其務農者，亦能勤力作。惟地連東、歸二邑，流土雜居，或田遠不得耕，輒為佃所據，至有賤售其業者。抑強扶弱，恃在有司。
婚俗	－ 嫁娶重門地，至貧不與賤者為婚。婚姻必以檳榔、蔞葉、茶果之屬，曰過禮。不親迎，昏夕即廟見。嫁女不以粧奩相誇耀，猶尚糖梅。親友造新婚家，索飲，曰打糖梅。其家速客，曰梅酌。
喪俗	－ 邑中舊族，祠有祭田。歲或一祭、二祭。稱壽必自六十一始，重一不重十。即魏叔子「大易貞元」之義也。
建築文化	－ 房屋多土牆，但蔽風雨。今尚黝堊，砌以磚石。

　　過去很多學者嘗試從不同的角度分辨本地與客家之別，如語言系統、生活習慣和地域等。但在實際操作上，土與客的身份是由官方所賦予，以遷入時間先後作為準則。在清廷官方眼中，土著即遷界以前已遷入的居民。[16] 官富司管屬村莊新增客籍村莊一項，區內村落增至三百三十六條，新增客籍村莊則有一百二十八條，大部分聚居新界地區。[17] 值得注意的是，復界後客籍人士遷入，在人數方面，較過去的移民潮有過之而無不及。從前，遷入者因着不同的原因移居本地，屬於個人意願，初到境人力資源處於劣勢，只能融入原住民的生活習慣，以免發生衝突。這次移

民潮則大不相同，在官方政策的主導下，客籍人士在經濟能力和人口比例上始終難勝本地人，但客籍人士通過聯鄉結盟，互相支援，竟有一拼之力。客籍人士由此保存自己的生活習俗，免受同化。

四、英治初期港英政府對香港傳統風俗的態度

香港成為英國殖民地後，實為本土風俗大變之開始。然而，開埠初期，絕大部分的香港華人仍保持原有的傳統華人風俗習慣，與內地沒有太大的差異。在這個華洋雜處的城市裡，港英政府有意採用華洋分治的政策，將華人和洋人各自聚居在不同地區，由於風俗與生活習慣各有不同，雙方鮮有機會互相交流，彼此關係疏離，遑論雙方的風俗相互滲透。〈義律公告〉上言：

> 至爾居民，向來所有田畝房舍產業家私，概必如舊，斷不輕動。凡有禮儀所關，鄉約律例，率准仍舊，亦無絲毫更改之議。且未奉國主另降諭旨之先，擬應大清律例規矩之治，居民除不拷訊研鞫外，其餘稍無所改。凡有長老治理鄉里者，仍聽如舊，惟須稟明英官治理可也。倘有英民及外國人等，致害居民，准爾即赴附近官前稟明，定即為爾查辦。至所有各省商船，來往貿易，均准任意買賣，所餉船鈔掛號各等規費，輸納大英國幣。倘嗣後有應示事，即有派來官憲，隨時曉諭，責成鄉里長老，轉轄小民，使其從順。[18]

雖然〈義律公告〉在南京條約簽訂之前公佈,在一般情況下並沒有被賦予任何法律效力,但是這張公告正好從側面說明早期港英政府對華人習俗的態度。英國政府只能派駐少數殖民地政府官員和軍隊,管理一個有接近八千名華人的「幾乎沒有人煙的荒島」。[19] 過去不少學者研究港英政府如何以少數英國人管理大批香港華人,通常採納「間接管治」的說法,即是委任部分獲信任的華人領袖精英,給予他們一些權力,實行「以華制華」的政策。不可忽略的是,港英政府尊重殖民地的傳統習俗,亦屬於「零成本」的懷柔手段。

港英政府初建政權,民心未穩,大多沿用中國法律,風俗習慣亦一沿其舊,實行以華制華,以求穩定社會。港英政府下放部分權力給予華人領袖,無形中大大降低了行政成本,減輕政府的支出。最經典的例子莫過於早期斬雞頭、燒黃紙就具有官方認可的法定權力,可以處理一些華人之間的民事訴訟。[20] 考燒黃紙宣誓方式由來已久,在傳統中國社會經常使用。[21] 按照傳統,誓詞印在黃紙之上,必須在神前填寫個人資料(姓名、住宅、籍貫和年歲等),隨即叩首焚燒。[22] 在法制尚未健全的時代,這種燒黃紙宣誓的方式時常應用於日常事務中。一些機構會要求獲聘員工在神前宣誓,承諾盡心盡力工作,履行職務過程絕不徇私。

英治初期,香港社會問題叢生,其中拐賣幼童、逼良為娼之風氣尤為猖獗。對此,香港華紳要求成立保良局,專責防止誘拐,保障及安置婦孺幼童。局方會安排部分適齡兒童,送往本地學校就讀;[23] 同時也會尋找合適家庭領養,讓他們展開新的人

生。翻查香港保良局文獻，最早的領育個案可追溯至 1882 年，[24]
局方會制定一系列程序保障案主的安全，避免他們淪為童工。[25]
此領養手續看似萬無一失，但所謂「道高一尺，魔高一丈」，始
終有掛萬漏一的情況。有見及此，1892 年保良局擬訂《領女誓
章》，明確規定領養人需在關帝神位前填寫誓章，誠心叩首，焚
燒誓章，以昭誠信。款式如下：[26]

　　壬辰二月廿日訂立領女誓章款式
　　　具誓章人□□□今由保良公局領得女子□□□為育女帶
　　回家中，自必妥善撫養，愛同親生，無得視為婢輩，長大之
　　日，尤應擇良匹配，不敢稍存利見，累厥終身，謹當關聖帝
　　君案前肅具誓詞，以昭誠信，倘有欺偽反覆，神明鑒察。但
　　領該女回家，妥為撫育，福有攸歸矣。
　　　　　　　　　　□□年□□月□□日領育女人□□□謹誓

　　由此可見，礙於資源所限，人力不足，唯有借助神力監察。
蓋因關羽的威武形象早已深入民間，領養人需於關羽神位前立
誓，目的是鎮懾他們不要妄圖虐待收養的兒童。隨着香港福利
制度日趨完善，社會福利署成立以後，專責管理香港福利慈善服
務。上世紀六十年代，保良局與時並進，修訂領育簡章，在關帝
神位前宣誓的儀式已完成了歷史任務，代之是規定有意領育人
士，「可向本局申請，由本局將申請書代轉送社會福利署核辦，
或直接向社會福利署領育組申請」。[27]

五、租借前後新界風俗概況

1898 年，對香港而言，有着重大意義。原來的港、九地區，地少人多，漸次發展都受到很大限制。本土資源匱乏，許多食品、用品補給，都得依賴外來供應。但自接管新界，治下這片廣大的土地之後，除使到香港行政區的面積驟增十倍之外，亦更接近廣州。從此，形成今日的香港版圖。香港法例在港督決定下，可隨時適用於新界，而且香港政府有在新界立法的權力。雖然經過鄉民之抵抗，但政府沒有完全抹煞新界原有的法律與習俗。1899 年 4 月 8 日，港督卜力（Henry Arthur Blake）張貼安民告示：[28]

> ……凡確屬爾等自置田產，仍歸爾等自行管業。爾等善美風俗於利民者，悉仍其舊，毋庸更改。凡有田產屋宇之業主，須將契券呈出，速行註冊，以便查核誰是真實業主，無得蒙混。

對於這片新拓展的土地，港府採取截然不同的政策。1898 年 8 月 2 日，駱克抵達香港，隨即帶領一班調查隊員前往新界調查，八月底調查完畢，並在同年 10 月 8 日呈交《香港殖民地展拓界址報告書》（*Report by Mr. Steward Lockhart on the Extension of the Colony of Hong Kong*，以下簡稱《報告書》）給英國政府。英

國殖民地部大臣張伯倫稱讚《報告書》，對英方日後制定管治新界的方針有巨大的貢獻，肯定其歷史地位。[29] 1912 年，理民府官奧姆（G.N. Orme）提交了一份〈關於新界的報告 1899-1912〉，著重記錄《展拓香港界址專條》落實初期新界的概況，並調查了當區的風俗習慣。筆者認為此報告內容可與駱克之《報告書》互為參照，[30] 有助大家了解早期新界地區風俗，資料彌足珍貴。以下列表擷取自兩份官方報告書，筆者稍加整理，嘗試從民風、居民、建築、經濟和婚俗五方面，記錄新界租借前後風俗概況。

現整合兩份報告書有關風俗的內容，列表如下：[31]

新界租借前後官方風俗紀錄

分類	資料	內容
民風	《香港殖民地展拓界址報告書》	─居民勤勞節儉，品行端正，好客有禮。一般家庭生活算不上富裕，但能自給自足，絕少出現赤貧的狀況。
	〈關於新界的報告 1899-1912〉	─重男輕女，父親在家庭的地位最尊，兒子地位僅次於父親。女性常受欺壓，視作奴隸，丈夫有權典當妾侍，父親也會賣女抵債。 ─所謂「不孝有三，無後為大」。傳宗接代是當地家庭最重要的核心價值，構成了很多風俗習慣。每一位男性成員必須有自己的後代，否則就要過繼或收養義子。 ─每一個家庭都拜祭祖先，每逢農曆三月或九月，男性成員會代表家庭，準備祭品前往墓地拜祭先人，祭祀後可以即席享用祭品。

分類	資料	內容
		一居民信奉萬物皆有靈。無論陸上或海上，每一個地方都有神靈守衛，山有山神、海有龍神、樹有樹神；信眾會供奉祭品，以求庇佑。當區最為多人信奉的神靈是天后和關帝，其中天后是水上群體的保護神，報告更提到長洲有一座香火鼎盛的天后廟。此外，凡遇有天災，如旱災和疫病肆虐，只會祈求神力解決。因此，村民樂於捐助香油錢，修建廟宇。
居民	《香港殖民地展拓界址報告書》	一按照種族劃分，香港居民分為本地（Punti）、客家（Hakka）和蛋家（Takka）。[32]
		一本地即「土著」的意思。事實上本地人也非原住民，他們大都在宋代以後輾轉南遷，定居本港，可以追溯其家族的源流。本地人操粵語方言，人口有六萬四千一百四十人，分別聚居於一百六十一條村落。他們居住在谷地，土地相對肥沃，以務農為業，亦有部分從商。
		一客家人，據稱是蒙古人後裔，因元朝敗亡，輾轉遷居到華南地區。本地人視客家人為異族，客家人操客家話，與粵語是完全不同的方言。客家人的人口有三萬六千零七十人，村落共二百五十五條。客家人是勤勞節儉的群體，多居住於山區，以務農和採石為業。
		一蛋家人以舟為居，飄泊不定，實際人口難以估計。他們自成一個群體，散居於港口、水道及島嶼。他們善於航海，主要從事漁業。蛋家人常遭到陸上人的歧視。
建築	《香港殖民地展拓界址報告書》	一房屋多選取耐用的建材，無論是石額、牆基或樁柱均選用花崗石，牆身以青磚為主，檐口板以木製，屋頂鋪上瓦片，地板鋪上磚或花崗石。大型村落常建有廟宇和祠堂。圍村的街道狹窄，鋪上大石板，村落沒有鋪設下水道的排水設施，水由地面直接排出。
		一不少的村落是由單一姓氏的宗族組成，村落的形制呈矩形或正方形，圍以磚牆，牆高約十六英呎，側面有四方形塔樓，圍的四周有約四十英呎的護城河。圍只一個出入口，並裝有鐵閘。圍內建有房屋，佈局分明，一條主街，兩側分出平行的小巷。整條村落四面圍牆，目的是防衛為主，如有敵對勢力入侵，立即可以據圍防守。

分類	資料	內容
	〈關於新界的報告 1899-1912〉	－ 新界人向來重視風水，風水與自然環境有密切關係，所以他們不敢妄動大樹古木，並細心保護。舉凡建屋和修墓均例必求助風水先生，讓其指示合適的地點和方位。如建屋和修墓後，出現有健康或諸事不順等問題，村民相信此亦與風水有關。
經濟	《香港殖民地展拓界址報告書》	－ 居民多從事耕種，種植各種農作物。 － 漁業是本區最重要的經濟命脈，聘用大量的人手。捕魚位置多在本港的東、南、西三面海灣，採用以椿圍網的方法來捕魚。有部分魚獲會醃製成鹹魚，輸出各個市場。 － 吐露港有養珠業。深圳灣鄰近海域養蠔業興盛。 － 本區盛產海鹽，在沙頭角和青山灣一帶均有鹽田。 － 元朗村民在池塘飼養淡水魚，供應本區和其他地區的墟市。 － 造船業發展不俗，在大鵬灣海岸附近建有竹棚搭建的造船廠。 － 燒石灰是本區重要產業，將珊瑚和蠔殼煉製成石灰，可以作為燃料使用。石灰廠分佈在大埔墟、沙頭角、沙田、荃灣和屏山等地，當中以青山灣附近的燒石灰廠最大型。由於需求甚殷，大量石灰從新安縣進口。 － 有村落盛產陶泥，所有村民都從事製陶工作，據說他們的製陶技術是由一位意大利傳教士傳授的。 － 本區自設磚窰，能自給自足。加上盛產花崗石，建築材料的價錢相對便宜。 － 有不少村落種植靛青，可以用來染布，不論男女都懂得染布。同時，很多村落種植大麻，用作製繩編網。有村落種植松樹，柴枝可當作燃料使用，部分會運往外地販賣。 － 許多村落飼養家禽和種植果樹，供應香港市區，是重要的地區經濟收入來源。 － 荃灣附近有製香的工場。香木用水車輾成香粉，香粉經過加工後，可以製成供奉神明用的線香。報告記錄該工場共有六架水車。

分類	資料	內容
婚俗	〈關於新界的報告 1899-1912〉	一般適婚年齡為男十九歲，女十七歲。婚姻奉父母之命，結婚前男家需付禮金予女家父親或親戚。有些貧苦家庭的女兒會當童養媳，但仍然住在女家，待屆適婚年齡才正式搬進男家。如果她的父母去世，她則能以童養媳身份住在男家。

　　由此觀之，港九兩地先後割讓給英國為殖民地，然界限街以北、深圳河以南地區的民風明顯未有太大的轉變，保留了傳統鄉村的生活習俗。香港開埠後，港英政府積極開發維多利亞城，對自然資源需求甚殷，帶動了新界地區的經濟發展。駱克走訪多條村落，蒐集得來的資料非常豐富，但他始終以收集情報為目的，着力勘察村落概況，記錄風俗不是這次調查的重點，因此內容和範圍未盡全面。《報告書》在短短一個月完成，調查時間倉促，報告內容多來自口述和田野考察，欠缺反覆驗證，部分內容自然略帶偏頗。如新界居民以種族來劃分，分為本地、客家和蛋家，其實用族群來定義較為合適。又如客家人是蒙古人的後人，實為以訛傳訛之誤。如前文所言，清初遷界，為吸引新移民遷入新界，給予其客籍身份和優惠，這批新移民就是《報告書》所指的客家人（Hakka）。[33]

　　英人在接管新界期間，與新界鄉民爆發衝突，史稱「六日戰爭」，最終英軍戰勝。港英政府意識到新界居民對英人管治之抗拒，為了長治久安，遂採取較懷柔和彈性的手法，處理新界的民生問題。此外，無論《南京條約》或《北京條約》，條文均表明港島和九龍半島屬割讓地，《展拓香港界址專條》則列明新界是租借

地,割讓地與租借地性質不同,導致新界與港九兩地的政策在實施時有所差異。舉例而言,港英政府通過《1900 年新界田土法庭法案》(*The New Territories Land Court Ordinance, 1900*),[34] 將新界土地型態由永業權改為承租權,隨之然賦予 1898 年以前定居新界的居民一個「原居民」的身份。「對新界地區的特殊政策,也創造了新的文化觀念,新的身份認同。」[35] 此後,香港人口急增,城市核心不斷向北擴展,不過港英政府為防範內地政權滲透,預留了獅子山以北之新界土地作為雙方的緩衝地帶。[36] 在這種情況下,新界鄉村暫時避過城市化的洗禮,鄉民得以維持傳統的生活習慣。

六、二十世紀初西方思潮與中港兩地民間信仰之互動

自鴉片戰爭開始,中國「天朝大國」的地位不斷下降。國人目睹列強的堅船利炮後,自疑連文化亦遜於他國,因而發動多次的改革運動。當時不少知識分子和官員相信文化落後源自社會風氣敗壞,改良社會風氣應先從教育入手,而興辦學校的經費可取自民間廟宇寺觀。1898 年,章炳麟、康有為和張之洞等提倡「廢廟興學」,取締廟宇,改作學堂,充公廟產,撥作教育經費。1913 年,廣州芳村黃大仙祠被廣東警察局充公,改作幼兒園。[37] 反觀香港成為殖民地後,享有宗教自由,港英政府亦尊重華人風俗。中港兩地一河之隔,香港遂適時成為內地的傳統風俗和信仰的避難所。1915 年,西樵普慶壇梁仁庵得到乩示,啟示「此地不宜久留」。梁仁庵、梁鈞轉父子遂攜帶黃大仙師畫像,先後在

港島中環和灣仔等地開壇闡教。[38] 直到 1921 年，梁氏再獲黃大仙乩示，選址九龍竹園興建赤松黃大仙祠，玉帝乩賜「普宜壇」為道門立壇之號，以嗇色園作為管理單位。[39]

辛亥革命以後，內地政局動盪，軍閥橫行，很多傳統風俗和信仰遭受不同程度的打擊。社會精英相信全盤西化是邁向現代中國的新出路，深刻反思中國傳統文化的價值，認為很多傳統風俗習慣是腐化人心的惡俗，必須大刀闊斧掃除迷信，移風易俗成為他們的使命。1912 年 2 月，唐紹儀、蔡元培、宋教仁等知名人士聯合發起社會改良會，成立目的是「以人道主義去君權之專制，以科學知識去神權之迷信」。[40] 報刊是其時新型傳播媒體，正好是他們表達破除迷信主張的重要據點，矛頭直指中國傳統風俗和民間信仰。[41]

> 各街土地社壇，多由警察毀拆，西關則由街坊自拆，三十日洪壽街拆社時，竟預先鳴鑼，普告坊眾，附近無知婦女亦即紛紛閉門，禁止孩童勿出，云恐犯煞，知識若是，洵可慨也。又厚玉巷口社壇，警察以有碍交通，將社壇全行拆去，詎有迷信婦女多人，手提紙衣紙錢，向社祈禱社神上天，沿街跪拜，口喃喃不絕，又有老婦數人，手抱兒孫跪壇啼哭，以此後花男花女無人保佑，擠擁塞途，崗警飭令解散，該婦等猶涕淚滿襟，足見崇信神權者之執迷不悟也。[42]

相較之下，香港社會風氣開放，港英政府反過來通過參與傳

統風俗活動，拉近政府和普羅市民的關係。以下報章正好記錄了戰前端午節龍舟比賽盛況，政府高官均有派員出席，以示與眾同樂：

> 香港仔每年漁人有賽龍舟之樂，本年尤盛，四處漁船雲集排列成行，初五日港內中西人士往觀者絡繹不絕，小輪船來往如織，下午港督中軍官船政司及官紳等均往觀，共賽六次，每次三船，每船棹者五十人，號令一發，眾聲齊呼，三船撐動水花沖，大如三朵浮雲飛掠水面，賽事後港督以銀物獎奪標者，志和公司亦備有獎物，董其事者為水師弁西奄，故始終無爭鬥之喧嘩，亦無意外之聞。語云：「民之所好好之」，又曰：「與百姓同樂則王矣」，此中國政治之要訣也，不意於外國見之，而省中則反種種施禁，以行壓制，是可異已，查天下各國治理地方，必隨其風俗以立例，但求除弊而已，從未聞有好民之所惡，惡民之所好，以為政者也。[43]

端午節是香港的重要節日，龍舟競賽更是本地應時習俗活動。港督和船政司等人不但前去觀賽，且擔任頒獎嘉賓，反映港英政府對華人傳統風俗採取寬容開放的態度。報章報導賽事的過程中，稱許港英政府尊重傳統文化，文字之間流露出對當時內地打擊傳統風俗有所不滿。在皇朝社會，民間信仰有正邪之分，歷朝歷代都曾毀淫祠，同時賜封號予有功於國家的信仰，將其納入官方祭祀的系統。港英政府對於傳統民間信仰，奉行放任自由的

態度。但若這些風俗引伸出衛生和治安等社會問題，容易牽一髮動全身，則會迅速禁止，以免造成社會動盪，威脅到殖民者的威權統治。

1920年代初，有些不法之徒乘天災人禍之危，利用華人的迷信心理，以民間信仰的名義行騙。另外，香港不少地區都接連發生廟產爭奪的事件，引起當局的關注。1928年，港英政府實行《華人廟宇條例》，並成立華人廟宇委員會。除了五間廟宇獲豁免以外，當局賦予該委員會監察、管理和接收香港華人廟宇的實際權力。國民政府成立後，頒佈了一系列的風俗改革法令，認為不良風俗阻礙社會進步，妨礙文化發展，影響國民經濟。然而，廣東雷厲風行打擊傳統風俗，對香港的經濟卻先見其害。

> 我國內向來所用燒衣包紙，多由本港輸入者。民元時代，每年輸入當在七千包以上……近年智識日增，迷信神權日少一日。故此項耗費，亦隨之而減少。民十四、十五、十六年，每年僅四千餘包……以致本港各紙料行均甚冷淡。此亦為商業冷淡之一因也。[44]

按照廣州市風俗改革委員會報告，廣州公安局指七夕是不良習俗，拜祭七姐實屬虛耗金錢，對社會有害無益，遂整頓當地乞巧風俗，禁止販賣拜祭七姐的物品。然而，香港商家則看準七姐誕的潛在商機，開創了由大型商業機構主辦的乞巧會，在上世紀二、三十年代堪稱城中的慶典。[45]

（大禮堂）正座景為水晶宮封相；左邊太白騎鯨，觀音化銀，蔡中興修整洛陽橋；右邊賊王子，夜救佳人，三顧草蘆；門口景為臥龍七友。大口樓中座景為左慈戲曹；左邊水淹七軍，文姬歸漢；右邊醉打蔣門神，豬八戒招親。洋花廳中座景為貴妃乞巧；左邊哪咤出世，湘子得道；右邊幻醉廣寒，太上老君出世；正門口景為銀漢鵲橋，左牛郎右織女，盤景生花。以上點綴，皆情景迫真，維肖維妙，且會場地方寬闊，能看遠近景，故入場參觀者爭先恐後云。

七、二次大戰後香港傳統風俗百花齊放

香港重光以後，內地戰亂頻仍，很多人為避內亂，紛紛逃難來港，散居在香港各區。有的選擇定居新界，靠山吃山，靠海吃海，部分村民向當地原居民租借田地耕作，或開墾荒地自立成家，或投靠同鄉一起從事勞動工作。以觀塘區為例，現時當地約有二十六間廟宇和佛堂，有三間廟宇超過百年歷史，明照堂和華嚴閣則有約七十年的歷史，其餘的都是四五十年歷史的廟宇。建立者大多是六十年代後逃難來港的潮州人和海陸豐人，建廟的經驗都大致相同。[46] 移民基於某種原因遷離原居地，長途跋涉或飄洋過海，路途上面對不可預知的危險，他們為求心安，每求助於原居地神靈。不過，考慮到攜帶方便問題，他們只會從香爐取一些香灰，或誠心上香後拿走香支傍身。他們移居新地方，面對生活困乏，別無他法，只好將希望寄託於家鄉神靈，期望祂們能解

決其現實的困難。信眾稍有財力便合力建廟供奉。由此可見，他們帶來的不僅是勞動力，更包括自己的生活習慣和民間信仰，使香港風俗百花齊放。

香港華人商紳和知識分子親眼目睹西方國家的武器精良，原子彈的威力震動了他們的心靈。這一代華人精英大部分受過西方的教育，認為中國百年來的積弱，源自思想落後於西方，而思想落後很大程度歸咎於封建和迷信的習俗。他們相信自己有責任帶領民眾，提高國民的質素，遵從前人道路，以改良社會風俗習慣為己任。1958 年，立法會議員郭贊在香港青年商會每月聚餐會席上演講，題為〈廣東人之迷信習俗〉，指出有為數不少的香港人來自廣東地區，很多傳統華人風俗都屬於迷信陋俗，應該加以否定和蔑視。[47] 有趣的是，郭氏深深明白迷信行為早植根於中國人的骨髓之中，要立刻根絕根本是不可能的，相反他鼓勵港人應多認識傳統華人風俗知識，以便利於日常交際，避免引起不必要的誤會或衝突。[48]

與此同時，港英政府積極發展本港旅遊業，以本土風俗作為賣點。1963 年，香港政府新聞處電影組攝製一套片長二十分鐘的紀錄片，內容描述本港漁民及水上居民之生活，以及介紹香港傳統三大節日，分別是天后誕、長洲太平清醮和端午龍舟競渡。該紀錄片不但在香港上映，更與電影公司美高梅簽訂合約，在英國各城市輪流上映。[49] 港英政府對外宣傳香港，將取材自香港水上群體的風俗作為賣點，成功塑造外國人眼中的香港印象，舉凡外國電影想表示場景是在香港發生，漁船就成為不可或缺的標

誌。面對城市化的衝擊，漁民的生活文化難以幸免，有的漁民正式轉行為鹹水歌歌手，以賣唱為業，娛樂遊客，無論是歌詞或曲調都以迎合旅客口味為主。他們以地道文化作招徠，安排旅客一面聽現代鹹水歌，一面暢遊銅鑼灣和油麻地避風塘。「鹹濕」的鹹水歌自然更受外國旅客歡迎。鹹水歌內涵亦有所改變。[50]

八、城市化下之香港傳統風俗

傳統漁農經濟步向式微，香港進入工業時代，港府積極開發新界土地，相繼建立新市鎮，紓緩人口問題。高速公路的鋪設，建構出貫穿新界與市區的道路網絡，大大縮短往來兩地的交通時間。在這情況之下，吸引大量外來人口遷入新市鎮，除此之外，位處鄰近的鄉村農民和漁民為了改善生活，紛紛轉型，投入勞動市場，或移居外國尋找工作機會。鄉村面對土地開發，逐漸變成城市，農田換上石屎高樓大廈，城鄉界線變得模糊。農民和漁民的身份、夾雜着方言（水話、圍頭話、潮州話、福建話等）的廣府話，常遭到城市人的歧視，認為他們思想落後，知識水平低下。在城鄉經濟差異下，鄉民只好選擇「遺忘」傳統，不自覺抹走自己帶有鄉村特色的符號，以求融入城市生活模式。

上世紀九十年代，鄉村面對急劇城市化的趨勢，大量的人口遷離村落，進入城市，學童就讀市區的學校，成年的村民則忙於為口奔馳，對於傳統風俗的傳承失卻熱情。大埔林村十年一屆太平清醮曾一度出現尚欠六名「緣首」的情況。緣首的工作主要

東邊街渣甸橋盂蘭勝會停辦後，把所有文物捐給長春社文化古蹟資源中心。

非遺概念的引入，令社會大眾重新審視傳統風俗的價值。

是跟隨喃嘸先生進行一切法事，從前能夠成為緣首是莫大光榮的事。[51] 當時建醮委員會主席鍾奕明接受報章訪問指出，很多林村鄉之村童早已搬離林村，就讀其他地區的學校，家長往往藉辭以學業為重，推卻擔任緣首一職。[52] 當時林村公立學校有四名屬於林村鄉的原居民，其中只有兩名學生願意成為緣首，最後由林村鄉村代表擔任。[53] 類似情況在 1999 年北港相思灣聯鄉太平清醮亦發生過，但他們採用折衷的方法，解決緣首不足的問題。如果緣首有工作在身，不能全程參與，可以找緣首的家人代表進行儀式，即使代表人是女性亦可。[54] 由此可見，節慶活動的非核心部分被迫簡化或重新演繹，只有這樣傳統風俗才能夠得以延續。

在全球化影響下，文化趨向一元，傳統每因脫離了日常生活的視覺，在有意無意之間被邊緣化，使我們有了傳統風俗屬於過時產物的錯覺。隨着非遺概念引入，大眾能有全新的角色審視香港傳統的價值，非遺成為近年來常聽到的保育潮語。非遺，其全名為非物質文化遺產，台灣稱之為「無形文化資產」。[55] 特區政府陸續投放資源，保育相關的項目，使在非遺框架下的傳統風俗得以有機會「重生」，轉化為具本土特色和歷史內涵的文化遺產，其價值足以令群體產生認同感，是社區凝聚力的催化劑——非遺無形中成為了傳統風俗的「救命良藥」。有趣的是，香港人所用「非物質文化遺產」的說法，某程度反映了現實，部分非遺項目正處於瀕危或行將滅絕的狀態，有難以傳承的危機，幾可預知其將成為今人之「遺產」。

註釋

1 鄧雲飛又名鄧檢，西貢黃毛應村人，以朱家螳螂拳聞名，兼教舞麒麟。鄧檢是當區著名的教頭，其武館設於西貢墟，不少西貢村民慕名拜師學藝，收徒弟超過四百人。

2 蕭國健：《香港古代史》（香港：中華書局〔香港〕有限公司，2006 年），頁 103-108。

3 胡樸安主編：《中華全國風俗志》（上卷）（石家莊：河北人民出版社，1986 年），頁 1。

4 班固《漢書·地理志》：「凡民函五常之性，而其剛柔緩急，音聲不同，繫水土之風氣，故謂之風；好惡取舍動靜亡常，隨君上之情欲，故謂之俗。」詳見〔漢〕班固：《漢書》（北京：中華書局，1962 年），冊 6，志 3，〈地理志第八下〉，頁 1640。

5 應邵《風俗通義》：「風者，天氣有寒暖，地形有險易，水泉有美惡，草木有剛柔也。俗者，含血之類，像之而生。故言語歌謳異聲，鼓舞動作殊形，或直或邪，或善或淫也。聖人作而均齊之，咸歸於正，聖人廢，則還其本俗。」詳見〔漢〕應劭：《風俗通義》（上海：上海古籍出版社，1990 年），頁 3。

6 李果：《風俗通義》題辭，引自嚴昌洪：《中國近代社會風俗史》（台北：南天書局，1998 年），頁 xiv。

7 胡樸安主編：《中華全國風俗志》（上卷），頁 1。

8 同上。

9 〔清〕舒懋官修，〔清〕王崇熙纂：《新安縣志》（嘉慶），卷二，〈輿地略·風俗〉。

10 蕭國健：《清初遷海前後香港之社會變遷》（台北：台灣商務印書館，1986 年），頁 105-112。

11 蕭國健：《香港古代史》，頁 66。

12 《新安縣志》（康熙），卷十一，〈防省志·遷復〉：「康熙九年七月，知縣李可成蒞任，下車伊始，見遷民未歸者尚眾，其一二新復殘黎，亦無廬舍棲止，欷歔久之。因而多方招集，盡心撫字，民乃多賦歸來……」又同書同卷論曰條載：「及復歸，死喪已過半；幸而歸者，牛種無資，編茅不備，亦未易以安生也。李侯給勸耕，悉心招徠，煩刑苛政，纍無擾之，春台有其漸矣。」

13 福佬又稱鶴佬，原定居福建閩南，因戰亂等因素陸續南遷，後移居潮汕，南至香港
地區。福佬分為新舊兩支，舊族遷自莆田者，新族遷自漳泉者。詳見蕭國健：《香
港古代史》，頁 79。

14 馬金科主編：《早期香港史研究資料選輯》（上）（香港：三聯書店〔香港〕有限公
司，1998 年），頁 31。

15 〔清〕舒懋官修，〔清〕王崇熙纂：《新安縣志》（嘉慶），卷二，〈輿地略‧風俗〉。

16 施志明指出，土著、廣府與本地的代表意義是不同的。土著原指早期入住本區的先
民，以傜、畬為主，也有在濱海地域居住或在海上作業的，大多稱蛋。廣府則是地
域的觀念，原指廣州和珠江三角洲一帶的地區。一般而言，這批遷界前移民者，籍
貫多來自廣東、江西和福建。本地人意指居住本地的原住民，是主與客的相對觀
念，客籍人士則專指遷界以後來港定居的新移民，他們多來自五華、興寧和梅縣等
地。詳見施志明：《本土論俗：新界華人傳統風俗》（香港：中華書局〔香港〕有限
公司，2016 年），頁 20-24

17 蕭國健：《清初遷海前後香港之社會變遷》，頁 194-195。

18 余繩武、劉存寬、劉蜀永編著：《香港歷史問題資料選評》（香港：三聯書店〔香港〕
有限公司，2008 年），頁 50-52。

19 「一座幾乎沒有人煙的荒島」之說源自 1841 年 4 月 21 日，外交大臣巴麥尊寫給義律
的信，信中指責他佔領香港島之舉實屬不智，應取舟山群島，更透露一己對香港的
見解。

20 「本港法院採用華人習俗誓願方式，最初有殺雞為誓（斬雞頭），此固涉於刑事重案
者，次有擲杯為誓（擲地碎杯），此則屬於輕刑罪或民事訴訟者，意謂發誓而有偽證
之所為……將來命運必無好結果，其或身首異處有如此雞，或則粉身碎骨有如此杯
也。」詳見馬沅編：《香港法例彙編》（香港：華僑日報有限公司，1936 年），頁 82-
84。

21 在傳統中國社會，鄉村詞訟由長老處分，而不訴諸地方縣官，鄉村事務往往由族長
會同耆老在祠堂裁判調解。

22 黃紙源自當時同屬英國殖民地的星加坡司法院。紙為黃色，長八英吋，闊六英吋，
上印有誓詞，黃紙內有誓文，文末寫有「上天監（鑒）察」字樣，由發誓人填寫自
己的姓名、住宅、年歲和籍貫，當庭焚化，然後作供。詳見馬沅編：《香港法例彙
編》，頁 82-84。

23 如二次大戰前，局方會安排部分適齡兒童往本地學校就讀，男童交往西營盤養正學校。

24 保良局：《誌事錄 1880-1885》，頁 34。

25 首先必須經過局方審查，驗明為殷實家庭，方可呈交華民政務司署定奪。然後，再由華民政務司傳召領養家庭問話，再三查核身份後才批准領養。由此觀之，保良局有既定領養程序，亦得到港府的配合，並嚴格要求領養方需有「舖保」證明。

26 保良局：《誌事錄 1890/11-1894/2》，頁 17。

27 1950-1951 年度保良局訂立《保良局領育、領娶、僱傭簡章》，為配合時代需求不斷修訂，以求完善服務。

28 港督卜力之安民告示。

29 劉存寬：〈評駱克《香港殖民地展拓界址報告書》〉，載《廣東社會科學》2008 年第 2 期，頁 92-100。

30 1898 年 3 月，時任港英政府輔政司駱克（James Stwart Lockhart）走訪新界地區，展開四個月調查。同年 10 月 9 日，駱克提交《香港殖民地展拓界址報告書》（Report by Mr. Steward Lockhart on the Extension of the Colony of Hong Kong），這本報告書共三十一頁，詳細調查了新租界拓展土地資源、人口、族群等分佈。

31 劉智鵬主編：《展拓界址 —— 英治新界早期歷史探索》（香港：中華書局〔香港〕有限公司，2010 年），頁 268-273。

32 James Stewart Lockhart, 'Report by James Stewart Lockhart on the Extension of the Colony of Hong Kong,' 8th October, 1899, C.O. 882/5. 報告中 Races 意為種族，但按香港實際情況，應用（Ethnic groups）。

33 施志明：《本土論俗：新界華人傳統風俗》，頁 99-101。

34 *Hong Kong Government Gazette*, 16th July, 1900.

35 施志明：《本土論俗：新界華人傳統風俗》，頁 226-229。

36 許舒《新界百年史》印證了筆者之想法，他引述 1915 至 1923 年任職南約理民府的韓美頓的回憶，指他曾遭時任港督司徒拔的警告，提醒新界雖然是一個有趣又景色優美的地方，但對港府來說，新界是一個不重要的地方。許舒認為客觀數字反映新界遠遠落後於港九地區，單從人口調查即可見一斑。1921 年香港總人口有六十二萬

五千一百六十六人,較之 1911 年升幅高達 36.7%,幾乎所有新增人口都集中在港九地區。簡單來說,二次大戰以前,「新界是個可任它自生自滅的地方」,不應投放資源來開發新界。詳見許舒著,林立偉譯:《新界百年史》(香港:中華書局〔香港〕有限公司,2016 年),頁 110-111。

37 游子安:〈獅子山下譜傳奇:香港地區黃大仙信仰〉,載蕭國健、游子安主編:《鑪峰古今:香港歷史文化講座 2012》(香港:珠海學院香港歷史文化研究中心,2013 年),頁 90-115。

38 梁氏父子先在中環乍畏街萬業大藥行和大笪地某號三樓開壇闡教。1916 年,再遷灣仔某號二樓,樓下開設福慶堂藥店。1918 年福慶堂失火,壇務一度暫停。1918 年,重設道壇,租灣仔海傍東街 96 號三樓,名為金華別洞。

39 游子安:〈獅子山下譜傳奇:香港地區黃大仙信仰〉,載蕭國健、游子安主編:《鑪峰古今:香港歷史文化講座 2012》,頁 90-115。

40 社會改良會總部設於北京,其後在南京、天津、上海、武昌、廣州等處設立分會。凡是加入該會的會員必須具備三十六個條件,其中有「婚、喪、祭等事不作奢華迷信等舉動」、「戒迎神、建醮、拜經及諸迷信鬼神之習」、「戒供奉偶像位」、「戒除風水及陰陽禁忌之迷信」等。

41 蔡志祥、韋錦新、潘淑華:《「迷信話語」報章與清末民初的移風變俗》(香港:香港科技大學華南研究中心,2013 年),頁 II-VII。

42 《香港華字日報》,1913 年 5 月 2 日,〈婦女之迷信二則〉。

43 《香港華字日報》,1913 年 6 月 11 日,〈與眾同樂〉。

44 《香港華字日報》,1929 年 9 月 28 日,〈迷信神權損失數之可駭〉。

45 《工商日報》,1929 年 8 月 10 日,〈利園舉行乞巧大會〉。

46 周樹佳:《觀塘廟宇實錄》(香港:觀塘區議會,2010 年),頁 10-87。

47 他舉出中國人有許多語帶相關的禁忌,如生日禮物切勿送鐘,由於鐘與終同音異字,乍聽起來似是送終,使這份禮物變成不祥的禮物云云。詳見《華僑日報》,1958 年 9 月 12 日,〈立法會議員郭贊演講廣東人迷信習俗〉。

48 就正如他所言:「一個人自然會和異國人士培植友誼關係,特別是和那些會與他相處的異國人,並且努力去了解他們的風俗習慣……」。詳見《華僑日報》,1958 年

9 月 12 日,〈立法會議員郭贊演講廣東人迷信習俗〉。

49 《華僑日報》,1963 年 2 月 24 日,〈香港的水上節日紀錄片在英放映〉;《工商日報》,1963 年 7 月 10,〈香港的水上節日 今日起在七家戲院上映〉。

50 饒玖才:《嶺海漫話》(香港:天地圖書有限公司,2005 年),頁 248-252。

51 按照林村鄉醮會慣例,只要是十二歲以上,居住林村鄉超過十年的男丁就有資格擔任緣首,如參與人數過多,通常會在當地主神前擲杯決定。

52 上一屆緣首均是小學六年級生,就讀林村公立學校,在打醮期間全校放假,不會影響緣首的學業成績,這一屆則不同了。

53 《華僑日報》,1990 年 2 月 15 日,〈生活城市化傳統風俗參與意識趨弱 林村打醮緣首難求 將用村代表事鬼神 村童以學業推卸父老嘆想當年〉。

54 馬木池等:《西貢歷史與風物》(香港:西貢區議會,2003 年),頁 34-48。

55 按照教科文對非遺的定義:「被各社區、群體,有時為個人,視為其文化遺產組成部分的各種社會實踐、觀念表述、表現形式、知識、技能以及相關的工具、實物、手工藝術品和文化場所。這種非物質文化遺產世代相傳,在各社區和群體適應周圍環境以及與自然和歷史的互動中,被不斷地再創造,為這些社區和群體提供認同感和持續感,從而增強對文化多樣性和人類創造力的尊重。」詳見聯合國教科文組織,〈保護非物質文化遺產公約〉,2003 年 10 月 17 日。

2

歳時節慶

中國以農立國，靠天吃飯，使中國人注意大自然之變化，形成了中國人的傳統時間觀。所謂春種、夏長、秋收和冬藏，正好說明農業生產與氣象之關係，敬天順時成為古人處世的通則。古人遵循自然時序，循時而動，以歲時禮俗調整人與自然的關係。漢代以後，歲時體系已趨成熟，南朝宗懍《荊楚歲時記》是首部歲時民俗志，首次對歲時與祭祀、耕作和日常生活等的連結作具體描述。古人依據自然規律的變化，研製出不同的曆法，以解決日常生活遭遇的難題。追溯至二千五百年前，中國人已掌握了太陽運行的軌跡，懂得依據太陽照射地球的角度，創制二十四節氣。陰曆則是按照月亮圓缺而制定的曆法。然而，陰曆未能反映季節的實際變化，對務農為業的人而言，使用起來頗不方便。因此古人改用陰陽合曆，調整當中之落差，修正了陰曆的缺點，此曆法又稱為農曆。

本章分為十二節，以官修縣志的體例，按農曆十二個月，網羅節日、節氣、神誕和醮會等風俗活動，並旁及其衍生出來的文化表現形式。以下簡介節、誕和醮的概念，以便讀者掌握歲時節慶風俗活動。

一、節

1. 節氣

節氣將一年劃分為二十四個等份，每等份各佔黃經 15℃。每一個節氣賦予一個專稱，以表明一年四季的氣候變化，配合農

事耕作。中國人運用表桿測日影的方法，測定春分、秋分、夏至和冬至的節氣，並以冬至為起點，計算出其他節氣的時間。為便利後人，前人把二十四節氣編成歌訣：「春雨驚春清穀天，夏滿芒夏暑相連。秋處露秋寒霜降，冬雪雪冬小大寒。」[1] 太陽經過每等份的時間基本一致，故每年二十四節氣的西曆日期大致相同。[2] 隨着農業式微，二十四節氣與現代生活逐漸失去關聯，大部分港人已遺忘節氣的功能及其背後的意義，只餘下當中衍生出的風俗約定俗成傳承下去。一般來說，節氣通常不會有大型的慶祝活動，只有家庭式的活動，如驚蟄打小人、清明掃墓和冬至吃團年飯等。唯於春分和秋分，香港地區宗族會集體舉行祭祖活動。

二十四節氣表

四季	節氣	陽曆	太陽黃經度	《月令七十二候集解》[3]	《新安縣志》（嘉慶）[4]	簡介
春	立春	二月四日前後	315°	正月節。立，建始也。五行之氣往者過來者續于此。而春木之氣始至，故謂之立也。立夏、秋、冬同。	立春晴一日，農夫耕田不用力。立春前一日有雨，一春皆雨。	春季開始

四季	節氣	陽曆	太陽黃經度	《月令七十二候集解》	《新安縣志》（嘉慶）	簡介
春	雨水	二月十九日前後	330°	正月中。天一生水，春始屬木，然生木者，必水也，故立春後繼之雨水，且東風既解凍，則散而為雨水矣。	/	嚴寒天氣已過，雨水開始增多。
	驚蟄	三月五日前後	345°	二月節。《夏小正》曰：正月啟蟄，言發蟄也。萬物出乎震，震為雷，故曰驚蟄。是蟄蟲驚而出走矣。	「雨打驚蟄節，二月雨不歇。三月乾耙田，四月禾生節」言無水插秧也。	氣溫上升，冬眠的動物蘇醒，開始活動。
	春分	三月廿一日前後	0°	二月中。分者，半也。此當九十日之半，故謂之分。秋同義。夏、冬不言分者，蓋天地間二氣而已。	二月，俗以春分社占豐歉。諺云：「分在社前，斗米斗錢。」言穀貴也。「春分社後，斗米斗豆。」言穀賤也。	晝夜長短平均，春季已過了一半。
	清明	四月五日前後	15°	三月節。按《國語》曰：時有八風。歷獨指清明風為三月節，此風屬巽故也。萬物齊乎巽，物至此時皆以潔齊而清明矣。	三月，「清明晴，則諸物豐，蠶少。」	氣候溫暖，天氣清和明朗。
	穀雨	四月二十日前後	30°	三月中。自雨水後，土膏脈動，今又雨其穀于水也。	三月，諺云：「清明須用晴，穀雨須用雨。」	降雨量增多，有利穀類生長。

四季	節氣	陽曆	太陽黃經度	《月令七十二候集解》	《新安縣志》（嘉慶）	簡介
夏	立夏	五月五日前後	45°	四月節。立字解見春。夏，假也。物至此時皆假大也。	/	夏季開始
	小滿	五月廿一日前後	60°	四月中。小滿者，物至于此小得盈滿。	四月，諺云：「小滿池塘滿，不滿天大旱」	麥類等夏熟作物籽粒逐漸飽滿，但尚未成熟。
	芒種	六月六日前後	75°	五月節。謂有芒之種穀可稼種矣。	/	穀物已見成熟，可以收割。同時，是晚造播種忙碌時候，又稱忙種。
	夏至	六月廿二日前後	90°	五月中。《韻會》曰：夏，假也；至，極也；萬物於此皆假大而至極也。	五月，夏至雨，云洗倉水，米貴。	白天最長，夜最短，炎熱夏天即將到來。
	小暑	七月七日前後	105°	六月節。《說文》曰：暑，熱也。就熱之中，分為大小，月初為小，月中為大，今則熱氣猶小也。溫風至。至，極也，溫熱之風至此而極矣。	/	暑氣上升，氣候炎熱。
	大暑	七月廿二日前後	120°	六月中。解見小暑。	/	一年之中最炎熱的時期

四季	節氣	陽曆	太陽黃經度	《月令七十二候集解》	《新安縣志》（嘉慶）	簡介
秋	立秋	八月八日前後	135°	七月節。秋，揪也。物于此而揪斂也。涼風至。	七月，立秋小雨吉，大雨傷禾。諺云：「天下若逢處暑雨，縱然結實也難收。」	秋季開始
	處暑	八月廿三日前後	150°	七月中。處，止也。暑氣至此而止矣。	/	炎熱的天氣結束
	白露	九月八日前後	165°	八月節。秋屬金，金色白，陰氣漸重，露凝而白也。	/	晝暖夜寒，露水較多。
	秋分	九月廿三日前後	180°	八月中。雷始收聲。	/	晝夜長短平均，春季已過了一半。
	寒露	十月九日前後	195°	九月節。露氣寒冷，將凝結也。	/	氣候逐漸轉冷，露水更涼。
	霜降	十月廿三日前後	210°	九月中。氣肅而凝露結為霜矣。	九月，諺云：「霜降值金，一晴一陰。」	氣候逐漸寒冷，開始降霜。
冬	立冬	十一月七日前後	225°	十月節。冬，終也，萬物收藏也。	/	冬季開始
	小雪	十一月廿二日前後	240°	十月中。雨下而為寒氣所薄，故凝而為雪。小者，未盛之辭。	/	降雪開始

四季	節氣	陽曆	太陽黃經度	《月令七十二候集解》	《新安縣志》（嘉慶）	簡介
冬	大雪	十二月七日前後	255°	十一月節。大者，盛也。至此而雪盛矣。	/	降雪次數增多
	冬至	十二月廿一日前後	270°	十一月中。終藏之氣至此而極也。	十一月，冬至晴，百物成。	白天最短，夜最長，寒冷的冬天即將到來。
	小寒	一月五日前後	285°	月初寒尚小，故云。月半則大矣。	十二月，小寒晴，早禾熟。	天氣寒冷，未至極點。
	大寒	一月廿日前後	300°	十二月中。解見前。	大寒晴，晚禾熟。雨暗則歉云。	全年最冷的時節

2. 節日

節，亦稱節日，港人慶祝節日通稱過節。古人依據季節、氣象和物候轉移等，創造特定主題的節日。傳統中國人過節，有的以家庭為單位，有的以社區與群體為單位。農曆七月十五日是中元節，本來是道教的節日，不少道觀舉行中元法會，超幽赦罪，祈求闔境平安。每逢農曆七月初一，傳說鬼門關大開，部分家庭會選擇於農曆七月十四日晚上在路邊燒衣化寶，祭祀孤魂野鬼，俗稱「燒街衣」。此外，慶祝節日的形式包羅萬有，各形各色，反映出華人的傳統智慧和文化特色。正如蔡志祥、呂永昇所云：「節日是一種周期性的社會活動；是集體的和公眾的慶典。無論是神聖或世俗的節日，它都有特定的主題，由社區成員共同分享

節日的文化價值和經驗。」[5]

　　每一個華人社區重視的節日都略有不同，香港人常慶祝的中國傳統節日，包括過年、清明、端午、中元、中秋和重陽，而元宵節則是被香港人所遺忘的節慶日子。港人習慣稱呼春節為過年，在他們心目中是全年最重要的傳統節日，家家戶戶都會與親友互相拜年送禮。清明節是一個特別的節日，它既屬於二十四節氣之一，又是一個歲時節日。香港政府將清明節列為公眾假期，方便一家大小前往墳場拜祭。端午節的傳說有很多，最廣為流傳的要算是紀念楚國大夫屈原。香港端午節仍流行食糭和扒龍舟的習俗，而扒龍舟更發展成為一項體育運動。中秋節又稱八月十五，港人趁着花好月圓的時節，一家團聚歡渡佳節。到了重陽節，港人習慣掃墓拜祭祖先，甚至移居海外的港人也會回港祭祖。

　　若要認識香港節日，不能忽略官方訂立的公眾假期的影響力，公眾假期確立是官民長期互動之成果，當中官方主導的成分較多，但民間建構風俗習慣帶來的「軟實力」亦不容少覷。香港一年共有十七天的公眾假期，充分體現香港文化薈萃的特色，既有中國傳統節日，計有農曆新年、清明節、佛誕、端午節和中秋節；又有西方傳統宗教節日，分別是新年、復活節和聖誕節；還有帶有官方色彩的回歸紀念日和國慶日。官方將傳統節日列為公眾假日，有助潛移默化教育大眾，認識節日背後所盛載的文化意義。從前，內地公眾假期只有元旦、春節除夕、勞動節、國慶節黃金週。2008 年，內地政府立法修訂公眾假期，新加入的假期

有清明節四天、端午節三天和中秋節三天，有助保育中國傳統節日的習俗。回歸以後，香港特區政府宣佈佛誕成為公眾假期，間接帶動長洲太平清醮和筲箕灣譚公誕趨向復興，此舉卻是意料之外的收穫。

二、誕

誕，慶祝神明的日子，誕期通常選在神明的生日。如果神明廣受善眾信奉，祂的誕期會不止一個，有的誕期甚至選擇在神明的死忌，即稱為飛升日。觀音是香港最「入屋」的神靈，不少港人的神位都置有神像供奉，常慶祝的觀音誕就有四個，分別是農曆二月十九日觀音誕辰、六月十九日得道日、九月十九日飛升日和十一月十九日入海為水神日。所謂各處鄉村各處例，慶祝神誕的日子亦會因應地方傳承而有所不同。三太子信仰在香港不算興盛，其中深水埗三太子廟日最為人所熟悉，誕期為農曆三月十八日。九龍大聖佛堂位於秀茂坪，亦有供奉三太子，而誕期則在每年農曆十一月初四，稱為「哪吒三太子千秋寶誕」。神誕是喜慶日子，在一般情況下是不用僧道參與，簡單如善信自備祭品酬謝神恩便可。香港有些廟宇舉行神誕前，會禮聘僧道舉行醮會，超渡亡魂，潔淨神聖空間，以迎接神誕蒞臨，此種模式稱為「前醮後誕」。

香港常見慶祝神誕的形式，包括瑞獸助慶、繞景巡遊、花炮賀誕等，有經濟能力者則搭建戲棚，演出神功戲。若說香港神

誕，當然不能不提天后誕。天后原名林默娘，又稱媽祖，是中國著名海神之一。香港的天后信眾是跨地域和族群的，無論是廣府、客家、福佬和水上人都盛行拜祭天后。農曆三月廿三日是天后誕正誕，各區天后廟都會舉行慶祝活動，然而亦有不少地區的天后誕會提早或延期舉行。最重要的原因的是，賀誕活動通常有神功戲上演，但戲班的數量有限，為了遷就戲班的檔期，信眾或會調動時間。又如石澳天后宮正誕只會進行簡單的祭祀儀式，神功戲則會延至農曆十月初才開演賀誕。據村民相告，神功戲場地多在石澳泳灘停車場舉行，天后誕正日正是游泳的旺季，故延期至冬季舉行。

三、醮

醮是祭神的儀式，通過道士和和尚作為媒介，與鬼神溝通，廣府人稱打醮。[6] 醮的種類繁多，香港的醮一般稱為太平清醮，日期長短不一，一般約五天，短的只有一天。部分社區舉行醮會則稱「安龍清醮」，如西貢井欄樹、沙頭角吉澳和西貢高流灣等，大都是客家人舉辦。香港醮會通常在農閒（農曆十、十一月）或漁民較少出海（農曆四五月）的期間舉行，目的是答謝神明庇護之恩，祈求風調雨順和闔境平安。隨時代變遷，打醮演變為祈神酬恩和祭幽赦罪的民間祭祀活動，普及於民間社會，大多稱為太平清醮。香港醮會結合了道教醮儀與地方傳統廟會，形成了地區的風俗活動。

第一節　農曆一月

桃花落地滿階紅

前言

　　農曆正月初一通稱為春節，其古代名稱有很多，如「正旦」、「元朔」、「元日」等，通稱「元旦」，意思為新一年的首日。為甚麼中國特別重視春節呢？中國以農立國，成熟的穀物稱為「稔」，從「稔」又轉為「年」，所謂「有年」就代表五穀豐收，所以需要大肆慶祝，逐漸演變成慶祝過年的節日。港人習慣稱呼春節為「過年」，在他們心目中是全年最重要的傳統節日，家家戶戶都會與親友互相拜年送禮，小孩和未婚的成年人最為高興，因為他們還會收到已婚長輩的「利市」。[7]

一、年初一：頭炷香

　　燒香是敬神拜神的表現形式，香港傳統新春例有上「頭炷香」的習俗。每逢除夕晚上，不少善信都爭相蜂擁到黃大仙祠，等待大年初一子時一刻上頭炷香，祈求新一年心想事成。黃大仙

是香港廣受崇拜的神仙之一，連帶廟宇位處的地區也順應民意改為黃大仙區。[8] 黃大仙原名黃初平，仙號赤松子，全稱「運元威顯普濟勸善拯世赤松黃大仙師」，是浙江省金華縣蘭溪人。[9] 現黃大仙祠由嗇色園管理，本着「普濟勸善」的精神辦理各項慈善服務，如開辦學校、診所及安老院舍等。

有的地方廟宇為增加收入，不惜拍賣頭炷香，吸引善信競價搶奪。所謂頭炷香又稱「第一爐香」、「燒頭香」和「燒頭爐香」等，早在宋代年間，此習俗已經十分流行，[10] 除了大年初一之外，神誕當天，也屬善信上頭炷香的最佳時機。[11] 嗇色園指出新春期間所燒的第一炷香就是頭炷香，[12] 亦有玄學家指出在大年初一吉時上香亦屬頭炷香，然而善信普遍相信子時一刻上頭炷香最能表達虔誠之意，自然會獲得神明的眷顧。近年黃大仙祠為疏導人潮，緊貼潮流，嗇色園推出「網上祈福——頭炷香」服務，讓祠內道長在大年初一代為「稟神」。

二、年初三：拜車公

車公全名為「南昌五福車大元帥」，有關來歷至今眾說紛紜。據香港流行的說法，車公為宋朝大將軍，忠直英勇，因平亂有功，獲封元帥。後車大元帥病故陣中，百姓念其忠勇，於是建廟奉祀。香港車公廟散見於新界各區，其中沙田車公廟香火最鼎盛。[13] 沙田建車公廟建廟的由來，坊間流傳明朝末年，沙田地區發生瘟疫，村民聽聞蠔涌車公抗疫了得，於是派人向蠔涌村民借

新春期間，不少善信前往黃大仙祠參拜祈福。

沙田車公廟由華人廟宇委員會直接管轄

出車公孫兒神像。車公巡遊沙田各村後，瘟疫果然消除；村民為酬謝神恩，便建廟奉祀，車公從此分鎮沙田。另一版本則是沙田鄉民在車公廟附近立村，曾禮請風水師視察環境，發現村前為河流匯集之處，如能建廟座鎮，便可丁財兩旺。於是村民集資建廟，供奉車大元帥。又有傳說，百多年前，沙田地區爆發瘟疫，村民請車公巡境驅瘟，瘟疫果然消除，為酬謝神恩，每十年舉行一次太平清醮。[14]

車公有四個寶誕，分別是農曆正月初二、三月廿七日、六月六日和八月十六日。[15] 隨着時代演進，信眾有意或無意地把神靈不斷加以創造，融入一些新的傳說和職能，以適應新時代的需要。車公原是驅瘟之神，但同時兼具助人改運的神力。每逢年初三，不少善信特意到大圍車公廟拜祭一番，轉動廟內風車，祈求轉個好運來。[16] 年初三人稱赤口，易招口舌之爭。從前，市民講究意頭，[17] 不往親友家拜年，轉而參拜廟宇和郊遊。[18] 很早以前，沙田已經有九廣鐵路直通，既可以欣賞田園山色，遠離市區的煩囂，又可以順道參拜沙田主神廟車公廟，轉風車，求好運。按照傳統，地方官紳都有在地區主神的神誕率眾參拜的習慣。[19] 筆者相信其時正值車公誕期，又逢農曆新年，沙田官紳既去賀誕，順便為地區求籤，期望車公有所指引。後來，車公靈籤遠近馳名，此風俗遂演變為新界鄉議局主席代表香港祈福，所求的籤文往往成為城中矚目之話題。此外，各區車公的造型略有不同，橫洲和廈村供奉的車公是赤腳持斧的，而沙田舊車公和蠔涌車公均是傳統文官打扮，新建的沙田車公的造型卻是武官豎劍的裝扮。

以下所述可算是大時代中的一則小幽默：

眾所周知，在新界沙田有一間古色古香車公廟，在廟裡有一位古色古香的車公菩薩，不理那菩薩靈不靈，總之假日遊人頗多，經常香火也盛，連帶關係，附近小檔林立，賣冥鏹者多，但為應景賣紙製風車者更多，虔信的婦女們，例必買個紙風車到廟參參神，據說還轉轉運，有等且索性將紙風車插放在神廟，希望就此向神長遠拜托，長遠照拂。但，最近可能時代已「摩登」，萬事進步，車公爺爺香案上，非但插有紙風車，並且更多了若從電風車扇拆出來的銅車頁，那車頁也確是如假包換的風車。

銅風車比紙風車確堅固而恆，這一來，摩登事物已奉獻到古老神前，神而有之，想亦拈鬚點願稱讚，外埠遊客看到，也認為難得奇景，總之，沙田知名，遊客眾多之車公廟古蹟，近日就有此摩登氣息。

三、正月十五：點燈

元宵節是被香港遺忘的節慶日子。元宵是農曆新年第一個月圓之夜，故稱「元夕」和「元夜」。道教有「三元節」，元宵為上元節，屬天官賜福之節日。元宵又稱為「燈節」，其源起說

法不一，而皆與漢代有關。傳說漢武帝在甘泉宮設太一祭壇，每年正月上辛燃燈，祭祀太一。[21] 這個習俗流傳於民間，後改在正月十五舉行。此外，一說漢明帝准許佛教傳入中國，迎經於白馬寺，並於正月十五舉行燃燈法會，逐漸為民間所習。在香港，這天不是公眾假期，我們各自如常上班和上課。反而，對於新界的宗族來說，卻有着重大的意義。

《新安縣志》載：「元宵，張燈作樂。凡先年生男者，以是晚慶燈。」[22] 關於「點燈」的起源，已經無法考證，而本港各地舉行點燈的日子不同，活動為期長短也不一，由各宗族自行決定。燈者，取諧音「丁」也。「點燈」有「添丁」的意思。從前農村社會，以男性為主導，勞動力關乎一族興衰。男性丁口多寡決定了鄉村勢力之強弱。族內兄弟有子嗣，實屬一個宗族的盛事，需要通過點燈儀式確認宗族成員的身份，使新成員受到神明和祖先的庇蔭。從實際功能力上，點燈儀式承認了新的宗族成員，代表他們可以享有宗族賦予的權利，同時肩負供奉神明和祭祀祖先的義務。鄧族是新界五大家族之一，錦田是鄧族發祥地。據族譜顯示，早在宋朝年間，鄧族已經在錦田開基立業，其後子孫繁衍，散落在錦田、屏山、龍躍頭、厦村和大埔頭等。每年正月十五，錦田鄧族三間祠堂會舉行點燈儀式，稱為「開燈」，包括清樂鄧公祠「思成堂」、鎮銳鋗鄧公祠「茂荊堂」和廣瑜鄧公祠「來成堂」。

正月初一至十五，新丁家庭先在家中點燈，而每天新丁家庭都會為所屬祠堂花燈添油，避免燈盞中途熄滅，此稱為「興

燈」。直到正月十五，每個新丁家庭從家裡出發，沿途敲鑼打鼓，帶備一盤祭品，[23] 浩浩蕩蕩步行到祠堂。祠堂擺放一個大型花燈籠，並供應燈盞、燈蕊及燈油。家長手抱新成員，親身到達祠堂，答謝祖先。[24] 他們到祖先木主面前，供奉祭品，祈求祖先庇佑，並將新丁的名字記錄在「丁口冊」。接着他們會祭祀護祠土地，以及逐一向宗祠內不同的神靈奉上祭品，最後在祠堂前燃放爆竹，再次敲響銅鑼後便打道回府。約上午 11 時前，他們返回祠堂，並帶備一鍋粥和幾道小菜，供同房兄弟享用，分享喜悅。最後，新丁頭家庭會取回祠堂燈籠內的燈盞（香燈），帶回家裡供奉。翌日祠堂會把花燈燒毀，稱為「化燈」，整個點燈儀式便算完成。

現今社會進步，經濟體系趨向知識型，勞動力急速貶值，子嗣繁衍不再等如財富得以累積。過去農業社會崇尚「人多好辦事」的觀念一去不復返，受城市化的影響，鄉村也要面對出生率偏低的問題，部分鄉村因過去一年未有新丁頭出生，或是出生數字太少，丁頭無法承擔開燈的支出，因而被迫取消點燈儀式。舊日傳統習俗堅持的原則，往往敵不過時代的巨輪，若要適應現代社會的環境，傳統習俗就要在某程度上作出「微調」。雖然面對承傳的困難，但是新界很多宗族長老仍竭力保存傳統，期望傳統習俗能夠一直延續下去。隨着文化旅遊興起，很多傳統習俗再不單是宗族和鄉村內部的活動，而是吸引旅客參觀的亮點。如2012 年，林村舉辦許願節，更打破傳統，不分男女，把點燈儀式開放給所有外來嬰兒參與。

上水廖氏點燈

小瀝源村點燈

四、正月廿六：觀音開庫

若公投香港最「入屋」的神靈，觀音必名列三甲，香港的觀音廟不算多，但觀音在香港大多廟宇中作為陪神，而且很多家庭的神位均有供奉觀音大士。據考證，觀音大士信仰經佛教傳入中國，受着翻譯佛經《妙法蓮華經觀·世音普門品》、密宗的儀軌咒語，以及各種民間傳說宣揚，觀音信仰得到廣泛的傳播，衍生出不同的信俗，當中包括觀音開庫。時至今天，觀音開庫是求財的民間信仰活動，在港澳地區和珠江三角洲一帶廣為流行。很多供奉了觀音的廟宇均有舉行借庫活動，吸引大批借庫的善信踴躍參與，人流甚至比起觀音誕更暢旺。早在農曆正月廿五晚上，有的廟宇已見大批借庫善信輪候入廟，他們來自各行各業、男女老青等，期待踏入子時，廟門一開，他們便向觀音求得財運，增加來年的收入。上環太平山街觀音堂重建於 1895 年，據說它是香港第一間舉行借庫的觀音廟。[25] 除了上環觀音堂之外，紅磡觀音廟和慈雲山觀音廟同樣廣受信眾歡迎，每逢觀音開庫必然是人頭湧湧。

舊聞觀風：今日生菜會 明日觀音開庫 慈雲山大熱鬧 [26]

以下是一則記錄了慈雲山觀音廟開庫盛況的報導：

生菜會創於廣東官窰，自大陸易手後，移來本港，但以九龍慈雲山觀音古殿為最盛。每屆勝會開馬龍之勢。本年度定今夕舉行，同時該殿因登山路程關係，特備迎送汽車，利

便香客，由是通宵達旦，均極熱鬧，明日又為觀音開庫，每屆是日，沿山下仰望，萬頭鑽動於山間，情況異常熱鬧。

潘淑華認為，觀音開庫源自生菜會的習俗，參與者多為婦女，她們在正月廿六日拜祭觀音，並有吃生菜的習俗，祈求觀音送子。生菜是「生財」的諧音，信眾聯想到拜觀音、得財富，後來逐漸演變為求財的風俗，成為今日之觀音借庫。求財的慾望不限於婦人，一般市民大眾同樣渴望參與，有的廟宇為了滿足大眾求財若渴的心理，借庫金額遂逐年上升，少則千萬，多則數億。很多人以為利市銀碼代表觀音借給善信的財富，其實不然，借庫所借的還包括健康、事業和人緣等。時至今天，太平山街觀音堂堅持傳統，所借的均不涉及銀碼，只在利市上寫一些好意頭的話，例如「生意興隆」、「財源廣進」和「丁財兩旺」等。

觀音借庫必須要「有借有還」，正月廿六日借庫，翌年借庫前就必須還庫，酬謝神恩，然後才能夠重新借庫。

觀音借庫儀式程序

程序	儀式內容	物資
借庫	燃點蠟燭，若入廟借庫上香，順序為主神、陪神和侍神。	香燭
	奉上借庫祭品，宜用素菜、生果，祈求觀音借庫，並承諾明年必定還願，最後化觀音衣冠紙寶。	生果、觀音衣、招財寶牒、壽金、百解符、貴人符、元寶、香燭等
	前往「金銀庫」取利市，然後放入錢包。	
	再取生菜紅包，最好食掉當中食物。	

程序	儀式內容	物資
還庫	燃點蠟燭，若入廟還庫上香，順序為主神、陪神和侍神，叩謝觀音保佑。	香燭
	將衣紙祭品連同借庫時取得的「庫錢」字條一起化掉。	觀音衣、金銀壽金、衣冠紙寶
		神紅二呎 大香三支 金花一對

五、新春：攝太歲

　　木星又稱為歲星，圍繞太陽運行一周平均約需十二年，與十二生肖相呼應，太歲是中國古天文學想像出來的，與木星的運行對應。民眾都相信「太歲當頭坐，無喜恐有禍」，又認為沖犯太歲者多流年不利、百事不順、事業困厄、身體不安等，為求心安，民眾攝太歲，祈求庇佑，以作化解。每一個人皆有太歲作為守護神，守護整年的運勢和個人運勢，如果只能望天膜拜，滿天星宿難以跟太歲信仰扣連，遂形成了太歲以將軍形態出現，方便大眾膜拜。在道教經典中，斗姆元君是眾星之母，統轄眾星君。按照民間攝太歲的方法，依次先拜斗姆，跟着拜值年太歲，最後才拜自己的太歲。坊間亦流傳攝太歲，即是用金銀升高太歲神像，寓意運勢隨之升高。

六十太歲名稱 [27]

干支	生肖	太歲星君
甲子	鼠	金辨
乙丑	牛	陳林
丙寅	虎	耿章
丁卯	兔	沈興
戊辰	龍	趙達
己巳	蛇	郭燦
庚午	馬	王濟
辛未	羊	李熹
壬申	猴	劉玉
癸酉	雞	康忠
甲戌	狗	詹廣
乙亥	豬	伍保
丙子	鼠	郭嘉
丁丑	牛	汪文
戊寅	虎	曾光
己卯	兔	方仲
庚辰	龍	董德
辛巳	蛇	鄭祖
壬午	馬	陸明
癸未	羊	魏仁
甲申	猴	方杰
乙酉	雞	蔣崇
丙戌	狗	白敏
丁亥	豬	封濟
戊子	鼠	鄭鎧

干支	生肖	太歲星君
己丑	牛	潘佑
庚寅	虎	鄔柏
辛卯	兔	范甯
壬辰	龍	彭泰
癸巳	蛇	時罼
甲午	馬	章嗣
乙未	羊	楊賢
丙申	猴	管仲
丁酉	雞	唐傑
戊戌	狗	姜武
己亥	豬	謝壽
庚子	鼠	虞超
辛丑	牛	楊信
壬寅	虎	賀燾
癸卯	兔	皮時
甲辰	龍	李成
乙巳	蛇	吳逐
丙午	馬	文祈
丁未	羊	繆丙
戊申	猴	俞昌
己酉	雞	程寶
庚戌	狗	倪秘
辛亥	豬	葉堅
壬子	鼠	邱德
癸丑	牛	朱雍
甲寅	虎	張朝
乙卯	兔	萬清

干支	生肖	太歲星君
丙辰	龍	辛亞
丁巳	蛇	易彥
戊午	馬	黎卿
己未	羊	傅儻
庚申	猴	毛粹
辛酉	雞	石政
壬戌	狗	洪克
癸亥	豬	盧經

攝太歲程序

程序	儀式	物資
拜太歲	準備太歲衣，在太歲符寫上姓名、生辰等資料 ➜	太歲衣、太歲符
	燃點清香一炷三支，參拜斗姆元君 ➜	清香一炷
	參拜今年太歲 ➜	清香一炷
	參拜本命太歲（自己出生年）➜	清香一炷
	化太歲衣，摺好太歲符隨身攜帶	太歲符
還太歲	帶回太歲符，準備太歲衣酬謝神恩 ➜	太歲衣、太歲符
	燃點清香一炷三支，參拜斗姆元君 ➜	清香一炷
	參拜今年太歲 ➜	清香一炷
	參拜本命太歲（自己出生年）	清香一炷

　　除了犯太歲以外，坊間還流行沖太歲和偏沖太歲。假設十二生肖與十二刻度對應，犯太歲對面刻度就是沖太歲，犯太歲左右各三個刻度則為偏沖太歲。由此可見，每十二年就會犯一次太歲，沖太歲或偏沖太歲平均每三年便會發生一次，頻率非常高。

大坑蓮花宮觀音開庫排隊人潮

近年不少廟宇都增建太歲元
辰殿，吸引善信攝太歲。

近年，很多廟宇的香油收入大減，為開拓財源，紛紛闢建六十太歲殿，以增加收入。

六、新春：新界鄉村團拜

農曆新年，新界各鄉例有團拜賀年之舉，客家村落更有麒麟互訪，祝賀新春之活動。上世紀五、六十年代，報紙已記載西貢區地方組織團拜的新聞，形容「其採取之儀式，較之新界其他地區為隆重。」[28] 各村派出麒麟隊集體參神，然後巡遊西貢墟。按照慣例，麒麟巡遊過後才正式開市。新界西貢墟向來注重農曆新年，在新年開市向來擇定日期而行，初期舉行日期並無定制。[29] 如 1964 年西貢鄉事委員會、西貢商會和西貢街坊值理會合辦新春團拜，參加者多達三百人，場面熱鬧，參與新春團拜的麒麟隊伍分別為沙頭尾村、蠔涌村、西貢、大環十鄉、西貢青年，表演舞獅的隊伍為蠔涌及西貢街坊。[30] 當晚，西貢鄉事委員會筵開十數桌招待各村代表及來賓，並邀請各界社團首長參加。直到 1966 年，西貢墟各社團組織商定農曆正月初四全體開市，各鄉派出麒麟拜年慶賀，習俗相沿至今。[31]

一些村落更會邀請麒麟隊伍表演「採青」活動，以增加節日氣氛。麒麟採青是賀誕常見的民間風俗，也是舞麒麟技藝的一個重要表演項目。「採青」表演方式有很多種；最常見的「青」是用生菜，寓意生生猛猛，「青」掛上利市一封，以此作為採青的賞金，吸引麒麟採食。無論任何青陣在最後的環節必然是吐青，

即是麒麟吞下青菜，隨後搞碎了的青菜，其剩下的菜頭會留給擺青的客戶。[32] 為了增加可觀性，主辦單位會擺出各種「青陣」，麒麟表演者亦會因應青陣的佈置，創出各種採青的技藝。

舊聞觀風：麒麟採青獎三千元 賀歲風俗仍然盛行 [33]

　　庚戌元旦之日，新界西貢方面，即有一個相當盛大場面，一批旅英華僑，在該地大街之一家店舖二樓，掛出逾三千港元之「青」，該銀紙「青」除將「出青」者姓名列出之外，更書有「西貢街坊麒麟醒獅惠存」等字樣，兩旁則綴以五百元、一百元及十元面額之現鈔。

結論

　　過年是港人最重要的節日，很多傳統店舖仍依俗在這段時間休市，不過大型連鎖商舖則如常營業，商場佈置展現賀年氣氛，更以特價招徠顧客。農曆新年更是一年一度探訪親友的日子，由於港人的家居空間狹窄，親友團拜活動改在酒樓食肆進行。有的人想避開繁文縟節，趁着幾天的公眾假期，暫時放低繁囂的城市生活，出外渡假，慶祝新春，俗稱「避年」。

註釋

1 《華僑日報》，1989 年 10 月，〈廿四節氣〉。

2 二十四節氣是根據黃河中下游的氣候變化所制定的，所以在其他地區或會出現偏差，然而這種按季節制定的方式實在簡單易用，沒有別的能勝於它，因此遠至日本的農民也採用二十四節氣。

3 〔元〕吳澄：《月令七十二候集解》（上海：涵芬樓，1920 年，道光十一年〔1836〕影印本），冊 9。（影印本），冊 9，〈海類編〉，「驚」條。

4 〔清〕舒懋官修，〔清〕王崇熙纂：《新安縣志》（嘉慶），卷二，〈輿地略・風俗〉。

5 卜永堅等：《大埔傳統與文物》（香港：大埔區議會，2008 年），頁 110-112。

6 早期的道教醮儀主要用作赦罪、祈福和治病等，自魏晉南北朝開始已有官方建醮的紀錄。齋儀同樣是祭祀的儀式，唐代《六典》載有七種齋儀，包括：黃籙齋、金籙齋、明真齋、三元齋、八節齋、塗炭齋和自然齋。唐代以後，齋醮開始合稱，成為道教科儀的總稱。

7 廣東人過農曆新年，語貴吉祥，平日說慣「三字經」的，一律說「添丁發財」等吉祥語。在新年中，人們都把掃帚收藏起來，因為這幾天不掃地，亦不傾倒垃圾；此時，動用針剪、燈照板皆被列為忌諱；倘若小孩子不慎打破杯碗，成人就喊道：「落地開花，富貴榮華。」

8 黃大仙祠位處地區原稱為竹園，在上世紀五十年代才稱為黃大仙區。該區所屬的警署亦不奉關帝像，而供奉黃大仙像。

9 據東晉葛洪著的《神仙傳》所記，黃大仙少年時是個牧羊童，後到金華赤松山石室中修煉，闊別人間四十多年後得成正果，由於他隱居赤松山，故被稱為赤松黃大仙。

10 南宋孟元老《東京夢華錄・六月六日崔府君生日》：「二十四日，州西灌口二郎生日，最為繁盛……夜五更爭燒頭爐香，有在廟止宿，夜半起以爭先者。」

11 《華僑日報》，1987 年 4 月 20 日，〈今日為天后誕 善信為爭上頭炷香 昨已湧往大廟參神〉。

12 大年初一，黃大仙祠內實施人流管制，採用單向行走路線，規定善信只可攜備十二

支線香，在指定位置（福德祠、主殿、三聖宮和孟香亭）上香，祠內不設跪拜和供品供奉區。

13 除了沙田車公廟外，新界地區還有西貢蠔涌車公廟、橫洲二聖宮和厦村新圍楊侯廟等，都有供奉車公；此外尚有圍村神廳供奉車公，如屏山上璋圍。

14 沙田區九約十年一屆乙酉年太平清醮委員會編：《沙田區九約十年一屆乙酉年太平清醮特刊》（香港：沙田區九約十年一屆乙酉年太平清醮委員會，2005 年），頁 31。

15 車公的誕期眾說紛紜，有上世紀六十年代的報章報導每年正月初三、初六及初九是車公誕，三六九三天拜齊才算虔誠，故每年此三日參神者特別多。詳見《工商日報》，1971 年 1 月 30 日，〈沙田車公廟 進香客擠擁〉。

16 不少民間信仰卻未應時勢轉型神職，後來趨向式微，逐漸為港人所淡忘。如靖綏伯曾為香港著名驅瘟神靈，其所棲身的廟宇在 1992 年賣掉。

17 《華僑日報》，1951 年 2 月 9 日，〈昨日赤口 無人結婚〉。

18 《華僑日報》，1966 年 1 月 24 日，〈春回大地好風光 新界遊人如鯽 到處人潮湧湧〉。

19 「每逢正月初二、八月十六日，沙田鄉事委員會主席吳池率領鄉民代表帶同金豬酬神，作為春秋二祭。」詳見《華僑日報》，1967 年 3 月 26 日，〈新界假期遊覽勝地之一：沙田車公廟近貌〉。

20 《華僑日報》，1963 年 4 月 2 日，〈車公廟風扇替風車 銅車頁拆供香案 神老爺拈鬚讚揚〉。

21 太一又名泰一、太乙，乃天神中最尊貴者。

22 劉智鵬、劉蜀永編：《《新安縣志》香港史料選》（香港：和平圖書有限公司，2007 年），頁 105。

23 據筆者觀察所得，他們帶備的祭品沒有明顯的規限，非常隨意。每一盤都略有不同，如其中一盤有三杯茶、兩杯酒、三碗米漿狀的甜品、一碟煎堆和桔、一碟慈菇、豬肉和桔，全部取其諧音，帶有吉利之意。

24 如果新成員不在香港的話，則用他的隨身物件及出生證明代替。

25 第四代廟祝鄧紀蓁先生憶述觀音借庫之俗由其父鄧偉雲所創，當年鄧偉雲為籌建家鄉三水學校，參考了該廟靈籤第五十一籤「孝子修建洛陽橋」，將之轉化為觀音借庫活動。「孝子修建洛陽橋」講述一名孕婦乘船忽遇風浪，她祈求觀音顯靈，保佑

其逃過此劫，誕下孩子，他朝長大成人定必建橋以利眾生。後來孕婦大難不死，其兒子蔡中興長大後高中狀元，為官清廉，卻始終無法一圓母親之建橋心願。觀音深受感動，化身美女下凡，坐在蔡氏的船上，引來狂蜂浪蝶駐足觀望這位「女神」。觀音表示如有人能用銀両擲中祂，便可娶她為妻子，各路男兒自然爭相投擲金錢，結果無一擲中，銀両則堆滿船艙。蔡氏收集了這些銀両，終於興建了洛陽橋。

26 《工商日報》，1956 年 3 月 7 日，〈今日生菜會 明日觀音開庫 慈雲山大熱鬧〉。

27 蕭登福：《太歲元辰與南斗星神信仰》（香港：嗇色園，2011 年），頁 410-412。

28 《華僑日報》，1961 年 2 月 18 日，〈西貢鄉事會與區內各界今日聯合祝新年〉。

29 1963 年西貢區新春團拜日子是農曆正月初七。「西貢商會昨談及該墟各商戶春節後開業日期，原則按照歷年習慣，全體於農曆初七日正式啟市。又悉，該墟各村已準備是日派出麒麟瑞獸，到墟與鄉事會、商會及墟內商民拜年。」詳見《大公報》，1963 年 1 月 22 日，〈西貢各村鄉民將派麒麟拜年〉。

30 《大公報》，1964 年 2 月 28 日，〈祥麟瑞獅翻舞鑼鼓鞭炮齊鳴 西貢墟新春團拜〉。

31 《大公報》，1966 年 6 月 5 日，〈西貢墟商店新年休假 定初四始啟市〉。

32 吐青又稱灑青，傳說灑青諧音殺清，暗喻滅清，是反清的遺風。詳見蕭國健、黃志培：《香港風俗遺志》（香港：顯朝書室，2005 年），頁 329-337。

33 《華僑日報》，1970 年 2 月 8 日，〈麒麟採青獎三千元 賀歲風俗仍然盛行〉。

第二節　農曆二月

洪恩扶海國　春雷驚蟄餘

前言

　　踏入農曆二月，各區神誕活動接踵而至，其中洪聖誕和觀音誕最為熱鬧。洪聖是香港著名的水神，與天后、譚公和北帝齊名。觀音更是全港最入屋的神明，家家戶戶的神位大多供奉觀音。神誕不一定指的是神明的生日，而香港常慶祝的觀音誕就有四個，分別是農曆二月十九日觀音誕辰、農曆六月十九日得道日、農曆九月十九日飛升日和農曆十一月十九日入海為水神日。香港賀誕形式以抽花炮活動最富「港味」，河上鄉洪聖誕則保留了搶花炮的傳統，值得熱愛傳統風俗的朋友湊湊熱鬧。香港農業式微，節氣引伸出來的習俗，脫離了現代生活模式，已被港人逐漸遺忘。驚蟄打小人卻意外地成為港人排遣城市緊張生活的儀式活動，至於春分前後新界地區時常舉行祭祖，此與宗族仍保留了傳統的結構有着密切關係。

一、河上鄉洪聖搶花炮

洪聖，全名為南海洪聖廣利大王，俗稱洪聖大王，是香港著名的水神，與天后、譚公和北帝齊名。有關洪聖信仰向來眾說紛云，人言人殊，在香港流傳的版本最少有兩個。據華人廟宇委員會版本，洪聖真有其人，是唐代廣利刺史洪熙，他上知天文，下知地理，以廉潔忠貞聞名，曾設立氣象台預測天氣，造福漁民商旅。可惜，洪熙英年早逝，鄉民念其恩德，立廟供奉，皇帝追封為「南海廣利洪聖王」。[1] 另一版本是洪聖為南海之神，[2] 祖廟位於廣州黃埔長洲島，建於隋朝開皇十四年（594），歷朝歷代屢獲朝廷褒封，使洪聖信仰宏揚於華南一帶。由此可見，版本一並不太可信，蓋因南海神建祠祭祀可追溯至隋代，流行於珠海三角洲地區，故此，洪聖祭祀應源於古代皇朝禮制中的四海之祭，只是最初沒有廟宇奉祀。香港地區有不少洪聖廟，多建於濱海之地，深受水上群體所崇拜。每年洪聖誕為農曆二月十三日，[3] 河上鄉、鴨脷洲和滘西洲等地均會禮聘戲班，演出神功戲賀誕，其中河上鄉洪聖誕搶花炮活動絕對值得一看。

洪聖歷代封號

年份	封號
隋開皇十四年（594）	隋文帝封祝融為「南海神」
唐天寶十年（751）	唐玄宗加封為「廣利王」
五代南漢大寶元年（958）	南漢後主劉鋹加封為「昭明帝」

上水河上鄉洪聖誕有舞獅助慶

河上鄉洪聖誕仍保留搶花炮的傳統

年份	封號
北宋開寶四年（971）	宋太祖賜一品服，神像賜穿龍袍
北宋康定二年（1041）	宋仁宗加封「洪聖王」
北宋皇祐五年（1053）	宋仁宗加封「昭順」，為「南海廣利洪聖昭順王」
南宋紹興七年（1137）	宋高宗加封「威顯王」，為「南海廣利洪聖昭順威顯王」
元至元二十八年（1291）	元世祖加封「靈孚王」，為「南海廣利靈孚王」，宋代封的「洪聖」、「昭順」和「威顯」停止使用
明洪武三年（1370）	明太祖詔除歷代封號，改封「南海之神」
明永樂七年（1409）	明成祖封「南海之神」為「甯海伯」
明天啟元年（1621）	明熹宗封「南海廣利洪聖王」
清雍正三年（1725）	清世宗封「南海昭明龍王之神」

　　花炮由爆竹造成，燃點後可發射空中，成功爭奪者可換取所代表的炮山。後來，搶炮期間屢出現打鬥事件，政府雷厲風行予以取締，遂改為抽籤形式進行。花炮改為指掛滿喻意吉祥的「聖物」的炮山。河上鄉洪聖誕是香港少數仍保留了帶有競技色彩的搶花炮的節日。主辦單位會在廟前放置一個炮架，並派出代表負責燃點藥引，參與搶花炮的健兒則各據有利位置，待炮芯射上半空，他們伺機而動，群起搶奪。成功搶炮者可以領回花炮在家中供奉，翌年需還炮，並附上祭品，酬謝神恩。以 2018 年為例，主辦單位發放九個花炮，各冠以不同的吉祥名稱。一般花炮由炮頂、炮身和炮薹組成。[4] 第一部分是炮頂，通常寫上花炮會的名稱和炮號。第二部分是炮身，內置空位供奉神明的鏡架，稱之為炮膽。[5] 河上鄉洪聖誕簡化了花炮的裝飾，只以炮膽代替花炮，並寫上「河上鄉洪聖宮」六個字。

1998 年河上鄉花炮得主的獎金及禮物 [6]

炮號	花炮名稱	獎金及禮物
第一炮	發財炮	炮金五千元（明年還六千五百元） 炮屏一座，標尾一條七又二分一呎，帥尾一條 燈籠一個，炮膽銀五十元，油香銀五十元，添花炮銀二十元，金豬一隻除四孖大骨，淨重二十斤（回燒肉八斤）
第二炮	添丁炮	炮金四千元（明年還五千二百元） 炮屏一座，標尾一條七又二分一呎，帥尾一條 燈籠一個，炮膽銀五十元，油香銀五十元，添花炮銀二十元，燒肉斤半（明年還三斤）
第三炮	興隆炮	炮金三千元（明年還三千九百元） 炮屏一座，標尾一條七又二分一呎，帥尾一條 燈籠一個，炮膽銀五十元，油香銀五十元，添花炮銀二十元，燒肉斤半（明年還三斤）
第四炮	鴻運炮	炮金三千元（明年還三千九百元） 炮屏一坐，標尾一條七又二分一呎，帥尾一條 燈籠一個，炮膽銀五十元，油香銀五十元，添花炮銀二十元，燒肉斤半（明年還三斤）
第五炮	丁財炮	炮金三千元（明年還三千九百元） 炮屏一座，標尾一條七又二分一呎，帥尾一條 燈籠一個，炮膽銀五十元，油香銀五十元，添花炮銀二十元，燒肉斤半（明年還三斤）
第六炮	吉祥炮	炮金三千元（明年還三千九百元） 炮屏一坐，標尾一條七又二分一呎，帥尾一條 燈籠一個，炮膽銀五十元，油香銀五十元，添花炮銀二十元，燒肉斤半（明年還三斤）
第七炮	平安炮	炮金三千元（明年還三千九百元） 炮屏一坐，標尾一條七又二分一呎，帥尾一條 燈籠一個，炮膽銀五十元，油香銀五十元，添花炮銀二十元，燒肉斤半（明年還三斤）

花炮會屬於周期性賀誕組織，由志同道合的信眾組成，通常只會慶祝單一神誕的活動，大部分只會在誕期前後運作。花炮會的名字很多元化，常見者多以「堂」為名，並配以吉祥喻意和良好祝願的名字。亦有以自己居住的村落、家鄉的名字而命名。如古洞聯鳳區由鳳崗區和聯和區組成，居住該兩區者多為惠東人，1964 年成立聯鳳福利互助會。後者如增邑金城堂由古洞增城人所創辦，成立於 1970 年代。有的花炮會更會以祖先的名稱作為花炮會的名字，如吳明新堂的創會成員是來自增城的吳氏，因國共內戰逃難遷至上水古洞，吳明新堂花炮會即由吳氏一族合組。[7] 花炮會的成員主要由善信、支持者和技藝表演者組成，他們的身份界線模糊，可以兼具多重身份，三者在花炮會擔演不可或缺的角色，不過多屬義務性質，不會收取薪金。[8]

身份	工作內容
善信	一般而言，花炮會是為慶祝單一神誕而存在的賀誕組織，參加者多是神誕的善信，由部分成員組成管理層，統籌花炮會的賀誕活動。
支持者	位於花炮會附近的商舖，他們擔任花炮會的顧問或掛上榮譽會長等職銜，或因地緣關係支持信奉同一神明的花炮，通常不會直接參與花炮會的實務運作。
技藝表演者	賀誕正日，花炮會為壯聲勢，安排醒獅、麒麟隊伍負責沿途護送花炮進行賀誕活動。很多花炮會本身擁有私人的技藝表演隊伍，成員絕大部分是義務性質，非全職擔任。

相隔不夠一星期，鄰近地區龍潭觀音古廟同樣有花炮賀誕活動，[9] 則採用抽籤形式。正誕當日，鄰近村落組成的花炮會浩浩蕩蕩出發，由於距離龍潭觀音廟有一定的路途，各花炮會乘坐

龍潭觀音誕盛況依舊

鵝頸橋底已成為著名打小人勝地

貨車直接到達蕉徑村，繼而護着花炮穿越田野村徑，沿途鑼鼓喧天，準備「還炮」，很有鄉間節日氣氛。善信陸續抵達觀音廟，還神進香。每個花炮會還炮後，紛紛在廟前獻技助慶。[10] 現在，抽花炮活動由廟方負責，[11] 花炮會則帶回花炮和觀音像，交回大會。約下午 1 時抽花炮活動正式開始，形式簡單，花炮會按去年炮號大小順序抽籤。抽花炮後，有的村落會直接把花炮存放在所屬炮會會址，直到翌年還炮才重新製作一個新的花炮。考慮到存放場地的限制，大會甚至規定每個花炮的具體尺寸。[12] 所謂「各處鄉村各處例」，每個神誕對炮數偏好都不盡相同。至於蕉徑龍潭觀音誕，最具意頭是第一炮，為免傷和氣，大會特意增加第一副炮。花炮紮作師傅為凸顯尊貴，第一炮和第一副炮的炮身會製作得較其他花炮高出一呎左右。[13]

二、驚蟄打小人

驚蟄是二十四節氣之，一般約立春後三十日，通常在農曆一月或二月之間。按吳澄《月令七十二候集解》云：「二月節……萬物出乎震，震為雷，故曰驚蟄，是蟄蟲驚而出走矣。」[14] 蟄者，意謂藏也。蛇蟲鼠蟻等進入隆冬，紛紛躲起來冬眠，謂之入蟄。直到春雷初響，氣溫逐漸上升，驚動萬物，喚醒沉睡中的害蟲猛獸，出來為禍人間。故老相傳，鄉民拜祭白虎，憑其兇猛驅走害蟲猛獸。另一傳說云，驚蟄日正是白虎出來覓食的日子，為求自保，故有「祭白虎」之俗。拜祭時，需用肥豬油或豬血塗抹在紙

老虎的口上，令虎口充滿油水，不能張口吃人。

舊聞觀風：驚蟄街頭景色，祭白虎打小人 [15]

　　昨日為中國農曆一年二十四氣節中之「驚蟄」，香港居民，昨天多有用元寶蠟燭雞蛋白豬肉等拜驚蟄，彼等拜驚蟄不必到神廟，亦有在街邊禱拜，荷李活道文武廟前之石獅子亦是參拜對象，此外如太平山街、石水渠街，灣仔醫院前之榕樹、對海之榕樹頭，均有無數婦女誠心膜拜。有等臨時神棍，用紙□紮成紙老虎，擺在在街邊任人膜拜，但要收香燭錢，每一膜拜者最低限度收銀二毫，並有用以祭虎口之白豬肉，膜拜者認為餵虎之物，棄而不取，是為「祭白虎」，於是靠老虎發財者，可取之佐膳，誠一舉而兩得。

　　驚蟄除祭白虎外，尚有所謂「打小人」，即用鞋猛撻地面，據說這樣便會去邪惡、迎吉利。因此，港九的幾個社壇與街頭巷尾，尤其石水渠街一處，香烟繚繞，撻撻之聲，不絕於耳。

　　古人習慣在驚蟄當天，用清香和艾草薰香家中四角，以驅趕蛇蟲鼠蟻，後來民間又將害蟲比喻為小人，衍生出驚蟄「打小人」的習俗。有的相信儀式在白虎面前進行，小人被白虎的兇猛所懾服，日後不敢妄害他人，逐漸祭白虎與打小人的儀式便混合在一起。觀乎今日之香港，每逢驚蟄，很多舊區的街道小巷或廟

宇神壇都有祭白虎、打小人的祭祀活動。而祭祀地點多位處三岔路口、橋底或路邊進行。據說煞氣較大，能剋制小人，更能發揮打小人的效果。現時最著名的打小人勝地首推灣仔堅拿道鵝頸橋底，然而環顧驚蟄當天，不少舊區橫巷街道和社壇均有街坊進行打小人儀式。再說，打小人不一定要在驚蟄期間進行，平日也可以打的，如果想更有成效的話，可以選擇在農曆每月初六（收日）、十六（除日）和廿六（破日）進行。而且，打小人不一定要借助「神婆」之手，自行「打小人」亦可。

打小人儀式 [16]

程序	儀式內容	祭品及物資
稟神	信眾在神像前上香，敬備祭品，神婆向各神明報上事主姓名八字，繼而稟告「小人」的名字和住址，以及要「打」的對象或事項。	神像一尊 香爐一個 蠟燭一對 香三支 燒肉、生果等祭品
打小人	用鞋拍打五鬼紙、男、女小人，口中同時唸着口訣，包括咒罵小人的語句、替自己祈福的內容。	磚石一塊 鞋一隻 五鬼紙、男、女小人
祭白虎	以肥豬肉或豬血抹掃於紙老虎口，鄉民亦會向紙老虎灑燒酒，寓意白虎菩薩飲飽食醉，不再張口傷人，並且將小人咬着，使其不再作惡，可見此行為具賄賂白虎的意義。[17]	白虎紙 肥豬肉 臭雞蛋 燒酒 插香香梨 元寶、五鬼紙、男、女小人、馬、鎖鏈、小人、吉紙等

程序	儀式內容	祭品及物資
化解	撒芝麻、綠豆、米等在地上，寓意把不穢東西送走。神婆用百解符先向神明稟告，後往事主身上掃，最後化去百解符，目的是為事主祈福，解去小人及一切不祥的東西。	芝麻、綠豆、米 大百解
祈福	迎接貴人，儀式包括化去貴人衣、圓貴人、長貴人、長命富貴衣等吉祥衣紙，祈求貴人相助，趨吉避凶。	貴人紙、祿馬等
進寶	化金銀元寶、冥通錢等，供奉鬼神。	元寶、金銀、溪錢
擲杯	將兩塊半月、一面平一面凸的笅杯擲出，向上為陽、向下為陰，擲到出現一上一下的「聖杯」為止，表示上天已答應事主的要求，趕走小人，保佑事主平安大吉。	笅杯

三、春分祭祖

「春分者，陰陽相伴也。故晝夜均而寒暑平。」古代將春分統稱為「日夜分」，意思是日夜長短平均，正值春季九十日的一半。[18] 春分標誌着春天過了一半，這天晝夜長短一樣。陽光射正在赤道上，南北半球晝夜平分，其後陽光直射位置北移，開始日長夜短。秋分則指太陽射正赤道上，南北半球晝夜平分，陽在正西，陰在正東。春分過後便開始晝長夜短，氣溫亦會逐漸回暖。新界種植稻米的農民通常在春分前後插秧，期望秋天後有豐收，至於花農亦在此節氣期間分枝、接幹和移植。[19] 每年兩造禾，春初第一造撒種苗秧之後，到明年春分就適宜於分秧，作有序的豎

插。[20] 據清人潘榮陛《帝京歲時紀勝》所載:「春分祭日,秋分祭月,乃國之大典,士民不得擅祀。」儀式着重帶出「以表孝道」、「慎終追遠」的文化內涵。

「國之大事,在祀與戎。」祭祀在中國古代社會有着舉足輕重的地位。祭祀對象可簡單分為祭神、祭鬼和祭祖先。中國人相信人死後靈魂不滅,特別重視祭祀祖先,後代應侍死如生,充分體現出中國慎終追遠的傳統文化。祖先崇拜在新界宗族來說非常重要。祭祖確立對祖先的傳承的功能,慎終追遠,緬懷祖先開族之勞、立村之苦。中國以農立國,新界不少宗族都會按照傳統在春分前後祭祀祖先,祈求風調雨順,五穀豐登;秋分前後再次祭祀祖先,酬謝祖先的庇佑,這就是春秋二祭。各處鄉村各處例,有新界宗族在春分聚集於祠堂祭祀列位祖先,此為祠祭;在秋分集體前往拜祭祖先墓地,此為墓祭。每年春秋二祭期間,分居各地的子孫濟濟一堂,除向先人致敬外,還能維繫族內團結。而祖、堂的蒸嘗除涉及到實際利益外,更是家族得以延續的重要因素。因此,這種鄉村社會和宗族組織的特性,在 1898 年新界租借了給英國後仍得以保存。甚至,當中國內地的宗族社會崩潰後,在殖民統治下的香港,仍然能得以維持。

每年春分,六十歲以上的厦村鄉鄧氏子孫都會齊集友恭堂,舉行一年一度之春祭。春祭前約兩星期,友恭堂裡數人會在門外張貼春分競投通告,有意競投者不能出於底價,唯價低者得,中標者負責準備春祭所有祭品。2020 年友恭堂春分祭品如下:[21]

- 金豬一隻(三十五斤以上)

每年春分，厦村鄧氏族人於友恭堂舉行春祭活動。

林道義祖堂春祭

- 燒肉一斤、熟雞一隻

- 大香三支、大燭白酒十支（大號）

- 寶燭、香、金銀等，攢盒一套

- 五生五熟五酒五飯五茶

- 五色餅五色生果（各五個）

- 新面盆一個，新毛巾一條，柚葉

- 大壽衣兩套，男女各一

- 一仟頭炮竹一條，鼓吹一名

　　早上 10 時許，廈村鄉鄧氏子孫陸續抵達友恭堂，承辦者亦準備茶點，以慰勞他們舟車勞動之苦。拜桌備有俗稱「五生五熟」的豬內臟和五色水果等。約上午 11 時 45 分，眾執事前往禮賓樓拜祭文昌，由司祝誦讀祝文，父老奉以祭品，旁有樂手奏樂。中午 12 時，眾執事返回友恭堂，先拜當天，然後再拜祖先。族長帶領族人肅立於正堂階下，逐一奉以祭品，司祝誦讀祝文，其他的依輩分長幼肅立，並按照執事的指引祭祀。接着關上前廳中門，由父老宣讀嘏詞，主祭以酒澆地，樂手奏樂，中門復開，俗稱「閂門教仔」。禮成後，凡虛齡六十者領胙兩份，每份一斤。[22]

　　此外，有的宗族則會在二月初二舉行春祭，如上水廖氏的春祭算是全港最具規模的春祭，論祭品規模和和儀式都是其他村落所難得一見，儀式如下：

1. 拜左廳 ➜ 2. 拜簡公 ➜ 3. 祠堂門前點炮竹，關上大門
➜ 4. 拜地脈龍神 ➜ 5. 拜五祖祖先 ➜ 6. 拜魁賢祠 ➜ 7. 拜福德正神 ➜ 8. 分豬肉

以前，上水廖氏春祭嚴禁女士進入祠堂，近年已打破了傳統，容許非廖族女士觀看儀式，但廖氏婦女仍依循俗例避席門外，打點準備分豬肉儀式。隨着香港出生率偏低，家庭成員數目不斷下降，拜祭祖先的形式亦隨之簡化，祭祖儀式沒有以前那麼嚴謹。

結論

從搶花炮過渡到抽花炮形式，普羅大眾普遍受到「曼德拉效應」的影響，有種錯覺以為 1967 是關鍵的一年。流傳版本大致相同，因政府禁止民間儲存火藥，賀誕組織遂轉而採用抽花炮的方式。不過，筆者從口述訪問得知，很多賀誕活動在 1967 年前或後已停止了搶花炮的活動，有的往往出於一場暴力械鬥，警方介入進而勒令主辦單位改用抽花炮的形式。同樣地，我們不要以為打小人一定得在驚蟄時間舉行，君不見鵝頸橋下總坐着數位神婆，等待案主委託。驚蟄打小人明顯是將祭白虎和打小人兩種不同的祭祀活動結合起來，先有祭白虎，後加入打小人。不過，受到現代社會風氣的影響，大眾害怕小人多於白虎，所以儀式中以打小人為主，祭白虎反為配角。在近年興起的非遺的概念帶動下，部分新界宗族重新審視傳統祭祀的價值，重拾過去對宗族祭祀儀式的執著。

註釋

1 民政署信託基金小組廟宇小組編：《廟宇指南》（香港：民政署，1980 年），頁 2-3。

2 南海之神名為祝融。屈大均《廣東新語》云「祝，大也，融，明也。南海為大明之地，其神沐日浴月以開炎天，故曰祝融也。祠在扶胥江口，南控虎門，東溯暘穀。」又云：「予嘗於南海祠書額曰南海之帝，蓋以家語云，水、火、木、金、土，是為五帝。又莊生云，南海之帝為儵故也。南海之帝實祝融，祝融，火帝也。帝於南嶽，又帝於南海者。《石氏星經》云，南方赤帝，其精朱鳥，為七宿，司夏，司火，司南嶽，司南海，司南方是也，司火而兼司水，蓋天地之道。火之本在水，水足於中，而後火生於外。火非水無以為命，水非火無以為性。水與火分而不分，故祝融兼為水火之帝也。」

3 為了遷就戲班，善信亦能夠參與不同地區的神誕，有的地區不會在正誕當天慶祝。如粉嶺孔嶺洪聖誕是在農曆二月二十日，大嶼山沙螺灣約在農曆七月中，布袋澳則在農曆八月十三日舉行。

4 紮作師傅師承不同，對花炮的結構稱呼亦略有出入。

5 炮膽繪以所崇拜神明的神像和炮號，代表神明的分身，一般會供奉於花炮會。

6 譚思敏：《香港新界侯族的建構》（香港：中華書局〔香港〕有限公司，2012 年），頁 163-164。

7 黃競聰、劉天佑：《香港華人生活變遷》（香港：長春社文化古蹟資源中心，2014年），頁 10-13。

8 古洞義和堂花炮會會員手冊。

9 龍潭觀音廟位處上水蕉徑，由新界龍躍頭鄧氏所建，廟內的銅鐘上刻道光二十四年，證明該廟早於 1844 年已落成。後因日久失修，營盤、蕉徑、坑頭、古洞、唐公嶺、長壢和蓮塘尾七村聯同善信合力重修。

10 以 2014 年為例，參與的花炮會包括：蕉徑合心堂、蕉徑聯合堂、蕉徑蓮友堂、坑頭泗興堂、坑頭合義堂、古洞義和堂、古洞聯鳳堂、古洞東方花炮會、古洞增邑金城吳明新堂、上水東莞花炮會、蓮塘尾合眾堂、麒麟村麒勝堂觀音會。

11 炮金收三百元，大會贈送一個蓮花座和一道觀音符給參與抽炮的花炮會。

12 按照傳統，還炮的炮山不能低於領炮高度，否則代表不夠尊重神明。亦因如此，有花炮會為表尊重，把還炮的高度逐年遞增。

13 黃競聰、劉天佑：《香港華人生活變遷》，頁 10-13。

14 〔元〕吳澄：《月令七十二候集解》（上海：涵芬樓，1920 年，道光十一年〔1836〕影印本），冊 9，〈海類編〉，「驚」條。

15 《華僑日報》，1956 年 3 月 6 日，〈驚蟄街頭景色，祭白虎打小人〉。

16 喬健、梁礎安：〈香港地區的「打小人」儀式〉，載《中央研究院民族學研究所集刊》1984 年第 54 期，頁 115。

17 一般而言，紙老虎在整個儀式中不會被燒去，唯獨在鵝頸橋處，筆者發現拜神婆以紙老虎包裹著爛掉的五鬼紙，然後以火化掉。

18 《春秋正義》：「一年分為四時，時皆九十餘日；春之半、秋之半，晝夜長短等，晝夜中分百刻，故春秋之半春秋分。」

19 《華僑日報》，1973 年 3 月 21 日，〈今日農曆春分 農民仍然奉行〉。

20 《華僑日報》，1979 年 3 月 20 日，〈明日春分適宜分秧 大埔農田將應節操作〉。

21 〈春分競投〉通告一則，2020 年 3 月 5 日。

22 虛齡七十者三份，八十者四份，如此類推。厦村友恭堂春祭田野考察，2020 年 3 月 20 日。

第三節　農曆三月

清明雨紛紛　忠孝無雙女

前言

　　清明節是一個特別的節日，它既屬於二十四節氣之一，又是一個歲時節日。香港人十分重視清明節，是一般家庭拜祭祖先的兩個重要節日之一，香港政府將清明節列為公眾假期，方便一家大小前往墳場拜祭。天后是著名水神之一，每年三月廿三日是天后誕，當天很多地方廟宇都舉行賀誕活動。除了抽花炮之外，地方組織習慣搭建竹棚，禮聘戲班，舉辦神功戲，娛人娛神。

一、清明節祭祖

1.　清明節的由來

　　清明節約在冬至後一百零六天、春分後十五天，天氣逐漸回暖，標誌着寒冷的冬天已過去，自然萬物生氣勃勃。這時候春天來臨，即將迎來宜人的天氣，春風吹來格外清新明潔，故曰清明。所謂「清明前後，種瓜種豆」，正是春耕的好時節。唐宋以

前，清明只屬二十四節氣之一，其地位不及寒食節。寒食節在清明節的前一天，又稱冷節、禁煙節。傳說寒食節與春秋五霸之一晉文公及其臣子介子推有關，話說晉文公曾流亡國外十數年，介之推忠心耿耿，一直守護在側。後來，晉文公即位後，介之推不願當官，帶着母親躲入綿山隱居。晉文公下令放火燒山，以為這樣可以迫介子推出山，怎料介子推寧死不從，與母親一同被火活活燒死。晉文公傷心欲絕，為了紀念介之推，下令將綿山改名為介山，並曉諭全國，把介子推被火燒死的這一天定名為寒食節，當天不能生火煮食。[1] 唐宋以後，清明節取代寒食節，使清明變成一個既是節氣，又具備節日元素的重要的時日。

2. 香港清明節今昔

清明是紀念先人的節日，又稱鬼節，號稱中國三大鬼節之首。香港人習慣在清明節和重陽節拜祭祖先，中元節則在民間燒街衣，由地區組織舉行盂蘭勝會，祭祀孤魂野鬼。清明節當天，孝子賢孫來到墳前清理雜草，在墓碑上重新髹漆，將溪錢壓在墳頭，並帶備祭品供奉拜祭先人。民間流傳「清明朝祖，前三後四」的說法，意思是清明祭祖不一定在正日拜祭，容許有前後七天的寬限期，這給予民間有彈性地處理祭祖活動。香港人同樣重視清明節，香港政府把清明節列為公眾假期，方便一家大小前往墳場拜祭。有的港人趁着公眾假期，返回內地的家鄉祭祖。香港人靈活的頭腦不受制於「前三後四」的說法，很多孝子賢孫都會提早一個或兩星期拜祭祖先。警方因應港人的習俗，在清明節期

清明仔

天后是香港著名的海神，不少地區均有廟宇供奉。

間，在墳場附近街道實施特別交通管制措施，包括封路、改道和暫停使用停車位等，方便市民前往掃墓，以免造成交通擠塞的情況。[2]

插柳枝是清明節的獨特風俗。在古人眼中，柳樹並非一般樹木，有着辟邪驅鬼、延年益壽的妙用。[3]清明節是悼亡節日，早在唐代以前已有在門戶插柳，或出外戴柳的習俗，據說可以防止妖邪入侵。[4]到了宋代時期，這個習俗已經十分流行，差不多「家家以柳條插於門上」。除了門戶插柳之外，清明還有戴柳的習俗，民諺曰：「清明不戴柳，紅顏成皓首」。如此看來，戴柳不但有驅邪的作用，更有保持青春的功能。所以有不少年輕男女都會將柳枝編成球狀戴在頭上，或直接將柳枝插在髮髻上等。有學者認為清明節時值春天和夏天交替之時，季節的轉換代表氣候也有所改變，這段時間很容易觸發疫病的侵襲，無論插柳或戴柳都是為了渡過這個危險的階段，從而衍生出來的傳統風俗。[5]

舊聞觀風：清明習俗門插柳 翠綠柳條上市場[6]

> 清明節將至，習俗相沿，居民多插柳在門楣上，據說這樣能祛邪辟妖，又有祝禱青春永駐的意思。港九各菜場附近，已有青翠的柳條擺賣，每束一毫，買者頗眾。

從報章報導可見，從前香港的居民都會於清明節在門楣上插柳，街市亦有柳條售賣，而且頗受歡迎。時至今天，香港地區

偶爾有一些新界村落仍保留這個習俗，在鐵楣上插上柳枝，然而已日漸式微。清明節前，香港客家人在山野之間收集雞屎藤，用來作茶粿的餡料，否則雞屎藤的葉子就會變老。我們常稱這種茶粿為清明仔。雞屎藤又名臭腥藤，屬茜草科植物，常見於新界農地，因其莖葉在手搓後氣味有如雞屎，故名。收集了雞屎藤，需要洗淨和曬乾，然後磨成碎粉，以供日後使用。客家人愛把雞屎藤加入紅豆，當作甜點來吃。清明仔性質溫和，具有清熱健胃的食療功效。[7]

二、天后信俗

天后原名林默娘，又稱媽祖，是中國著名海神之一。相傳林默娘是宋初福建莆田湄洲嶼螺鄉都巡檢林愿（或叫林惟慤）的第六女，具神通，能治頑疾、通曉天文，常救人於危難中。年二十八即登仙籍，其後數顯神蹟，拯救遇溺者。在宋代歷任皇帝加封下，林默娘先後得到「夫人」及「妃」的封號。元順帝至正十四年（1354）封「輔國護聖庇民廣濟福惠明著天妃」。康熙二十二年（1683），靖海將軍施琅率水師伐台灣，戰勝後上奏康熙：「澎湖之役，天妃效靈，及入鹿耳門，復見神兵導引，海潮驟漲，遂得傾島投誠，其應如響。」康熙遂加封林默娘為天后元君，下旨全國祭祀。香港地區首座天后廟在北佛堂門，在 1588 年編的《廣東通志》即有記載：「官富巡檢司東有島，上有天妃廟，為南北二門，凡湖自東南大洋西流，經官富止，而入急水

門，番帕至北，無漂泊之慮，故稱『佛門』。」[8]一般人士認為，這座廟宇是在咸淳二年（1266）由林氏後裔所建。

坪源天后廟約建於雍正五年（1727）前，[9]原建於坪輋以南的水流坑，當地居民見坪輋「山林茂盛，草木扶疏，加以清溪流暢，泉水成圍」，[10]是理想的建廟地方，遂於其地立廟。坪源天后廟估計在乾隆二十一年（1756）遷廟於今之五洲路。該廟屬三座一體之建築，中間是天后古廟，左邊是公所，右邊是義祠。天后古廟供奉的主神為天后，侍神順風耳、千里眼拱衛左右，廟內亦供奉觀音大士和福德老爺。天后宮左方門前上刻「公所」二字，該處原是坪源鄉公所，即打鼓嶺鄉事委員會的前身。公所是一所多用途室，設置桌椅用具，村民可以在公所開會議事，曾作為坪源鄉公所的會址。後來，打鼓嶺鄉事委員會獲批遷至昇平學校旁，興建新會所。1968年打鼓嶺鄉事委員會會所啟用。[11]

每年坪輋天后誕，打鼓嶺區坪源天后廟理事會禮聘七位尼姑開壇誦經。晚上善信陸續前往天后廟上香，有的花炮會會提早歸還花炮，其成員自備香燭元寶、供品、茶酒等。該晚值理會成員在廟內中門前擺置福物，如金器、玉器、名牌手袋、長紅等，福物旁有一隻乳豬及一套天后衣。當屆值理會主席向天后娘娘上香，眾值理會成員輪流上香，廟祝在旁誦經。一位尼姑以碌柚葉水替福物灑淨，並由值理會成員上香。醒獅隊響起鑼鼓，兩隻醒獅在天后宮前停下，由值理會成員以碌柚葉水灑淨，再以硃砂筆為其開光，醒獅入廟向天后、觀音及英雄祠參拜，再到廟門採青。農曆三月廿三日，醒獅在廟內向神祇參拜，並在廟外進行採

青，完成表演後，尼姑在廟外牆所張貼的花炮會名單前誦經，並以碌柚葉水及火筆為名單開光。早上各花炮會前來還炮賀誕，下午則舉行抽炮儀式。[12] 正誕晚上約 7 時，有尼姑誦經放燄口，超渡亡靈。完成後為善信舉行釋家讚星儀式，又稱「轉運」儀式。

1. 神功戲

農曆三月廿三是天后誕正誕，各區天后廟都會舉行慶祝活動，其中不乏神功戲的表演活動。「神功」即為神做功德的意思。地方群體在籌辦神誕時，會聘請戲班，在臨時蓋搭的戲棚內演出神功戲，酬謝神明庇佑。神功戲表演帶有地域色彩，按着主辦單位和善信的族群，選取所屬的方言戲曲娛樂街坊，達至人神共樂。本港傳統神功戲分為粵劇、白字戲和潮州戲，其中以粵劇神功戲最為常見。粵劇又稱「廣東大戲」，是廣東省最流行的戲曲劇種之一，揉合唱做念打、樂師配樂、戲台服飾、抽象形體等表演藝術。神功戲既以娛神為主，一般情況下戲棚入口會對着廟宇的正門，讓廟內的神靈能視線無阻觀賞神功戲。然而，香港很多廟宇前面都不適合搭建戲棚，只好退而求其次在神誕當天請出行身，供奉於戲棚內，或供奉於神棚之中。如農曆四月初三青衣天后聖母寶誕，每年都會在青衣青綠街球場舉行神功戲，而青衣天后聖母的行身則坐鎮戲棚對面的神棚。

每天正本戲演出前，戲班還會演出儀式劇目，行內稱為例戲。例戲共有六種，分別是《破台》、《賀壽》、《封相》、《加官》、《送子》和《封台》。若戲班在首次選址的戲台上表演，還

蒲台島天后誕神功戲

戲棚搭建技藝已成為香港非遺代表作

需要演出《祭白虎》的破台戲，以祈求演出順利。一般神功戲演出《跳加官》和《封台》是獨有的例戲劇目，而《八仙賀壽》和《六國大封相》則間或在戲院開台首晚演出。

粵劇神誕例戲 [13]

例戲	內容
破台	又稱《祭白虎》，整個儀式歷時約數分鐘，一般在新台啟用前進行。儀式只有兩名演員參與，兩名演員分別飾演武財神趙公明和老虎。劇情講述老虎吃過肥豬肉，喻意白虎難以開口傷人，接着趙公明降服老虎，使它不能為禍人間。
八仙賀壽	又稱《小賀壽》。八仙所指是鍾離權、張果老、李鐵拐、韓湘子、曹國舅、呂洞賓、藍采和及何仙姑。八仙一對對出場後，朝向廟或神棚方向跪拜，有四句口白：「東閣壽筵開，西方慶賀來。南山春不老，北斗上天台。」
六國大封相	簡稱《封相》。故事講述戰國時期，蘇秦說服六國，共同抵抗秦國，他獲封為六國丞相，衣錦還鄉。此劇目排場十足，場面熱鬧，音樂豐富，故稱為大腔。戲班演員盡出，是展示戲班規模實力的劇目。
跳加官	一名演員戴白色面具扮演天官，身穿官服，頭戴紗帽，手持牙笏。整場表演僅有動作和配樂，沒有任何對白，由演員展示寫有「國泰民安」的吉祥語。所謂「加官」乃取「加官晉祿」之意，祝願步步高陞的意思。
天姬送子	又稱《天仙配》。此劇以吹打敲擊樂為主，場面熱鬧。故事講述七仙女與董永結婚後被玉帝捉回，她誕下麟兒後送還兒子給董永。
封台	粵劇神功戲在最後一晚演出後進行的儀式。據說是象徵送走戲班師傅，請各方鬼神各自散去，並祈求天官賜福給予觀眾和地方人士。

早在 1950 年代，香港地區舉行神功戲就如雨後春筍，衍生出不少社會問題，引起港英政府關注，曾一度考慮取締傳統戲

棚，最終以加強監管作結。1974年，市區可供作建戲棚演出的地點凡五十四處，[14] 該等演出戲劇的場地，大多數座落於人煙稠密的地區，位置大都靠近民居，演出通宵達旦，附近居民頗受滋擾。曾有居民去信有關當局或報章投訴神功戲夜晚演出，造成聲浪過大，影響他們睡覺安寧。當時全港硬地球場有71個，在賀誕活動期間，有38個球場為戲棚所佔用，即是超過一半的球場不能作康樂用途，一般大眾市民無法享用。[15] 在這前提下，港英政府著手檢討其租用公共場地條例，加強規管團體使用公共場地，包括規定神功戲的演出時間要在晚上11時前完結，使傳統的神功天光戲絕跡於市區。

今時今日，很多民間信仰活動迎來不少挑戰，賀誕組織面對籌募經費的困難，眼見開源不容易，只好節省支出，首當其衝便是神功戲了。據陳守仁調查所得，1985年，全港天后誕粵劇神功戲共有二十一台，表演日數九十九天，[16] 到了2017年，天后粵劇神功戲共有十七台，表演日數八十一天。[17] 在這三十年間，天后粵劇神功戲演出少了接近兩成，跌幅不算得驚人，因為很多賀誕組織並非一刀切取消神功戲，而是退而求其次聘用三四線的戲班，從而降低成本。從前打鼓嶺慶祝坪源天后寶誕演戲理事會聘請戲班上演為期四日五夜的神功戲，連搭建戲棚的支出，用現時物價來說起碼要過百萬元。[18] 全盛時期，打鼓嶺坪源天后誕更有潮劇神功戲，由坪源潮僑天后寶誕會籌辦，於農曆三月廿六、廿七日演出，慶祝天后誕。[19] 事實上，在上世紀六、七十年代，一誕兩台戲的形式在香港地區神誕很常見，這兩台戲共用一個戲

棚，由來自不同族群的信眾支持，故表演的是不同方言的戲曲。後來，因籌辦潮劇費用龐大，約上世紀八十年代已停辦，一誕兩台戲亦不再流行。時至今天，每年農曆三月廿二日早上，坪源潮僑天后寶誕會一眾善信會帶備祭品賀誕，晚上則舉辦晚宴競投福品，以籌募賀誕經費。近年，主辦單位眼見籌集經費困難，為了減低成本，分別聘請時藝娛樂製作公司和烽藝粵劇團，改為由歌星演唱流行曲，以及粵劇折子戲表演。

2013 年坪輋天后誕粵劇演出劇目 [20]

日期	日場	夜場
農曆三月廿一日		－ 八仙賀壽 － 潞安州 － 帝女花之庵遇相認 － 紅歌星演唱
農曆三月廿二日		－ 鐵馬銀婚 － 梁祝十八相送 － 紅歌星演唱
農曆三月廿三日	－ 賀壽、加官、送子 － 再世紅梅記之折梅巧遇 － 牡丹亭驚夢之遊園驚夢 － 紅歌星演唱	－ 白龍關 － 牡丹亭驚夢之幽媾 － 紅歌星演唱
農曆三月廿四日	－ 紅歌星演唱	

佛堂門天后誕

坪輋天后誕有尼姑誦經

2. 戲棚搭建技藝

從非遺視角中，神功戲屬於表演技藝，必須依靠文化場所盛載。所謂文化空間，絕不局限於一座建築物，它可以是一條橫街里巷，甚或臨時搭建的建築物，而神功戲的載體則是戲棚。傳統的戲棚主要用竹、杉木作為主要結構物，外層鋪上鋅鐵片，搭棚師傅可以因地制宜，視乎地形或場地空間，靈活運用建材搭建合適的戲棚，充分體現出中國傳統建築文化。[21] 每年農曆三月二十日至廿四日，蒲苔島值理會禮聘粵劇戲班，表演神功戲。搭建此戲棚難度很高，由於廟前面缺乏空間，故此要先在崖邊搭建平台，再在平台上搭建戲棚，所以很考驗搭棚師傅的功夫。陳煜光師傅指出搭建此戲棚較一般戲棚複雜，崖邊高低凹凸不平，需因應地勢興建，落竹的位置得巧妙地避開石面。同時，落竹的數量較一般平地的戲棚為多，因此施工時間要用多三倍。不可忽略的是，島上沒有車路，所有搭棚建材需用躉船從港島運到戲棚海邊，再用小型吊機搬上廟前空地，成本亦因而增加。[22]

近十多年，很多神功戲逐漸放棄使用竹搭建的傳統戲棚，改用鋁合金屬棚，這不能簡單視為順應潮流所致，深入探究下會發覺此與政府的政策和管理有莫大關係。上世紀五、六十年代，港人玩樂的地方不多，欣賞神功戲成為重要的家庭娛樂，是賀誕活動不可或缺的部分。從前搭建戲棚的地方多在閒置空地，今時今日隨着社會進步，城市急速發展，空地早已變成高樓大廈。神功戲的場地只能安排在官方管理的球場舉行，並受到政府各部門嚴密的監管，包括場地的損壞亦須由主辦單位承擔復修的費用，

無形中令主辦單位百上加斤。加上，搭建傳統戲棚需時，以一個普通的戲棚來說，從搭建到拆卸最少得用兩個星期的時間，反觀鋁合金屬棚採用預製組件，只需大半天的時間便可大致完成。再者，香港雨天頗多，時有豪雨，如遇上颱風，棚架間或承受不住而有所移位，棚頂上的鋅鐵片亦容易飛脫，隨時有機會造成人命的傷亡。不過，至今很多賀誕組織仍堅守傳統，選用竹製的戲棚表演神功戲，認為它較鋁合金屬棚更具文化價值。搭棚師傅指出，鋁合金屬棚看似耐用堅固，但傳統竹棚禦風的能力也不可低估，因為竹本身堅韌兼具彈性，如能在棚腳用石屎加固，即使面對任何級別的颱風亦可抵禦。

3.　花牌製作技藝

　　傳統以來，每逢節日和喜慶活動，主辦單位都會在當眼處懸掛花牌，吸引途人注目，以示隆重。無論店舖開張或是會所開幕，一般交際禮儀都會贈送花籃或企牌道賀，以使場面壯觀。至於喪禮習俗，親友多致送花圈弔唁，以示懷念亡者。花牌的功能相等於現代的廣告板。花牌師傅運用搭棚技術，把花牌懸掛在棚架上，配搭搶眼的文字配色和色彩繽紛的色紙，部分更會配上燈泡，無論日與夜均能發揮宣傳效果。雖然花牌紮作、紙類紮作和戲棚搭建同樣用竹作為主要材料，但是它們分屬三門不同的行業。自農曆八月，花牌紮作業開始進入旺季，因為這段時間節慶活動特別多，十一月和十二月是結婚旺季，商業機構、學校和社團各項慶典也集中於下半年。[23]

上世紀七十年代，花牌紮作業進入黃金時代。全行工人約過千人，以兼職工人為主。根據當時報章報導，三四月屬於花牌業的淡季，工作時數不足，部分散工會轉投別業工作。花牌工人全是男性，跟其他傳統行業一樣，起碼學師三年，方能掌握紮作花牌的技巧。一般學徒起薪點月薪約一百二十元，由僱主提供膳宿，初期負責傳遞紮作工具，平時負責打掃和送外賣等工作。學徒累積了一定的工作經驗，會開始協助師傅紮作花牌，他們可以從中偷師。滿師後，普通花牌紮作工人月薪約三百元，熟手工人月薪可高達四百至五百元。從前，花牌紮作用的生花或紙花，缺點是不能重用，後來一度改用塑膠花，成本相對昂貴，但是可以重用。近二十多年，花牌用的是鍗花，它的效果最佳，一來成本較便宜，二來晚上在燈光映襯下分外矚目。[24]

蔡榮基師傅同時掌握戲棚搭建和花牌製作技藝，實屬異數，蓋因其父蔡創原本經營戲棚生意，後來輾轉涉獵花牌製作行業，創辦「蔡創花店」，至上世紀八十年代易名「榮益花店」。直到1998年蔡榮基承繼父業，後因業務需要，再易名「榮基花牌（香港）有限公司」。[25]據蔡榮基師傅指出，花牌的頂部稱為孔雀，下方主題文字部分稱為眉，兩旁柱身稱為龍柱，底部稱為兜肚。傳統花牌尺寸受制於場地，花牌師傅通過併合不同組件回應空間的大小。傳統技藝能夠傳承下去，需要投放心機和時間進行研發。其實花牌技藝亦靜靜起了革命，為了讓花牌更耐用，有的花牌師傅放棄了使用傳統竹篾和咭紙作材料，改用橫額布料，取其防水的特質，而且不易損壞。[26]

2018 年東華三院主辦油麻地天后誕

美國民俗節的花牌，出自蔡榮基師傅之手。

一般而言，喜事的花牌以紅色為主要顏色，蔡師傅則大膽使用其他顏色，打破了舊日的傳統。如新開張的店舖嘗試用紫色作主色，取其「紫氣東來」的吉祥意頭。2018年油麻地天后誕採用了五種顏色的花牌，分別用了紅、黃、粉紅、紫和綠色，靈感源自五星戰隊。油麻地天后廟群由東華三院委託管理，近年他們積極推廣廟宇文化，2018年復辦油麻地天后廟會，並以五色傳統花牌吸引街坊善信目光，使他們多參與廟宇文化活動。蔡師傅指出，這是他首次製作五色傳統花牌，無論繪圖、設計和配色均由他親身參與，製作過程中，他多次試色試紙，嘗試不同的配搭，從局部構想整體，考慮不同的色調、觀感及質感，單單構思已經花了一個月時間。最後不負所託，製作出來的花牌鮮艷奪目，效果令人滿意。[27] 時至今天，廣告宣傳方法甚多，傳統花牌面對強大的競爭對手，然而很多賀誕組織仍堅持傳統，在節慶活動期間用花牌作為宣傳工具。

結論

傳統風俗的轉變與政府推行的政策不無關係。近十多年，很多神功戲改用鋁合金屬棚，雖然竹棚搭建費用較鋁合金屬棚昂貴，這是不能否認的事實，但這不是主辦單位轉用鋁合金屬棚的主因。由於神功戲大多在官方管理的球場舉行，並受到政府各部門嚴密的監管，場地有任何損壞一律歸主辦單位承擔，在籌集經費愈見困難的情況下，只好被迫放棄傳統。近年，政府因葬地短

缺，積極推廣環保殯葬，鼓勵採用海葬和撒骨灰於紀念花園等葬法處理先人的遺體，並配合網上祭祀形式取代傳統祭祀，這是否意味再過數十年，清明祭祖也會變成式微習俗呢？

註釋

1 蕭國健：《香港華人傳統文化》（香港：中華書局〔香港〕有限公司，2018 年），頁
19-26。

2 香港特別行政區政府新聞公報，2019 年 3 月 15 日，〈清明節特別交通安排〉，
https://bit.ly/2W8FjX4。

3 插柳枝習俗由來向來眾說紛紜，流傳着不同的版本，蕭國健教授記錄了其中三個版
本。有謂為介子推死後埋在一棵已燒毀的柳樹旁，翌年寒食節，晉文公率百官拜
祭，見柳樹重生，晉文公摘下柳枝，編成帽子，群臣相繼效法，自此相沿成習。另
一個版本則是唐高宗祭祀渭水，命人把柳枝編成圓環，贈給群臣。最後一個版本是
著名詞人柳永死後，不少曾受其恩惠的歌妓於清明節前去拜祭，在路邊折柳簪髮，
以作憑弔。詳見蕭國健：《香港華人傳統文化》，頁 19-26。

4 《齊民要術》：「取柳枝著戶上，百鬼不入家。」

5 蕭放：《傳統節日與非物質文化遺產》（北京：學苑出版社，2011 年），頁 130-134。

6 《大公報》，1956 年 4 月 4 日，〈清明習俗門插柳 翠綠柳條上市場〉。

7 此製作方法由露姐提供，詳見黃競聰、蘇敏怡編著：《香港非遺便覽與實踐》（香
港：長春社文化古蹟資源中心，2017 年）。

8 施志明：〈神仙也升「呢」：從關帝、天后信仰看神仙升遷〉，載黃競聰編：《風俗演
義》（香港：長春社文化古蹟資源中心，2012 年），頁 36-40。

9 廟內一口鑄有雍正五年（1727）的磬上的銘文：「日月，天后宮奉酬，沐恩萬門黃
氏，信痒君球、伯男君龍、君瑞、孫晚善、北龍、屏吉、升吉、天歸、契男天保。
雍正五年丁未歲季春吉日大敬。萬名老爐造。」詳見科大衛、陸鴻基、吳倫霓霞合
編：《香港碑銘彙編》（香港：香港市政局，1986 年），頁 661。

10 打鼓嶺慶祝坪源天后寶誕演戲理事會：《打鼓嶺區慶祝甲午年坪源天后寶誕》（香
港：打鼓嶺區坪源天后廟理事會，2014 年），頁 4。

11 《華僑日報》，1968 年 12 月 17 日，〈打鼓嶺大好農田多廢棄〉。

12 打鼓嶺慶祝坪源天后寶誕演戲理事會：《打鼓嶺區慶祝甲午年坪源天后寶誕》，
頁 68。

13 陳守仁、湛黎淑貞:《香港神功戲粵劇的浮沉》(香港:中華書局〔香港〕有限公司,2018 年),頁 34-49。

14 香港方面十九處,九龍方面三十五處,皆為官地及硬地之小型球場,港島七塊官地,十二個球場,九龍九塊官地,二十六個球場。參見《華僑日報》,1974 年 8 月 30 日,〈盂蘭節演戲借用球場,妨得體育活動,深夜聲浪喧鬧均應予以改善必要〉。

15 黃競聰:《風俗通通識》(香港:長春社文化古蹟資源中心,2012 年),頁 40-43。

16 陳守仁:《神功戲在香港:粵劇、潮劇及福佬劇》(香港:香港中文大學音樂系粵劇研究計劃,2008 年),頁 13-16。

17 陳守仁、湛黎淑貞:《香港神功戲粵劇的浮沉》,頁 10-13。

18 1976 年,適逢打鼓嶺天后廟重修落成開光,主辦單位禮聘「金寶石劇團」演出四日五夜助慶。正誕當日,晚上 9 時大會頒贈錦旗予眾紅伶,由打鼓嶺警署署長廖孟標主持,並由打鼓嶺鄉事委員會主席陳友才致送紀念品,表達對戲班的尊重。詳見《華僑日報》,1976 年 4 月 24 日,〈坪峯天后誕〉。

19 1982 年坪源潮僑天后寶誕會聘怡梨香潮劇團,演出「八美圖」和「楊門女將」等劇目。4 月 21 日晚上,舉辦坪洋天后歡宴,席間競投福品,總理朱財陪同陳友才太平紳士主持頒錦旗儀式,禮畢拍照留念。詳見《華僑日報》,1982 年 4 月 21 日,〈坪洋粉嶺坪峯及軍地 北區潮僑演潮劇 慶祝天后誕熱鬧〉。

20 打鼓嶺慶祝坪源天后寶誕演戲理事會:《打鼓嶺區慶祝乙未年坪源天后寶誕》(香港:打鼓嶺區坪源天后廟理事會,2014),頁 4。

21 黃競聰、蘇敏怡編著:《香港非遺便覽與實踐》,頁 154-160。

22 蒲台島風物志工作組:《蒲台島風物志》(香港:中華書局〔香港〕有限公司,2016 年),頁 110-119。

23 《華僑日報》,1970 年 1 月 30 日,〈酒樓喜慶宴會特多 花牌紮作工作轉旺 技術經驗並重熟練工人頗吃香〉。

24 《華僑日報》,1969 年 2 月 21 日,〈新春百業欣欣向榮酒樓春茗生意不弱 花牌紮作就業工人增加 年假告滿工作復趨繁忙 就業工人約共二千學徒入行學師一年〉;《華僑日報》,1970 年 1 月 30 日,〈酒樓喜慶宴會特多 花牌紮作工作轉旺 技術經驗並重熟練工人頗吃香〉。

25 蔡榮基：《榮基花牌》（香港：榮基花牌〔香港〕有限公司，2019 年），頁 3-4。

26 花牌師傅蔡榮基訪問，2019 年 6 月 18 日。

27 同上。

第四節　農曆四月

鑼鼓飄色獅舞中

前言

　　1997 年 11 月 18 日，特區政府宣佈自 1999 年開始，佛誕成為公眾假期，間接帶動了香港兩個傳統節慶活動趨向復興，這就是長洲太平清醮和筲箕灣譚公誕。[1] 對於香港市民來說，長洲太平清醮並不陌生，2019 年正醮當日共吸引近六萬名旅客參與這項盛事，[2] 電視台亦現場直播搶包山比賽過程，長洲太平清醮在香港人心目中已是最重要節慶活動之一。同日，港島東筲箕灣譚公誕同樣熱鬧，人流不比長洲遜色。這個賀誕活動甚具特色，香港不同武館、體育會和花炮會都會前往譚公廟，沿途經過東大街舞龍、獅、麒麟，娛樂街坊善信。

一、筲箕灣譚公誕廟會巡遊

　　筲箕灣因形貌似筲箕而得名，最早紀錄此地方的是郭棐《粵大記》，書中寫作「稍箕灣」。十八世紀初，有一艘外來船隻停

筲箕灣譚公誕當天，有不少賀誕組織自備花炮，他們護着花炮向廟前連衝三次，以示叩謝神恩。

每年都有超過數十隊賀誕隊伍參與譚公誕巡遊，熱鬧情況絕不遜於長洲太平清醮。

泊該處，船員因該地無人居住，無人捍供糧食，因而戲稱此地方為「餓人灣」（Starving Men's Bay）。早在香港開埠前打石業就非常興盛，[3] 單是在港島區已有六個礦場，包括亞公岩、石澳、筲箕灣、大石下、土地灣和石塘咀，其中筲箕灣的人口最多。[4] 二十世紀初，筲箕灣的環境及治安得到大幅改善，遷入居住者日多，加上該處擁有天然避風良港，逐漸吸引漁船前來停泊。二次大戰後，筲箕灣漁業興盛，一度成為重要漁市場。自 1960 年代以還，該地陸續興建高樓大廈，交通配套日漸完善，筲箕灣遂發展為人口密集的住宅區。

1. 香港譚公信仰與筲箕灣譚公廟

據說，譚公原名譚德，元代惠州人，法相多為孩童模樣。譚德在惠州九龍峰修行，常持木杖出山，並有老虎隨行代為負重物。十三歲在今九龍峰坐化成仙，死時曝屍荒野，螞蟻蔽體，蛇虎龜守路，後幸得楊大公伯公通知村民，讓譚公入土為安。自此，譚公屢屢顯靈，解救民間苦厄；信眾向譚公求雨或求晴，每多應驗，信眾為謝譚公恩德，遂於宣德九年（1434）建供奉。香港開埠初年，對石材需求甚殷，吸引不少惠州的石匠來港，同時引入了譚公信仰。香港現存有四間譚公廟，分別是筲箕灣譚公廟、香港仔譚公廟、黃泥涌北帝譚公廟和東坪洲譚大仙廟。

筲箕灣廟宇林立，單是東大街已有天后廟、福德廟，盡頭處是譚公廟，其中譚公信仰最為筲箕灣人信奉。1903 年，打石商人曾氏連同一群東大街店舖富戶，發起興建譚公廟，據說所供奉

之譚公由九峰分香而來。1905 年落成，屬於兩進式的傳統中式建築風格，中置有香亭，作為擺放塔香之用。筲箕灣譚公廟先後經歷多次重修，1928 年歸華人廟宇委員會直轄管理，2002 年依原規格進行大型重修工程。除了主神譚公外，廟內供奉赤松黃大仙、華光大帝、文昌帝君、關帝、龍母、觀音大士、天后、五通財神及金花娘娘等神明。

2. 筲箕灣譚公誕

據資料顯示，1970 年代筲箕灣譚公誕已有五十二個來自香港不同地區的賀誕團體，他們分水、陸兩路往譚公廟進香，估計當年參與賀誕活動者至少有二千五百人以上。昔日，譚公誕只屬筲箕灣東的地區節慶活動，如今已演變為「東區文化的地標」，現時共有三個地區組織舉辦譚公誕活動：筲箕灣社團聯合會、五行小販商會和東區各界協會。農曆四月初四上午 10 時開始，筲箕灣社團聯合會禮聘正善精舍主持請神儀式，沿途舞獅助慶，迎請譚公行宮坐鎮戲棚。[5] 農曆四月初七晚上 11 時，由當地紳商和長老在廟前主禮上頭炷香活動，並歡迎街坊、善信參與。[6]

1980 年代末前，筲箕灣東天后譚公誕酬神粵劇主要由天后譚公會籌辦，其後，天后譚公會不再舉辦酬神粵劇。2010 年，復辦譚公誕神功戲，表演形式更趨多元化，分為地區團體綜合表演和粵劇神功戲。正誕當日上午 9 時起，舉行「普天同慶賀譚公」活動，多達數十個賀誕團體和武館參與，如譚家三展、蔡李佛、七星螳螂、周家拳、洪拳等門派，陣容鼎盛，陸續抵達觀音

廟，還神進香，亦有賀誕組織帶同花炮會前來賀誕，沿途獻技助慶，舞金龍、舞獅、舞麒麟，場面熱鬧。由於搶花炮易觸發武鬥，很早以前已明令禁止，如自備花炮的賀誕組織只會在廟前「衝炮」三次，喻意向神明叩謝，賀誕會的善信上香後便會自行離去。[7]

大坑譚公體育會成立於 1920 年代，前身是大坑菜園行譚公花炮會，早期成員多為大坑菜販。由於他們時常往返筲箕灣街市進行買賣，甚感譚公神恩，故每年都會組織大坑信眾到筲箕灣賀誕。[8]每年農曆四月初七約下午 5 時，該會都將酸枝木雕譚公先師花炮寶座供奉於綩紗街，讓大坑街坊參拜。翌日正誕，大會抬聖座巡遊大坑各街巷，有鑼鼓銅鑼音樂伴奏同行，善信皆在自己門前上香拜祭，非常熱鬧。二次大戰前，大會在大坑各街巷巡遊後，需要一路大鑼大鼓巡行至筲箕灣譚公廟。時至今天，大會已改用大貨車運載先師座至筲箕灣東大街，下車再由四人輪流抬聖座巡遊筲箕灣東大街至譚公廟上香化寶參拜，後再回大坑安放於會址內。晚上大會在附近的酒家舉行譚公仙聖爺爺賀誕聯歡宴，由善信敬投聖意品，投得款項作日常管運經費。

二、長洲太平清醮

1. 長洲

長洲位於珠江口岸之東南面，距離港島西南約十英里，面積約一平方英里。長洲狀如「啞鈴」，別名「啞鈴島」。早在三千

現長洲太平清醮的醮場設於玉虛宮前的空地

禁壇打武

年前已有先民聚居，[9] 乾隆年間已設有墟市。[10] 從前，長洲居民多以捕魚為業，曾為「八大漁港」之一。1898 年，中英簽訂《展拓香港界址專條》，租借新界和包括長洲等二百多個離島，納入英國殖民地。現有居民約有三萬至四萬人。島上仍存有不少著名文化遺產。當中長洲太平清醮向來是吸引旅客到訪的文化景點，報紙屢有報導。現時每逢假期，遊客都會「迫爆」長洲，成為文化旅遊的新地標。

2. 長洲玉虛宮與長洲太平清醮

長洲玉虛宮約有二百多年歷史，現為一級歷史建築物。每年農曆三月初三是北帝誕，善信均虔誠敬拜，搭建戲棚，禮聘戲班，娛神娛人，祈求闔境平安。玉虛宮收藏了一把相傳為宋代時期製造的古劍，是長洲漁民在出海捕魚時撈獲的，後來善信將這把寶劍送贈給北帝廟，用以驅邪除妖。說起來很奇妙，這把古劍曾遭人偷去，後來終「回到」廟內供奉。此外，這裡可算全港有最多石獅子的廟宇，廟前左右兩排四隻石獅，多由善信捐贈。細心觀察，屋脊和簷前亦飾有不同形態的石獅。[11] 每年太平清醮都會在玉虛宮前的空地舉行。

據稱，乾隆四十二年（1777），疫症肆虐長洲，當地漁民即赴惠陽縣迎北帝神像到長洲鎮壓，自此島民安居樂業。因此，林煜武於乾隆四十八年（1783）領導長洲惠籍居民集資建廟，奉祀北帝。清朝中葉，長洲再次爆發瘟疫，遂邀請海陸豐喃嘸在北帝廟前設壇祭祀，超渡水陸孤魂，奉北帝神像綏靖遊行街道，其後

瘟疫得以消除。自此以後，每年長洲居民都會在農曆四月舉辦太平清醮，酬謝北帝神恩，祈求島上平安，百多年來從未間斷。

3. 長洲太平清醮今昔

「打醮」是傳統民間宗教儀式，目的是答謝神明庇護之恩，祈求風調雨順和闔境平安。太平清醮屬於周期性的宗教活動，屬於道教科儀。香港各地區都會舉行太平清醮，但舉行年期不同，儀式內容亦有異。[12] 長洲醮會與新界圍村打醮明顯是不同的，前者在農曆四月舉行，後者通常在秋收過後才舉行。[13] 再者，長洲太平清醮主要承辦者為海陸豐人，打醮儀式自然採用海陸豐形式進行。醮場坐鎮三個紙紮神像，分別是大士王、土地和山神。大士王右腳站立，左腳懸空，是典型海陸豐式大士王。據說從鬼王腳下繞過就能得其庇佑。

直到千禧年後，擲杯選定農曆四月初八舉行，以方便旅客在指定日期來長洲觀賞醮會。以前，長洲醮期的日子是浮動的，選出總理後，[14] 新任總理當日就要擲杯選出下屆醮期的日子，日期介乎四月初一至十五不等。如果醮會在平日舉行，旅客到訪的數字自然不多，與此同時，返回長洲協助醮會的居民亦相應減少。因此長洲太平清醮定於公眾假期，使太平清醮逐漸為港人所知，遊客愈來愈多，一年比一年熱鬧。2011 年，長洲太平清醮列入第三批國家級非物質文化遺產名錄。

走菩薩

山祭超幽

3.1 會景巡遊

1965 年以前，長洲醮會場地擇於東灣海濱舉行，往後移至今北帝廟前空地舉行。醮會第三天下午，會景巡遊在醮場出發，主神太平山北帝帶領地區八個神明巡遊長洲大小街道。信眾相信神明巡遊過後，可潔淨地區，安撫邪靈，驅除疫病。巡遊隊伍非常龐大，包括有打醮範圍內的地方社團組織代表和各志願組織。每組表演隊伍均由旗幟、瑞獸舞動和飄色組成，場面熱鬧，各組別的飄色更是沿途旅客的焦點。完成後，就把菩薩送回廟，該儀式名為「走菩薩」。

會景巡遊隊伍：

A. 太平山玄天上帝神鑾

B. 長洲太平山建醮聯誼會麒麟隊

C. 長洲惠海陸同鄉有限公司

   i) 飄色一台

   ii) 麒麟隊

D. 長洲菜園行有限公司麒麟隊

E. 長洲洪聖大王神鑾

F. 長洲西灣天后神鑾

G. 長洲中興街天后神鑾

H. 長洲南氹天后神鑾

I. 長洲北社天后神鑾

J. 長洲觀音大士神鑾

K. 長洲關公忠義亭值理會有限公司

   i) 大頭牌

   ii) 小頭牌

   iii) 關帝神鑾

L. 長洲玄天上帝（北帝）神鑾

M. 長洲北社街坊會

   i) 飄色兩台

   ii) 醒獅

   iii) 八音鑼鼓

N. 長洲新興街街坊會有限公司

   i) 八音櫃，馬尾樂

   ii) 飄色兩台

   iii) 少獅

O. 長洲興隆街值理會

   i) 北帝古劍

   ii) 飄色三台

   iii) 醒獅

P. 長洲中興街街坊值理會

   i) 飄色兩台

   ii) 醒獅

Q. 長洲體育會景色隊

   i) 樂隊表演

   ii) 飄色三台

iii) 舞蹈

R. 長洲潮州會館有限公司

    i) 大小鏢旗

    ii) 潮州大鑼鼓

    iii) 潮州音樂

S. 長洲海燕體育會有限公司醒獅隊

T. 永佳花炮會有限公司大小麒麟

U. 東堤新村居民聯誼會麒麟隊

V. 長洲大新街街坊會

    i) 麒麟隊

    ii) 飄色兩台

3.2　飄色製作技藝

「色」意指古代賽會酬神巡遊裝扮歷史故事人物的演員。[15]
據說多年前長洲居民在佛山看到當地的飄色，便向佛山人士請教
製作技巧，將飄色藝術引入長洲。[16] 飄色是結合力學和美學的傳
統工藝技術。傳統的飄色由「色櫃」、「色芯」和「色梗」組合
而成。飄色最少可承載兩人，稱為「色芯」。各地飄色的基本形
制、稱呼都不同。如沙灣飄色稱居上者為「飄」，即在色櫃上方
凌空表演的人物造型；稱居下者為「屏」，即「站」（實際是坐着）
在色櫃上表演的人物造型。飄色的出色與否，在於人物造型能否
恰當地配合道具，表現某一個主題或情景，呈現「以屏帶飄」的
結構特色。[17]

試芯

每年會景巡遊,飄色主
題往往成為城中熱話。

A. 色櫃

飄色以「色櫃」作流動舞台，通常由四人抬轎，前後各有兩人。色櫃承載「色芯」，負責運送遊行的工具，用於安裝和隱藏色梗底部的櫃子。傳統色櫃是一個用坤甸木製的長方體，外表上漆，面板上鋪着各色綢布或布景。色櫃的功能主要是承重、保密和廣告宣傳等。此外，色櫃更有儲物功能，收藏飄色表演用的道具，以節省空間。

B. 色梗

色梗是飄色的靈魂，一台飄色成敗的關鍵在於製作色梗的功夫。色梗是用鐵枝屈曲而成的，不能選用接駁過的鐵枝，必須使用原裝鐵枝，因為前者不能承重，很容易折斷。飄色之所以能夠飄起來，全靠色梗支撐。要掩飾色梗的存在，使飄色看上去天衣無縫，便看飄色師父的功力。此外，飄色師父還需按主題和內容製作相關的道具，並將它們巧妙地融為一體。飄色師父為了在會景巡遊中立於不敗之地，對色梗的製作與安裝技術極為保密，生怕一不小心被同行看透其中機密，或者被觀眾看出破綻。因此，未到會景巡遊當天仍不會輕易顯露飄色主題，以免競爭對手抄襲。

C. 色芯

平日，我們常見到的飄色最少可站上、下兩人。居上者稱「上色」，居下者稱「下色」。表面看來，色芯是站着的，但其實內裡安放一枝鋼枝，隱藏了一個小座位，只是被色芯的闊袍大袖所掩飾而已。一般來說，充當「色芯」的小孩膽子要夠大，不畏高、不怕熱，其高度和重量也有限制，平均五至六歲左右為佳，

鐵匠世家東莞黃氏三代合照。右下排第一個是黃成就，坐中間者為
其祖父黃玉棠，右側為其父黃新發，左下排第三個是老六黃光明。

飄色王黃成就師傅憑目測檢查色梗

身高低於一公尺，重約十八公斤，否則重量過重怕「色梗」支撐不住。[18] 飄色師父挑選「飄」的要求更嚴格，年齡一般在三歲以下，最大的五歲，最小的不足一周歲，體重一般是三十公斤左右。所謂「台上三分鐘，台下十年功」，製作一台飄色殊不簡單，從構思到完成最少也需幾個月時間。

D. 飄色王黃成就師傅

飄色師傅黃成就出身鐵匠世家，在長洲無人不識，傳媒譽之為「飄色王」。臨近長洲太平清醮期間，各大傳媒例必爭相追訪，希望從他口中得知該年採用的飄色主題。上世紀六十年代，長洲太平清醮成為吸引旅客到訪的文化景點，報紙屢有報導。製作飄色最重要的部分——色梗主要由長洲鐵匠打造，隨着漁業衰微，依靠替漁民製造鐵器維生的打鐵店飽受考驗。飄色師父黃成就也要被迫轉行。2003 年，黃成就退休，隨即被長洲各社團邀請「出山」。2006 年，在惠海陸同鄉會鄺世來先生盛意打動下，黃成就決定全力投身飄色製作。自此，黃成就與惠海陸合作無間，所製作的飄色每年例必成為傳媒的焦點。

過去，長洲飄色多以民間故事為主題，間亦貼近生活，反映社會現狀。黃成就表示，他喜歡用時事議題，因為更有發揮的空間。「廿蚊張」、「大和解」、「吾湯唔水」和「安心鐵路」均出自黃成就師父手筆。如 2011 年長洲惠海陸有限公司的主題是「一子錯」，寓意官富民窮，一邊是飲紅酒、一邊是苦瓜，代表一般貧苦大眾過的生活非常清苦，這個造型有一個鮮明對比，見出飄色扣連社會議題的一大吸引力。其功力在於鐵枝能夠穿透幾件物

搶包山現時已轉化為運動競技比賽

搶包山結束後，這三座包山拆下來的平安包會分發給長洲島民。

件，包括一些眼看很難穿透的東西，例如紅酒樽和算盤等。他為了增加難度，以往一台飄色通常是上、下各「企」一人，這台飄色的設計可盛載四名色芯。2019 年，長洲會景巡遊共有二十台飄色，其中 5 台出自黃師傅之手。

3.3 搶包山

　　傳統以來，醮場的三座大包山，每一座約高十八米，以篙竹和茅竹搭建而成，外層掛滿數千個平安包。平安包原稱「幽包」，本來用作祭幽的用途。包面上印「平安」兩字則是近年的事，最早期三座大包山的包印各有不同字款，分別是「福」、「安」和「潮州」，後來一度統一改印「壽」。筆者曾訪問惠海陸同鄉會主席鄺世來先生，他笑說平安包是其命名的，因為幽包的名稱不夠吉利，平安包就甚具意頭。由於平安包曾受喃嘸誦經作法，島民相信吃過後可保平安，傳統以來祭大幽儀式完結後，居民蜂擁爬上三座包山搶包，取得愈多平安包，代表來年愈是平安大吉。1978 年，包山發生倒塌意外，造成多人受傷，港英政府遂禁止搶包山。2005 年，長洲復辦「搶包山」，但形式大改，特建一座鋼架的新包山，以作比賽用途。這樣既保留有激烈搶奪的場面，使觀眾看得血脈沸騰，又可以在安全的環境下有秩序地進行競技比賽。農曆四月初九早上，大會拆下包山上的包，供善信排隊免費領取，老一輩的更會拿回來家中供奉。

結論

　　隨着長洲太平清醮之成功，長洲知名度大增，每逢假日遊客接踵摩肩，熱鬧情況堪比旺角。特別在醮期前後，長洲大街小巷擠得水洩不通，渡假屋的租金一躍數倍，仍悉數爆滿。面對絡繹不絕的遊客，商戶自然笑逐顏開，但長洲居民則同樣得承受排隊搭船的慘況。至於位於港島東部的筲箕灣，譚公誕當天人流絲毫不遜色於長洲，為了方便巡遊，筲箕灣多條街道需要封閉，鑼鼓喧天，不少筲箕灣店舖只好趁機休市一天。

附錄：長洲太平清醮建醮日程 [19]

　　建醮日期：農曆四月初五至四月初九
　　建醮場地：長洲北帝康樂廣場

儀式	日期	時間	簡介
迎神	四月初五	11:00	往島上各廟請神到醮場，包括長洲北帝，太平山北帝，北社天后，中興街天后，赤灣天后，南氹天后、觀音，西灣天后、洪聖、關帝。
開光儀式	四月初五	21:00	喃嘸誦經替各神明開光
演戲助慶	四月初五至十二	19:00-23:00	首三日四夜為粵劇，後四夜為海豐白字劇。
起醮	四月初六	23:00	太平清醮正式開始
齋戒	四月初六晚上11時至初九	00:00	茹素齋戒

儀式	日期	時間	簡介
走午朝祭神	四月初七	12:00	在五張代表五方的桌子上放滿祭品，喃嘸圍著桌子走，表示向五方神明供奉衣食，儀式完畢後居民可拿走祭品。
一剪綵酒會 一醒獅麒麟點睛 一潮州大鑼鼓參神	四月初七	14:30	總理及嘉賓主持開幕儀式
水祭	四月初七	18:30	拜祭海上的鬼魂，保佑路經長洲的船隻。
迎聖	四月初七	20:00	恭請玉皇大帝駕臨醮場，儀式完畢後居民可拿走祭品。
走船	四月初八	9:00	將代表污穢和厄運的紙船放到海上送走
頒符	四月初八	10:00	派發已作法的符紙給信眾，以求神明保佑。
放生	四月初八	11:00	將魚和蟹放生到海裡
會景巡遊	四月初八	10:30-16:00	長洲各地區團體、體育會、商號等一同參與表演，有麒麟及功夫表演、鑼鼓奏樂等，同時有飄色助慶，氣氛非常熱鬧。
山祭超幽	四月初八	18:00	分衣施食以超渡無主孤魂
搶包山	四月初九	00:00	2005年由太平清醮值理會與康樂及文化事務署聯合增建一座備有安全措施的包山，並改以比賽形式搶奪未經喃嘸誦經作法的塑膠包，正式恢復「搶包山」，同時歡迎島外居民報名參加。
謝天地	四月初九	00:30	答謝神恩、火化紙紮神像。
分發幽包	四月初九	9:00	大會把三座包山上的平安包派發給信眾
送神回廟	四月初九	14:00	恭送各神像回廟

註釋

1　Hong Kong (China), Education and Manpower Bureau, *Provisional Legislative council Brief: Holidays (Amendment) Bill 1998* (Hong Kong: the Bureau, 1998).

2　《巴士的報》，2019 年 5 月 12 日，〈今太平清醮料 6 萬人到長洲 較去年多 2000 人〉。

3　香港島石山特多，岩石屬不同發展階段的花崗石，最適宜作建築材料。據羅香林教授的研究，廣東嘉應州派以打花崗石柱碴著稱，其石材與香港石山相同，故採石工人遷港幹活，亦以嘉應州和五華人為多。英軍強佔港島後，更需要大量石材，以便大興土木。

4　六個石礦場合共一千六百五十五人口，單是筲箕灣已佔去一千二百人口，是最大規模的石礦場。詳見 Chinese Repository, in the *Hong Kong Gazette*, Volume X, No.5, May 1841, pp.287-289.

5　戲棚位置在今筲箕灣工廠街遊樂場。

6　大香高九呎，直徑九吋，足可燃點三日三夜。

7　詳見「普天同慶賀譚公 2016」海報。

8　1974 年，大坑菜園行譚公花炮會改名為大坑譚公體育會，1977 年註冊為大坑譚公體育會有限公司，1998 年再改名為大坑譚公會有限公司。現在，每年十二月舉辦敬老盆菜宴，服務大坑社區。

9　證諸東灣華威酒店旁之古石刻，人稱「長洲古石刻」。據考古專家驗證，該石刻可追溯至青銅器時代，距今約三千年。

10　北社天后廟香爐刻有銘文：「天后宮，乾隆□□年，長洲墟」。另《新安縣志》（嘉慶），卷二，〈輿地略．墟市〉：「長洲墟 新增」。

11　獅子是中式廟宇中最常見的吉祥裝飾，因為樣子充滿威嚴，被視為辟邪瑞獸，負責拱衛廟宇。左為雄獅，腳踏繡球，喻意權力在握；右為雌獅，腳踏幼獅，喻意子孫繁衍。

12　最短的每年舉行一次，最長的可以隔六十年才舉行一次。

13　蓋因新界鄉村多以務農為生，長洲當地則以捕魚為業。

14 早期選總理的方法，是把有意選總理的候選名單寫於紙上，正月十五墊在北帝腳下，至正月十六擲杯決定，每人擲杯十次，得聖杯最多者當選為應屆太平清醮總理。後來，選總理日期亦有更改，蓋因農曆正月十五才決定總理人選，距離醮期只得三個月，籌備時間很緊逼，故在 2005 年，值理會擲杯決定選總理的程序改於十月進行。

15 在水上裝扮的叫「水色」，在秋天時分裝扮的叫「秋色」，而色櫃上凌空飄起來的叫「飄色」。各地飄色有不同的稱呼，廣東汕尾市陸河縣稱高景、四川稱高抬戲、廣西稱彩架、江西稱彩擎、甘肅稱鐵芯子、雲南稱高台。雖名字不一，功能卻是相同，主要用作為會景巡遊的組成部分。

16 香港長洲太平清醮值理會編印：《玄天上帝丙戌年長洲太平清醮：包山節會景巡遊》（香港：香港長洲太平清醮值理會，2010 年）。

17 王開桃、宋俊華：《沙灣飄色》（廣州：暨南大學出版社，2011 年），頁 31。

18 以傳統沙灣飄色為例，以女孩兒扮「屏」，男孩兒扮「飄」為多。這是因為傳統的沙灣飄色大多是模仿戲曲中的一生一旦來表演的。詳見王開桃、宋俊華：《沙灣飄色》，頁 39。

19 朱詠筠編著：《傳統、現今與反思 —— 國家級非物質文化遺產教材套》（香港：長春社文化古蹟資源中心，2016 年），頁 21。

第五節　農曆五月

龍舟鼓響　糭子飄香

前言

　　農曆五月初五為端午節。[1]「端午」二字，最早見於晉朝史籍。有關端午節的傳說非常之多，最廣為流傳的說法，是紀念楚國大夫屈原。[2]《新安縣志》載：「五月端午，釀角黍，縛艾虎，製龍舟競渡。」[3]時至今天，端午節仍然流行食糭和扒龍舟。縛艾虎這傳統早在南宋已有記錄，意即以艾草紮成護身符配帶，但如今此俗在港已式微。

一、五月糭

　　糭子古稱角黍，[4]是端午節最具代表性的傳統食品。傳統以來，黍屬於黏米，向來都是老百姓的主要食糧之一，亦常用於穀物做成的祭品。黍經過煮熟，無論冷熱鹹甜均可食用，對人體有滋補功效。更重要的是，它比一般的麵食保存期較長，能長時間擺放於祭祀活動，而不輕易變壞。以前，糭子屬於夏至食品，用

以祭祀水神或龍，後來演變為紀念忠臣屈原。古老相傳，屈原投江自盡後，慘被蛟龍所困，國民敬其忠君愛國，自發地在這天投五色絲帶糭子於江中，驅走蛟龍。現時香港市面出售的糭子款式很多，價錢有平有貴，所採用的餡料頗反映出族群的特色，如肇慶裏蒸糭、廣州鹹肉糭和梘水糭，以及潮州雙拼糭等。二次大戰後，五月初一至初五，糭子銷情最為熱烈，市面出售糭子的地方有四類，分別是酒樓、燒臘店、南貨店和大牌檔，其中酒樓出售的糭子價錢較昂貴，用料亦最上乘。[5]

古籍記載，「竹筒貯米」是古代糭子的一種傳統製作形式，[6]後來的糭子則多用植物的葉來包裹，常用荷葉、竹葉和冬葉等，製成角形，以鹹水草捆綁，煮熟後便可食用。鹹肉糭餡料主要有糯米、綠豆、五香豬肉、蝦米和鹹蛋黃。就應時食物來說，上世紀六十年代初，中秋月餅平均每盒約三四元，糭子則約一元五角左右，前者利潤較多。所以酒樓較為重視中秋月餅的銷情，每逢中秋節前酒樓早已大肆佈置裝飾，吸引街坊注意，端午節則只簡單陳列各式各樣的糭子，頂多配搭一些五色臘紙條。時至今天，家庭仍會在端午節吃糭子，但大多不會自行製作，而是出外到店舖購買回來應節。最重要的原因是，港人工作忙碌，自行製作糭子需要準備很多食材，所以寧願外出購買。

二、龍舟競渡

1. 香港龍舟知多少？

龍舟競渡是中國很多地方流行的慶祝端午節的習俗，最流行的說法是源於屈原投江之歷史，後來轉化為一項體育活動。每逢端午節，港九新界皆分區舉行龍舟競渡。對於漁民來說，端午節不僅是一個節日，也是一年之中難得放下工作，與家人團聚的日子，其地位僅次於過年。舊日早在農曆四月底，大部分漁船已泊岸，漁民為漁船掛上彩旗，每個家族都會挑選最健碩的男子組成隊伍，為家族的龍船隊爭奪榮耀，所以有人說龍舟比賽本身就是漁民的水上運動會。自踏入農曆五月初一始，有的漁民放下手上的工作，全程投入練習，準備未來幾天後的龍舟比賽。比賽之前，籌辦單位會舉行拜神儀式，祈求比賽順行，水陸平安。

從前，龍舟比賽形式分為兩大類：事前規定和臨時串演。前者已規定了比賽規則；後者則沒有規定的賽程和形式，純粹湊興，鑼鼓聲一響，隨即百槳齊發，一起向着同一方向衝過去。更有一種比賽形式是奪錦標，「這錦標可以由水上人家掛在船上，或由岸上參觀者擺在堤岸旁，然後通知各龍舟競賽爭奪」。每一錦標裡面藏利市一封，以增加刺激感，並鼓勵龍舟隊伍參加。[7]比賽過後，漁民一家大小乘着天氣炎熱，都跳進海裡游泳，老一輩的漁民相信游過龍舟水可以保佑身體健康，工作順利，老少平安。

隨着香港社會經濟發展，龍舟比賽亦有所變化，戰後香港

漁業興盛，動員漁民參加比賽絕不困難，所使用的龍舟基本是大龍。[8] 據陳子安研究，早年漁民組織的龍舟隊差不多都以一個家族為單位，龍舟上的成員全都是親朋戚友。二次大戰前，端午節當天，北角名園舉辦龍舟比賽，在岸邊搭建竹棚觀眾台，吸引遊客參觀，成為城中一大盛事。[9] 除了商業性質的比賽外，在市區各避風塘都有漁民自發舉辦的龍舟比賽，各灣頭的漁民自行組織隊伍參賽。現位於茶果嶺鄉民聯誼會外長年擺放着一艘龍舟，名為合義龍。合義龍在茶果嶺老一輩心目中是「龍王」，曾在龍舟比賽中獲得數次冠軍，帶給茶果嶺很多榮譽。合義龍屬於大龍，建造於 1958 年，可以乘載四十八名龍舟健兒。現時合義龍已退役，但老村民仍奉若神明，供奉於茶果嶺鄉民聯誼會會址前，並接受鄉民的香火供奉。[10]

　　戰後，筲箕灣漁業興旺，取代了打石業的經濟地位，與漁民社區一樣有舉辦龍舟比賽。1980 年代，愛秩序灣賽道全長約三百至五百米，闊度足夠容納十二隻大龍同時作賽。[11] 此外，每艘大龍都伴隨着一艘停泊在愛秩序灣的躉船（俗稱「龍躉」），[12] 可想而知其空前熱鬧的盛況。除了大龍賽之外，還有其他類型的中龍、小龍及鳳艇等比賽項目。不過，面對過度濫捕，以及政府進行大量填海工程，香港附近一帶水域的漁產量急劇下跌，不少漁民被迫放棄原有職業，紛紛上岸打工。[13] 昔日龍舟比賽的主角大龍逐漸沒落於歷史洪流中，中龍一躍成為筲箕灣龍舟賽的主流。[14]

2. 龍舟形制與比賽場地

香港漁業式微，連帶造船業也成了夕陽工業，很多船廠只能依靠維修木船維持生計，今天龍舟早已轉移至國內製造。傳統木製龍舟造價雖較玻璃纖維製龍舟昂貴，但如能保養得宜，平均可使用起碼二十多年。[15] 從前，龍舟比賽過後，為了避免風吹雨打，使龍舟更耐用，會直接把龍舟埋進淺灘泥中，直到翌年比賽前才挖掘出來。西貢龍舟競渡是全港首個舉辦玻璃纖維龍舟比賽的項目，[16] 其後各地區紛紛仿效，現在大部分龍舟已採用玻璃纖維製造。據行內人士指出，玻璃纖維龍舟的重量較木造龍舟輕，速度快四分之一。加上船身堅固耐用，不容易入水，使用年期起碼可達十年以上。即使全速划船，船身仍能保持穩定，不會隨意左搖右擺。而且玻璃纖維龍舟不受天氣影響，維修方便快捷，無形中減低維修的費用。[17]

龍舟可以在海上和河上進行比賽，前者難度較高，因為海床有深淺，易有暗流而不自知，同時容易受到天氣的影響。後者的安全程度遠勝海上比賽，不過論刺激程度則有所不及。[18] 以蒲苔島龍舟賽事為例，龍舟競賽由「蒲苔之友」主辦，在蒲苔島大灣作賽。大會賽制分有中龍及男女混合龍，參與中龍競賽的多達二十多隊，參與混合龍競賽的則接近十隊，比賽隊伍包括來自柴灣、長洲、香港仔、南丫島、大潭及蒲苔島等地的龍舟隊。[19] 蒲苔島龍舟賽事可追溯自上世紀九十年代初，香港漁業式微，蒲苔島居民多改行從事救生員工作，與來自大潭篤和赤柱的救生員素

有來往，有時相約扒龍舟聯誼。而大潭篤早有龍舟比賽，便邀請蒲苔島居民參與，他們於是組成「蒲苔之友」參賽。比賽初期，蒲苔之友都沒有自己的龍舟，由赤如龍借出龍舟讓蒲苔之友參賽。1997 年，大潭篤停辦賽事，參與隊伍甚感可惜，希望另找地方續辦，最終改在蒲苔島舉行。[20] 蒲苔之友選擇在天后誕前一天舉行，一方面部分成員有份參與籌備天后誕，避免影響恆常運作，另一方面主辦單位亦希望通過舉辦賽事，吸引來自不同地區的人士參拜天后，帶旺人流，增加蒲苔島神誕的節日氣氛。[21]

每個龍舟比賽為吸引健兒落力比賽，主辦單位花盡心思設立多項獎項，勝出者將會獲頒獎杯，以示獎勵。籌辦一次龍舟比賽經費不少，除了收取參賽健兒的報名費用外，亦有賴於善長人翁的贊助。蒲苔島龍舟比賽有一獎杯名為順意盃，其由來極具傳奇，順意盃的名字源自順意船務。船主吳煒基出身香港仔漁民家庭，後來輾轉經營租船生意。他有一次接到一單生意，負責接載日本旅行團遊覽蒲苔島，從尖沙咀出發，不久遇上大霧，連雷達也突然失靈，海面能見度非常低，如冒險前行，船隻之間容易發生碰撞，釀成海難。正當大家無助之際，其中一名日本旅行團負責人私下請教吳先生，可否向蒲苔島的神靈求助。蒲苔島以天后為主神，於是吳先生遂祈求蒲苔島天后保佑。隨後，霧果然漸漸散去，日本旅行團順利登岸觀光。後經商議，那名日本旅行團負責人答應每年贊助一個獎盃，名為順意盃，以感謝蒲苔天后的庇佑。

每年蒲台島龍舟比賽於天后誕前一天舉行

大澳端午遊涌

3. 扒龍舟的禁忌

從前扒龍舟有諸多禁忌要遵守，例如只有男性才被允許登上神聖的龍舟，否則不但影響龍舟的龍氣，甚至會禍及家人。龍舟莫說不許女性參與比賽，連登上和碰觸都絕對禁止，傳統思想認為她們容易帶來不潔之物，會嚇走「龍氣」。再說逢白事者固然不得落龍舟，縱然太太懷孕，本來屬於喜事，身為丈夫亦不能「掂」龍舟，以免沾有龍舟的靈氣，誤傷胎兒。時至今天，龍舟比賽不再是漁民獨有的慶祝和祭祀活動，而是社會大眾共同參與的運動，划龍舟諸多禁忌逐漸為人所淡忘，女性亦可組隊參加龍舟比賽，比賽用的龍舟稱為鳳艇，外型是鳳頭和鳳尾。隆重的拜神儀式被簡化，龍舟之於女性亦早已解禁，重心由宗教象徵轉移為體育精神，木製船身被更標準化、更牢固和更輕盈的纖維船身所取代，比賽時間也並不局限於農曆五月初五。這些變化的確讓龍舟在國際上更加廣為人知，但也難免令扒龍舟的傳統風味遜色不少。

三、大澳端午遊涌

本港著名的大澳遊涌實際是一項祭祀儀式，而非傳統競技活動。相傳百多年前大澳出現瘟疫，漁民利用龍舟拖着載有從大澳各處廟宇接來的神像的小艇巡遊水道，驅除瘟疫。隨後瘟疫消失，而這傳統則維持至今，稱為「龍舟遊涌」。此項傳統習俗主要由當地三個漁業行會負責，分別是扒艇行、鮮魚行和合心堂。

三個漁業行會的龍舟拖着神艇，艇上載有行身，巡遊大澳各大、小水道，沿途燒衣祭幽，祈求神明保佑闔境平安。最後，扒艇行、鮮魚行及合心堂的龍舟拖着神艇將神像送返楊侯廟、新村天后廟、關帝廟及洪聖廟。[22]

大澳遊涌儀式 [23]

日期	儀式	內容
農曆五月初四	採青	鮮魚行和合心堂的成員前往楊侯古廟後山邊，割取青草，為龍舟進行採青儀式。
	接神	鮮魚行和合心堂的成員划龍舟，依次前往楊侯古廟、新村天后廟、關帝廟和洪聖廟，迎請行身於神艇，然後返回各行會的龍躉，接受祭祀供奉。
農曆五月初五	採青	扒艇行的成員前往楊侯古廟後山邊，割取青草，為龍舟進行採青儀式。
	接神	扒艇行的成員划龍舟，依次前往楊侯古廟、新村天后廟、關帝廟和洪聖廟，迎請行身於神艇，然後返回各行會的龍躉，接受祭祀供奉。
	遊涌	扒艇行、鮮魚行和合心堂的龍舟拖着載有行身的神艇，巡遊大澳主要水道。遊涌期間，神艇上的行會成員會化衣祭幽，沿岸棚屋的居民則會拜祭經過的龍舟。大澳居民相信遊涌儀式能保佑水陸平安，同時祈求漁獲豐收。
	送神	扒艇行、鮮魚行和合心堂的成員把行身送返各廟。

上世紀七十年代以後，當時港英政府開始着手安排水上人上岸，方便管理。隨着大澳漁業式微，舉辦的經費日見緊絀，連帶龍船亦非常殘舊。龍船是承載這項文化表現形式的載體，龍船破殘，無力維修，就表示這項目將無法傳承下去。特區政府礙於身份問題，不能開先例，動用公帑資助瀕危項目。因此，衞奕信勳

爵文物信託撥款，資助三個行會購買新的龍船和神艇。當非遺項
目納入國家級名錄，相等如獲國際組織的認證，該項目頓時升價
十倍，吸引的再不限於本地旅客，而是面向全世界的旅遊人士。
如果將其稍作包裝，轉化為文化旅遊項目，吸金程度不言而喻。
亦因如此，本來受盡歧視的封建文化毒草，轉眼間變成人人看重
的非物質文化遺產。[24]

結論

　　所謂「未食五月糭，棉被勿入櫃」，端午節的另一個含義是
代表夏天來臨，過了端午節便正式踏入夏季。有很多慶祝端午節
的風俗在港並不流行，如懸菖蒲、艾葉和喝雄黃酒等，但其實
它們都有實際的功效，菖蒲和雄黃具有解毒殺蟲的功能，艾葉氣
味芳香，可通九竅，殺蟲止癢。可見它們正是炎炎夏日驅蟲防
疫的好幫手。時至今天，有的漁民家庭還會到衣紙舖，購買紙紮
的龍船和膠繩扎成的糭子，放在家中當作飾物，祈求將好運帶
回家。[25]

註釋

1 又稱端陽節、午日節、五月節、艾節、端五、重午、午日、夏節。

2 此說最早出自南朝梁代吳均《續齊諧記》和南朝梁代宗懍《荊楚歲時記》。據史籍記載，屈原是戰國時期的楚國貴族，位列為三閭大夫，初時備受楚懷王重用，後來上官大夫靳尚屢進讒言，遂被判以流放之刑。後襄王即位，屈原二次流放到江南地區，在五月五日投汨羅江自盡，以死鳴志。後世人為紀念他，自發地在屈原死忌舉行龍舟競渡，希望找到他的屍身。

3 〔清〕舒懋官修，〔清〕王崇熙纂：《新安縣志》（嘉慶），卷二，〈輿地略·風俗〉。

4 周處《風土記》：「仲夏端午，烹鶩角黍。」

5 《工商日報》，〈五月粽提前上市 售價與去年相同〉。

6 南朝梁代吳均《續齊諧記·五花絲粽》：「屈原五月五日投汨羅水，楚人哀之，每至此日，以竹筒貯米，投水以祭。」

7 《大公報》，1954 年 6 月 5 日，〈端午節習俗談 聱噹鑼鼓賽龍舟 食粽懸蒲事已悠 自來未必緣迷信 此中試為說因由〉。

8 龍舟大致可分為大龍、中龍、小龍三大類型。大龍長約八十六呎、闊三呎十吋，可載六十多人；中龍約四十八呎六吋、闊三十八吋，可載二十四人；小龍二十七呎六吋長、三十五吋闊，可載八至十人。詳見《東區星報》，1979 年 4 月 25 日，〈三代祖傳技藝不凡王凌談做龍舟心得〉；《東區星報》，1986 年 6 月 24 日，〈纖維龍舟輕巧便宜〉。

9 黃佩佳著，沈思編校：《香港本地風光·附新界百詠》（香港：商務印書館〔香港〕有限公司，2017 年），頁 34-35。

10 梁炳華：《觀塘風物志》（香港：觀塘區議會，2009 年），頁 51。

11 香港歷史檔案處，檔案編號：HKRS1834-1-5, "Dragon Boat Festival（10.03.1981-20.06.1985）"。

12 蔑船俗稱「龍蔑」，「龍蔑」的作用除了運送健兒及龍舟到達作賽地點，更重要的是作為漁民比賽後沖身、飲食、休息、社交及祭祀的地方。詳見渡邊欣雄：〈香港水上居民的端午節——長洲島的龍舟祭〉，載渡邊欣雄著，周星譯：《漢族的民俗宗教——社會人類學的研究》（台北：地景企業股份有限公司，2000 年），頁 181、185-186、188-189。

13 黃佩賢：〈漁村今昔——筲箕灣的變遷〉，載香港城市大學中國文化中心編：《考察香港：文化歷史個案研究》（香港：三聯書店〔香港〕有限公司，2005 年），頁 244。

14 漁民人口從 1960 年代初的八萬七千五百八十一人下降至 1980 年代末的二萬二千四百人，二十年來跌幅高達七成五。漁民數字大幅下滑，嚴重削弱漁民動員參與大龍比賽的能力。詳見張力可：〈傳統身體文化的現代化、認同與抗拒：對中、港、台三地龍舟運動化歷程的考察〉（台灣：國立體育大學體育學院體育研究所博士論文，2013 年），頁 164。

15 "Dragon Boat Festival preparations begin", *South China Morning Post*, May 16, 1988, p.5.

16 《華僑日報》，1982 年 5 月 18 日，〈西貢龍舟代表本港 參加檳城國際大賽〉。

17 《華僑日報》，1982 年 5 月 18 日，〈西貢龍舟代表本港 參加檳城國際大賽〉；《工商日報》，1984 年 2 月 17 日，〈沙田城門端陽慶典 打破河上賽龍 玻璃纖維龍舟亮相〉。

18 《工商日報》，1984 年 2 月 17 日，〈沙田城門端陽慶典 打破河上賽龍 玻璃纖維龍舟亮相〉。

19 2014 年賽事分為：第六屆蒲大賽第一站「蒲大蒲苔友義盃」、啤酒之友銀盃、翠華船務金盃、萬成盃、值理盃、會長盃、蒲苔之友盃、天后盃暨順意盃、2014 千禧盃、蒲苔龍王獎等。

20 蒲苔島龍舟比賽特設「蒲大蒲苔友義盃」，賽事由蒲苔島蒲苔之友及大潭篤深龍合辦，保留兩地居民過往互相幫助、共同參與傳統龍舟競渡歷史淵源，表揚兩地居民友愛互助，熱愛民間傳統文化活動的精神。賽事獲有心人士贊助「蒲大志合盃」，鼓勵兩地龍舟會志同道合倡辦「蒲大賽」。第一站蒲苔島站勝出一隊先獲「蒲大蒲苔友義盃」一座，下一站大潭篤站由同一隊再獲勝，即取得第六屆「蒲大志合盃」，如另一隊獲勝，則需由兩隊原班選手即時再賽一場決定。典禮結束後，大會設置茶會招待各嘉賓及龍舟隊健兒。

21 《香港華字日報》，1913 年 6 月 11 日，〈與眾同樂〉。

22 黃競聰：《風俗通通識》（香港：長春社文化古蹟資源中心，2012 年），頁 100-102。

23 廖迪生主編：《認識大澳傳統龍舟遊涌》（香港：香港科技大學華南研究中心，2012 年），頁 25-27。

24 廖迪生主編：《非物質文化遺產與東亞地方社會》（香港：香港科技大學華南研究中心，2011 年），頁 259-282。

25 邵婉欣：《漁數家珍——香港仔鴨脷洲生活誌》（香港：長春社文化古蹟資源中心，2016 年），頁 89-100。

第六節　農曆六月

先賢千秋仰　忠義昭日月

前言

　　中國人相信神靈無處不在，信眾不在乎神靈品位高低，只在乎能否順利解決日常生活遭遇到的困難。在民間信仰系統中，神明各有職能和專責的範疇，但絕大部分均與日常生活息息相關。所以隨着生活經驗累積，不同地區的民間信仰自然形成獨有的神靈崇拜形式。[1]按照中國傳統，各行各業均有崇拜「行神」的習俗，在該行業特定的日子舉行祭祀活動，祈求行神的庇佑。

香港常見行業神

神明	行業	誕期
尉遲恭	冶鐵業	正月十五
有巢氏	搭棚業	正月十九日
田竇二師	粵劇	農曆三月廿四日
張騫	粵劇	農曆三月廿八日
樊仙	陶瓷業	農曆五月十三日

神明	行業	誕期
神農氏	中醫藥業	農曆四月廿六日或四月廿八日
魯班	三行工人 （泥水、打石、油漆、搭棚、造木）	農曆六月十三日
伯樂	賽馬業	農曆六月十三日
關帝	各行業及商舖	農曆五月十三日或農曆六月廿四日
文牙	油漆	農曆七月初五
金偉	油漆	農曆二月初五
田都元帥	音樂	農曆六月十一日或六月廿四日
七姐	紡織女工	農曆七月初七
華光	粵劇、紮作業、搭棚	農曆九月廿八日
胡靖	金飾珠寶業	農曆十二月六日
杜康	酒業	農曆八月十八日
夏泰先師、吳氏夫人	涼果醬園業	農曆八月廿六日

一、魯班誕

1. 香港百匠先師信仰

魯班又名公輸般，是春秋戰國時期的魯國人。他既是巧手工匠，更發明了許多工具和建築方法，故被譽為「百匠之師」，此後從事建造行業的人都奉他為祖師，三行工人尊為守護神，[2] 還包括造船業、木雕業、玉器業、鐘表業和糖業等，甚至魯班的家

灣仔北城侯廟

青蓮台魯班先師廟

人也有被奉為行業神者，如他的妻子雲氏是傘業保護神。[3]香港最為人熟悉的魯班廟為西環魯班先師廟，另外尚有一間遠在石鼓洲戒毒所內的魯班廟，[4]而茶果嶺天后廟和灣仔北城侯廟都有供奉百匠先師。[5]西環魯班先師廟建於清朝光緒十年（1884），位置在今堅尼地城青蓮台 15 號，該地段原屬富商李陞所有，[6]後來以禮興號的名義捐贈給三行工人。[7]建築業界一般在農曆六月十三日慶祝魯班誕，行內俗稱「師傅誕」。[8]按照香港的傳統，當天香港業界會休息一天，並派發師傅飯，晚上舉行晚宴，業界同歡。

2. 廣悅堂與魯班誕

現負責管理西環魯班廟的廣悅堂，成立於光緒十年（1884），本身是木匠行會。1949 年，廣悅堂易名為「魯班廟廣悅堂建築業工商會」，並在旁邊興建魯班先師廟廣悅堂公所。[9]由於位置遠離市區，成員聚集商議會務，甚感不便，於是另覓會址在灣仔謝菲道辦工，而會所曾一度租給西環街坊福利會作為夜校。戰後香港經濟環境不佳，行會同樣擔當了重要角色，除了積極團結業界的功能外，更提供慈善和教育的服務。廣悅堂早於上世紀四十年代開辦義學，當時並未建立公所，於灣仔租借地方辦學，供三行子弟或有需要人士入學。1949 年，廣悅堂設義學於灣仔駱克道 393 至 395 號二樓，名為「魯班廟廣悅堂義學夜校」。1968 年，在華富邨建校，名為「魯班學校」，1974 易名為「廣悅堂魯班學校」。2002 年定名為「廣悅堂基悅小學」，後因

收生不足而停辦，現校舍由明德學院租用。此外，在正誕前夕和正日，廣悅堂會禮聘通善壇經生在魯班廟進行法事，超渡建築行業中意外身亡的先靈。

2014年，每逢魯班誕賀誕，由廣悅堂主辦，建造業議會、職業訓練局及香港營造師學會協辦，為發揚魯班創新的精神，舉辦「青年魯班選舉」，旨在嘉許本地建造業界的傑出年青學員，鼓勵更多年青人加入建造業。[10]青年魯班選舉分為「工程管理」、「技術工友」及「建築工藝」三個組別。候選人需畢業於建造業課程，年齡三十五歲以下，由建築業界僱員推選。2015年廣悅堂再易名為「香港魯班廣悅堂」，申請成為慈善團體。現香港魯班廣悅堂正計劃在會所撥出場地，改建為三行博物館，繼續發揚魯班的精神。[11]

3. 魯班誕派師傅飯

以前魯班誕當天，廣悅堂會用大鐵鍋煮飯，燒炒粉絲、蝦米和眉豆等菜，派發給每位會員及其家屬。據說，吃了師傅飯的孩子不但能像魯班師傅那樣聰明能幹，而且能夠快高長大、身體健康。[12]直到上世紀六十年代，廣悅堂已經停止派飯，反而茶果嶺至今仍有派「師傅飯」的傳統。茶果嶺、牛頭角、茜草灣和鯉魚門合稱四山，該區盛產石材，新界租借前，清朝官員在每「山」任命一名「頭人」，他們是開礦的承辦者，開採所得的收益會按比例納稅給清廷。四山頭人負責僱用石工，這批石工因着工作關係逐漸定居下來，發展成為村落。今日四山打石業早已式微，但

每年農曆六月十三日，廣悦堂都會舉辦魯班誕，有舞獅助慶。

青年魯班選舉

茶果嶺村民仍派出麒麟隊前往參拜茶果嶺天后廟，慶祝魯班誕，下午則在茶果嶺鄉民聯誼會免費派發「師傅飯」，提供給村民享用。而茶果嶺的「師傅飯」食材主要是豬肉、木耳和鹹酸菜，極具客家菜的風味。

舊聞觀風：廣悅堂董事會同人 參拜魯班先師廟 三行團體往參拜者甚眾 但因時局不靖取消宴會 [13]

廣悅堂有限公司董事會同人，昨（二十）日中午，在西環青蓮台魯班廟舉行慶祝先師寶誕。是日廟宇內外張燈結綵，聖像簪花掛紅，佈置莊嚴堂皇。

祀典儀式開始，鳴鐘擊鼓，肅立，由該會主席司徒后偕同全體董事，供奉金豬菓餅，鮮花香體，在壇前虔誠恭向先師聖像行三鞠躬禮，隨獻奉寶帛。儀式簡單隆重，禮成鳴炮。司徒氏并接受香港廣播電台錄音訪問。

是日由下午一時至二時，備設茶點招待嘉賓，有關三行工商各團體前往參拜者甚眾，但情況不若往年之熱鬧。該堂每年誕日均舉行盛大歡宴，惟今年以時局關係，現告取消云。

二、關帝誕

1. 關帝信仰

各行業及商舖都有拜關公的習俗，屬於跨行業的行神。關帝原稱關羽，字雲長，今山西解州人。關羽是三國時期蜀國的名將，生前封為漢壽亭侯，因戰敗落得身首異處，死後追封壯繆侯。[14] 早期民眾對關羽既敬且畏，擔心他死後冤魂不散，泄憤人間，不少地區流行祭厲，以息其怨。酬神與祭厲大有不同，後者出於恐懼，俗稱「買鬼怕」，不求賜福保佑，只求消災免禍。[15] 經過歷代各種傳說附會，加上文學作品的渲染，關羽英雄蓋世、「威武不能屈」的形象逐漸突出，民眾慢慢淡忘關羽的厲鬼形象，轉化為受人崇敬之神靈。關羽的信仰萌於陳隋，興於宋，盛於明，極熾於清。自明神宗晉封關羽為「帝」——「三界伏魔大帝神威遠鎮天尊關聖帝君」，「關帝」之名確立，並成為民間信仰中對關羽的尊稱。

在清代，清廷將拜祭關帝納入祀典，每逢初一、十五，官員均需到關帝廟行禮。而在軍隊內，對關羽之膜拜更是無可方比。[16] 在官方的推崇與神化下，民間的崇拜活動就更加熾烈。關羽信仰經歷朝變衍，關帝已一身兼數職，除了是武神（戰神）外，亦是武財神和守護神等。關羽的勇毅形象，具有極濃厚的保衛色彩，近乎全中國的佛寺廟宇內，都有安奉關羽的神像或神位，作為寺廟的「護衛神」。關羽負責驅邪斬妖，安災解厄，調風順雨，乃至保佑營商買賣，無所不備。因為傳統社會工匠和商

保良局關帝廳

城門新村關帝誕

賣地位低微，商販經常遭受無理的壓迫，他們需要聯合起來，凝集同業力量與之抗衡，而關公的形象正氣、忠義，深入民心，遂成為各行業擁戴的神祇之一。

2. 香港關帝信仰

　　香港奉祀關帝之廟宇多稱為關帝廟、協天宮、武帝廟。亦有廟宇共同供奉關帝和其他神明為主神，如屏山輞井圍玄關二帝廟供奉玄天上帝和關帝，約在康熙三十二年（1693）前已建成，是現存有文物可證明的最早供奉關帝為主神的廟宇。[17] 據游子安研究，香港關帝廟數量逾三十多間，橫跨香港、九龍和新界。香港關帝信仰的傳播，與區內經濟民生、軍事建設和教育興辦有密切關係。[18] 又如深水埗關帝廟位於深水埗海壇街與界限街交界，是九龍半島唯一供奉關帝為主神的廟宇，原稱深水埗武帝廟。[19] 深水埗武帝廟實際興建年份已不可考，廟內的銅鐘刻有光緒十七年（1891）字樣，初期由街坊組成的賀誕值理會管理，聘有廟祝負責打理。英國租借新界前，深水埗是清廷重要的軍事據點。[20]

　　無論警察還是黑道中人都崇拜關羽，不少港人家中的神檯也有供奉關帝，視作家神，同時祂亦是各行各業的守護神。關羽一生正氣，不屈於強權之下，扶正除邪，是正義的代表，警察拜的是道義。部分警署設有關帝神壇，傳統上每逢有人升職都會舉行拜關帝、切燒豬的儀式，而當破大案、警署中有人出事或遇上棘手案件，亦一樣會「拜關二哥」，祂可算是警務人員約定俗成的守護神。關公忠義的形象、生平和戲曲創造的事蹟，連經營偏門

生意者、幫會中人皆篤信有加。這個傳統始自明清時的秘密幫會和民間組織，他們以關帝之忠義作為結黨的精神紐帶，所有儀式如焚香頂禮、歃血為盟等，都是在關帝神像前舉行。

舊聞觀風：因職員頻頻生病　中區入境處安關帝座鎮 [21]

　　人民入境事務處在中環李寶椿大廈的辦事處，昨日舉行一個隆重儀式，裝置關帝座來驅邪氣。在科學如此發達的今日，真是引起市民嘖嘖稱奇。

　　原來該處職員時常生百日病，日前聘請風水先生看過，認為上址寫字樓有邪氣，最好裝關帝來驅除。

　　經過該處的高層人員開會決定後，終於在昨日邀一位大法師到場主持安關帝座開光儀式。

　　該儀式在昨日中午十二時正開始，一位大法師在十五樓人民入境事務署調查課大門，唸唸有詞，將一座關帝置在入口處的左方。

3.　香港關帝誕

　　香港關帝信仰非常多元化，在華人社會產生廣泛和深遠的影響，民間視祂是武神、武財神和保護神。不少「受歡迎」的神靈各有其侍神，[22] 多分立於該神前兩側或站立於神像後面。關帝的侍神是捧印的關平和持刀的周倉，前者是歷史人物，後者則

是《三國演義》中的虛構角色，連帶這位侍神亦有賀誕活動。香港關帝誕有兩個，一個是農曆五月十三日，另一個是六月二十四日，兩個日子都有人慶祝；部分廟宇會在農曆五月十三日慶祝關平誕，總之各處鄉村各處例。而賀誕也有不同的慶祝形式，有的會舞動瑞獸助慶，有的會組織花炮會賀誕，有的甚至會禮聘戲班演出神功戲。新界村落組成的防衛組織亦供奉關帝作為共同祭祀的主神，每年定期舉辦賀誕活動，以酬謝神恩保佑。如屯門忠義堂供奉了關帝神位，每日安排專人上香祭祀，並於正誕以燒豬賀誕。

關帝形象勇毅，具有極濃厚的保衛色彩，坊間不少民間組織均安奉有關羽的神像或神位。《保良局楹聯彙輯》所載 1888 年平安樓、福壽樓的聯楹，為該局現存最早可證與關帝相關的文物：[23]

> 累代篤忠貞，春秋得解真經濟；
> 良民憑保護，中外友孚顯聖神。

憑對聯的遣詞用典，幾可肯定早在保良局創立初期，已供奉關帝神位。二次大戰以前，保良局印製《徵信錄》，詳細記錄了每年關帝誕，局方都會舉辦賀誕活動，唯祭祀儀式、場地佈置和祭品等細節則未有旁及。[24] 每年關聖帝君寶誕，保良局均會準備關帝衣、三牲果品及多隻金豬奉祀。正誕當天上午 11 時，祭祀典禮假保良局總部的關帝廳舉行。參與祭禮的主要有主祭和陪

祭，主祭通常由當年的主席擔任，而陪祭則由當年董事會成員擔任。[25] 儀式採用傳統三獻禮的祭神禮。全體先向關帝行三鞠躬禮，接着行降神禮，然後再行三獻禮。所獻祭品次序是先獻酒，再獻剛鬣，三獻束帛。隨後進行望燎禮，由於保良局總部是歷史建築，所以儀式移師到關帝廳旁邊位置，由主祭進酒化寶。陪祭者均朝向化寶位置，以示尊重。最後是辭神禮，由全體每人輪流上香，上香完畢整個祭神儀式也基本完成。[26]

三、香港獨有的伯樂先師誕

開埠初期，英人開闢黃泥涌谷的大片平地，發展為賽馬場，到了 1846 年快活谷舉行首次賽馬活動，並由第二任港督戴維斯頒發錦標。[27] 1884 年 1 月 4 日，香港賽馬會（Hong Kong Jockey Club）正式成立，負責統籌賽事。1955 年，香港賽馬會抽出部分收益盈餘，撥作慈善用途，1959 年成立香港賽馬會慈善有限公司。1961 年，英皇伊利沙伯二世賜予「英皇御准」的榮號，以表揚馬會對社會慈善的貢獻，正式命名為英皇御准香港賽馬會（The Royal Hong Kong Jockey Club）。[28] 由此，賽馬是政府認可的合法賭博活動，不分階層，年滿十八歲的市民便可以參與其中。每逢賽馬日，馬場都擠滿碰運氣的賭客，可見賽馬活動已成為最受港人歡迎的娛樂項目。而沙田馬場供奉了一位神明，名為伯樂，祂的出現正好見證戰後香港賽馬業的發展。

相傳孫陽字伯樂，擅長相馬，是春秋時代郜國人。另一說

法，伯樂本是星宿的名稱，相傳負責管理天上馬匹，後世稱懂得相馬的專才為伯樂。唐宋八大家韓愈則借用伯樂和千里馬的故事，寫成〈馬說〉一文，他自比是千里馬，空有一身才華，不能遇上伯樂賞識，所以難展一生抱負。文中「世有伯樂，然後有千里馬；千里馬常有，而伯樂不常有。」是千古名句。更有趣的是，香港竟然有一間供奉伯樂的廟宇，現位於沙田馬場，廟內沒有豎立神像，只供奉一幅黑白照片。據說此黑白照片是二次大戰前在上海馬場所拍攝的一張伯樂先師顯靈的相片。戰後，上海賽馬工作者逃難到香港，繼續重操故業，並帶來顯靈照片。

最早期供奉於跑馬地山光道合作社內，後來香港賽馬會華人職工會成立，遂遷至跑馬地桂芳街宿舍，設壇供奉。1978年沙田馬場落成，1987年神壇再三遷到沙田馬會四座馬伕宿舍內，建伯樂先師廟。每逢賽事，不少練馬師都會特意前來上香，祈求人馬平安。每年農曆六月廿三日為伯樂先師誕，香港賽馬會華人職工會作為主辦單位，會搭建花牌，信眾則準備燒豬等祭品前來拜祭，不少馬會外國高層亦入鄉隨俗，參與拜神儀式。晚上香港賽馬會華人職工會舉行晚宴，慶祝該會成立周年紀念，以及舉行理監事就職典禮。伯樂先師不但成為香港賽馬業的守護神，老一輩馬迷得悉此廟之靈驗，也會趁入馬場前順道入廟參拜，祈求馬運亨通。

結論

　　綜合而言，行神主要分為兩大類型，第一類型是行業的創始人或行業中的翹楚，或曾著書立說，對行業有莫大的貢獻。前者部分只是神話傳說所塑造出來，但其共同特質就是都具備超卓的相關技能，故被奉為行業的祖師爺。業內人士崇拜祖師爺，除了祈求獲得庇佑外，更希望得到行神的眷顧，保佑相關技能得到提升。第二類是行神的生平事蹟和職能與某一種行業在屬性上有所關聯，逐漸形成為該行業的行神，特別是某些行業在工作時較易遇到危險，崇拜這類行業神能保佑工作平安。

註釋

1 宗教和民間信仰之最大差異，是凡宗教自有一套信念和價值觀，而民間信仰所追求的則較簡單、直接和具體，帶有強烈的功能性和實用性。詳見黃競聰：《風俗通通識》（香港：長春社文化古蹟資源中心，2012 年），頁 93。

2 昔日三行指木匠、泥水匠和石匠，後來石業式微，將油漆工納入三行。

3 《明報》，2016 年 12 月 7 日，〈拜魯班先師 學尊師重道〉。

4 周樹佳：《香港諸神：起源、廟宇與崇拜》（香港：中華書局〔香港〕有限公司，2009 年），頁 184。

5 茶果嶺天后廟原址在茜草灣，該區一帶以打石聞名，廟宇建於道光年間，廟內設有公所處理四山打石的業務。1947 年，亞細亞火油公司興建油庫，選址茜草灣，於是港英政府另覓茶果嶺土地，沿用廟宇的建材重建天后廟。

6 李陞，字象薰，別號玉衡，他的故鄉被紅兵所陷，舉家遷港。李陞來港後，協助堂兄李良開設和興號金山莊，後來大量投資房地產。及後，李陞和其弟李節成立禮興號，負責處理加州業務，李氏家族雄踞香港與加州之間貿易，經營北美的轉口貿易，同時兼營苦力貿易、鴉片買賣、錢莊和地產等。和興陸續把客運服務擴展至南洋，從事移民相關業務，有勞工招募和進出口貿易等。1900 年，李陞去世時留下遺產逾六百萬元，甚至比當年香港歲入還多一百八十萬元，堪稱香港華人首富。

7 詳見科大衛、陸鴻基、吳倫霓霞合編：《香港碑銘彙編》（香港：香港市政局，1986 年），頁 197-213。

8 正月十四是魯班死忌，農曆六月十三日為魯班封神日，農曆十二月二十日是魯班生忌。

9 勞鑑先生訪問。2002 至 2006 年，勞鑑出任廣悅堂主席，他的家族與廣悅堂有密切的關係，廣悅堂公所即由勞鑑父親的建築公司勞炳記承建。

10 邵婉欣：《漁數家珍──香港仔鴨脷洲生活誌》（香港：長春社文化古蹟資源中心，2016 年），頁 89-100。

11 何佩然：《班門子弟：香港三行工人與工會》（香港：三聯書店〔香港〕有限公司，2018 年），頁 88-117。

12 「咋日為魯班誕，造木坭水等行工人，恰於是日休假一天，以資慶祝，並由東家方面備辦筵席，俾各同事痛飲，有等迷信者，于工友們飲畢時，往取所餘飯菜，據云小童食之，可以長生福壽云云……」詳見《天光報》，1935 年 7 月 14 日，〈迷信男女紛赴木店討飯〉。

13 《華僑日報》，1967 年 7 月 21 日，〈廣悅堂董事會同人 參拜魯班先師廟 三行團體往參拜者甚眾 但因時局不靖取消宴會〉。

14 施志明：〈神仙也升「呢」：從關帝、天后信仰看神仙升遷〉，載黃競聰編：《風俗演義》（香港：長春社文化古蹟資源中心，2012 年），頁 29-40。

15 關羽敗走麥城，死後身首異處，頭葬洛陽，身葬當陽玉泉山。荊州人咸關羽在大功垂成之際死於非命，自然是滿腔怨憤。荊州民間拜祭關羽，其實是祭祀厲鬼。人們害怕關羽怨靈泄憤人間，於是小心供奉，以期消災避禍。詳見蕭國健、謝永昌：《香港廟神志》（香港：香港道教聯合會，2010 年），頁 32-50。

16 考香港有不少關帝廟都由軍人捐款而建，如深水埗關帝廟重建於清朝光緒十七年（1891），廟內有一碑記載：「廣東大鵬協鎮都督府林助銀壹佰兩、大鵬協鎮中軍都府陳助銀貳大員、大鵬協鎮右營守府方助銀貳大員、九龍大關委員三品銜即補府正堂富助銀壹大員、管帶南圖輪船大鵬千總補用守府鄭助銀壹拾大員、代理大鵬協左營右哨頭把司總儘先把總周助銀壹大員……」詳見科大衛、陸鴻基、吳倫霓霞合編：《香港碑銘彙編》，頁 281-291。

17 科大衛、陸鴻基、吳倫霓霞合編：《香港碑銘彙編》，頁 652。

18 此外，游子安更提到過去較少人注意關帝信仰與道堂之關係，如香港最早供奉關帝的道堂為從善堂，建於 1896 年，而其中從善堂、通善壇是印送關帝善書的團體。詳見游子安：〈香港關帝信仰與崇拜：以山嘴村協天宮為例〉，載蕭國健、游子安編：《鑪峰古今：香港歷史文化論集 2013》（香港：珠海學院香港歷史研究中心，2014 年），頁 86-102。

19 2010 年深水埗武帝廟斥資六百萬進行大規模維修，加建「四柱三間」的中式門樓，後易名為關帝廟。

20 從廟內光緒二十年（1894）重修石碑所見，捐助善信排行首幾位均為清廷軍官，當中包括有「廣東大鵬協鎮都督府林助銀壹拾兩」、「大鵬協鎮中軍都府陳助銀貳大員」、「大鵬協鎮右營守府方助銀貳大員」、「九龍大關委員三品銜即補府正堂富助銀壹大員」、「管帶南圖輪船大鵬千總補用守府鄭助銀壹拾大員」和「代理大鵬協左

營右哨頭司把總僱先把總周助壹大員」。由此可見軍方必須爭取當地居民的支持，使其充作耳目，藉着積極參與地區事務或善慈工作，包括捐助維修廟宇、修橋補路等善舉，換取官民互信關係。詳見科大衛、陸鴻基、吳倫霓霞編：《香港碑銘彙編》，頁 281-291。

21 《工商日報》，1978 年 5 月 17 日，〈因職員頻頻生病　中區入境處安關帝座鎮〉。

22 天后的侍神為千里眼和順風耳，洪聖的侍神為文丞和武尉。

23 保良局歷史博物館：《保良局楹聯彙輯》（香港：保良局歷史博物館，2006），頁 3-5。

24 1979 年，保良局開始系統地整理局內文件。1998 年，保良局文物館成立，設於禮頓道總部，免費開放給公眾人士參觀。2002 年 5 月 20 日保良局文物館易名為「保良局歷史博物館」。

25 2020 年，主席是奉教者，所以由副主席擔任。

26 〈2016 保良局丙申年關聖帝君寶誕祀典程序表〉。

27 莫斯（Peter Moss）：《馬照跑：香港賽馬會千禧年回顧 —— 香港賽馬史》（香港：香港賽馬會，2000 年），頁 4。

28 同上，頁 38-41。

第七節 農曆七月

牽牛織女期　香花爭供養

前言

　　農曆七月又稱鬼月，傳說鬼門關大開，大家焦點自然落在盂蘭勝會和燒街衣的祭幽風俗活動。加上，香港潮州盂蘭勝會成為第三批國家級非物質文化遺產。每年香港潮屬社團總會又舉辦香港盂蘭文化節，加入了搶孤競賽等新元素，推廣盂蘭文化。其實，這個月還有一個誕期，曾經是待嫁少女重要的慶典，便是農曆七月七日的七姐誕，當日有拜七姐的傳統。可惜的是，近年七姐信俗已經式微，只屬於老一輩婦女的集體回憶。

一、七夕習俗

1. 七姐信仰的由來

　　農曆七初七日為七姐誕，又叫乞巧節。自古以來，這節慶由女性主導，無論是籌辦者抑或信眾都是女性，故又稱為女兒節。七姐信仰源自牛郎織女的神話故事，據說牛郎與王母娘娘的外

孫女織女互生情愫，喜結良緣，誕下一對兒女。玉帝聞之，勃然大怒，遣天兵捉拿織女，押返天庭受審。牛郎帶着一對兒女追到天上，奈何天河相隔，與織女相對而泣，終於感動了喜鵲，無數喜鵲搭成一座鵲橋，讓牛郎織女相會。乞巧，顧名思義是乞求織女，賜予巧藝。在中國傳統社會的結構，男耕女織，傳統女性沒有獨立的經濟能力，只有憑着自己的手藝，嫁得如意郎君，這樣生活才能得到保障。拜七姐的信仰正好回應了待嫁少女心中的願望，所以在農業社會時代，每逢農曆七月七日，待嫁少女就會聚首一堂拜祭七姐，祈求獲得美滿姻緣。[1]有趣的是，香港地區習慣在初六凌晨「擺七夕」。所謂擺，意思是陳設各種祭品和紮作品以供奉七姐，到了初七則拜牛郎。[2]

2. 香港七姐信仰

香港開埠以後，七姐信仰在市區未見式微，反之配合城市的經濟型態，轉化為新時代的慶祝模式。七夕前，紮作店會製作大型七姐盆，懸掛於門外，吸引街坊注目，期待有善信購買，隨即原貨送到顧客家裡。踏入二十世紀初，拜七姐風氣熾熱，待嫁的少女信眾日多，產生了龐大的消費力。酒店和百貨公司看準此商機，紛紛舉辦大型商業性乞巧會，情形就如今日某大型商場擺放巨型的聖誕樹，以招徠顧客。1926年，四大百貨公司之一的先施公司在天台遊樂場舉辦了天台乞巧會，遊客接踵而來，盛會取得空前成功。翌年，皇后酒店請來名伶馬師曾擔任嘉賓，吸引

坪洲七姐誕

長春社文化古蹟資源中心（CACHe）舉辦「學有所承：傳統工藝師生作品展」，邀請蔡耀達師傅製作七姐盆。

不少城中婦女光顧，人山人海，幾乎無容足之地。反觀當時廣東地區推行風俗改革，直指七夕是不良習俗，拜祭七姐實屬虛耗金錢，對社會有害無益。廣州公安局整頓乞巧風俗，禁止販賣拜祭七姐的物品，當地七姐誕遂逐漸式微。[3]

　　二次大戰以前，坊間的待嫁少女早已組織「七姐會」，又稱「義會」，專門籌備拜七姐的活動。七姐會組織很簡單，沒有特定人數，有的為迎合傳統，由七個待嫁少女組成。當中有人負責管帳，有人負責購買祭品等，按各自組織自行分配工作。籌辦一次賀誕活動費用不少，故成員每月都要供款，戰前月供約兩三元，最後扣除成本後，剩餘的則獲回派。[4]七夕前，她們會特別訂造一套新衫和新鞋，更會集體製作織女鞋和牛郎冠履等，以顯示她們的手藝才華。有的更會預先向紮作舖訂製七姐盤，並配有紙紮的衣服、鞋、脂和粉撲等。在正誕當天，她們打扮得花枝招展，陳列拜七姐的祭品，[5]並會在天台擺筵席。她們持紅絲線，穿針許願，據說如能一針穿過，最快者被視為「得巧」，願望可成，可求得七姐傳承手藝。[6]農曆七月初八早上，七姐會聚會完結，化掉七姐衣等紮作品，成員均分祭品。如有成員出嫁，就要退出義會，名曰辭仙。按照慣例，婚後一年需付一筆費用，另贈送燒豬、雞、紅蛋和酸薑等給七姐會其他成員享用。[7]

拜七姐獨特祭品 [8]

祭品	功能
鵝蛋粉	七姐平日愛塗之物，剩下的留給有緣人，使用後會青春美麗。
七姐秧	原是由綠豆和穀子浸成的，農曆六月十九開始發芽，當生長到五至六時長便用來拜仙，祈求五穀豐登。七姐秧曬乾後煲茶飲，有助驅走熱氣。如女生乳房有熱癬，可用秧水洗身。
七姐盆	配有牛郎織女鵲橋的佈景，有綢紗公仔，四周裝有電燈。
七姐衣	一套九件，七件是七仙女的，另外兩件分別屬觀音和牛郎。

3. 七姐信仰步向式微

戰後的香港女性地位不斷提高，覺得如意郎君再非是女性生存的唯一的出路。就如一篇上世紀八十年代報紙報導所言：

香港男女之崇洋與新潮作風，對懷舊與傳統，已不再感興趣，對有因神話流傳之織女牛郎鵲橋相會之哀艷傳說，在「的士高」之音樂與舞蹈下，已漸無人熟知與追憶……現時香港之紙紮師傅由於銷路不暢，已不來紮作七姐盆，故在本港出售之七姐盆，全由大陸供應，售價在兩元至兩元半之間，價錢雖不貴，但由於時代之變遷，銷路普遍呆滯。至於其他之一些粗製面粉、口紅、菓、餅等拜祭品，銷路更慘不堪言。因一些未能免俗之少女亦以簡單為主，省卻了不少「縟節」，使販賣拜仙物品之小販店鋪生意一落千丈。[9]

香港經濟步向工業化，對勞動力有大量需求，大批年輕少女投入勞動市場，靠着自己的技藝和勞力換取金錢。加上，教育水平提升，女性享有經濟能力，崇尚自由戀愛，獨立自主意識抬頭。凡此種種都對七姐信仰有莫大衝擊。時代變遷，愈來愈少人拜祭七姐，而七姐盆亦由複雜的紮作品簡化為電腦印刷的平面紙品。

二、香港盂蘭勝會

1. 盂蘭與中元節

清初屈大均《廣東新語》載：「（七月）十四祭先祠厲為盂蘭會。」[10] 由此可見，早在四百年前廣府人在農曆七月舉辦盂蘭勝會已甚為普遍。《新安縣志》載：「十四日，為盂蘭會，化衣以祀其先者，必宰鴨為敬云。」[11] 每逢農曆七月初一，傳說鬼門關大開，無主孤魂會從陰間來到陽間，因此各地方都紛紛在這一個月舉行「普渡」的祭祀儀式。部分家庭會選擇於農曆七月十四晚上在路邊燒衣化寶，祭祀孤魂野鬼，俗稱「燒街衣」。[12] 現存上環文武廟藏有一牌匾由「四約中元勝會值理」敬奉，相信早於百多年前維多利亞城區已有組織統籌盂蘭勝會。香港各區亦依俗舉行盂蘭勝會，不同族群會按照自身的傳統延聘法師或道士進行祭幽活動。二次大戰後，內地人民為避內亂，逃難來港，面對非人力所能解決的陌生環境和突發事件，遂發起盂蘭勝會，以民間宗教儀式慰藉人心。

盂蘭勝會禮聘潮州經師誦經超渡亡靈

福品競投

盂蘭勝會的起源眾說紛紜，佛、道兩家各有說法。在道教而言，農曆七月十五日為中元節，源自教理中的「三官」說。至於佛教的盂蘭盆法會在印度時原為供養僧人的宗教活動。而在佛教傳入中國後，經過漢化，其內涵不斷豐富。到了宋代，儒釋道三教合流，盂蘭節與道教中元節祭祀亡者靈魂、儒家祭祀父母祖先等活動結合。又民間傳說七月鬼門關大開，無主孤魂到陽間接受施食，民間會在這天祭祀祖先，並有「燒衣」儀式。盂蘭勝會的功能也配合社會和時代需要，從「供僧」慢慢轉化為普度地區孤魂。至今，每逢農曆七月，香港各區依俗舉行盂蘭勝會，不同族群會按照自身的傳統延聘法師或道士進行祭幽活動，常見有廣府、水上人、海陸豐和潮州的傳統。[13]

2.　戰後香港盂蘭之興衰

　　到了上世紀六、七十年代，香港各區的盂蘭勝會發展非常蓬勃，每年的舉辦數字不斷上升。據港英政府報告指出，1969年，殖民政府記錄港九共有五十個地區組織申請球場及空置官地，舉辦盂蘭勝會，1971年有六十七個，1975年增加至八十多個，[14] 此數字尚未計算較小規模的屋邨盂蘭，還有道觀、寺院、佛堂等所舉辦的盂蘭勝會，可想而知當時的盛況。盂蘭勝會的興盛帶動不少行業受惠，造就大量應時就業機會，如搭棚、紮作、燒豬、油漆、做木等，工人在農曆七月期間忙過不停。[15] 所謂「一個硬幣有兩面」，一直以來，港英政府奉行宗教自由，對於華人習俗向來尊重，若不牽涉衛生及治安的問題，不會過度介入

和干涉。盂蘭勝會屢遭投訴，社會輿論不滿之聲此起彼落，當局不能坐視不理，加強規管盂蘭勝會的運作。戰後香港經濟發展一日千里，人口不斷急升，隨着城市化的開發過程中，城市環境人煙稠密，大部分市區閒置土地已發展為樓房，或建成球場和公園作康體用途，市區的盂蘭勝會很難像過去那樣找到未發展的官地舉辦。盂蘭勝會申請數字急增，代之然衍生很多社會問題，包括噪音污染、公共空間使用權和環境污染等。[16]

在盂蘭勝會處於鼎盛的年代，籌備者還可以透過財力和人力突破政策的種種限制。從前盂蘭勝籌募經費較為容易，主辦機構負責人大多是該區的活躍分子，很多都開商舖做街坊生意，與當地居民關係密切。「其中一名辦事人去到大牌檔募捐，東主不會『托手踭』，有的店舖東主為表支持，直接對辦事人說，只要辦事人講一個銀碼，他就會捐這個金額支持盂蘭會」。[17]盂蘭勝會多存活於舊區，隨着很多社區人口老化嚴重，部分建築物已見殘舊，當局進行市區重建，舊有原住民被迫遷離社區，盂蘭勝會信眾亦不能幸免，使盂蘭勝會難逃萎縮的命運。重建後的社區轉型為連鎖式商店或大型超市，募捐困難度大大提高。更重要的是，新搬來的居民彼此互不認識，對社區缺乏歸屬感。新型住宅樓宇不能容許「洗樓」式募捐，任何宣傳或籌款都須經過業主立案法院批准，盂蘭會成員變相無法到屋苑募捐。[18]

3. 香港潮人盂蘭勝會

香港潮人舉辦盂蘭勝會最少有一百二十年的歷史，如潮州公

香港潮人盂蘭勝會已納入國家級非物質文化遺產

近年不少盂蘭勝會改用鋁金屬棚，搭建時間較竹棚為短。

和堂盂蘭勝會便始於 1897 年，[19] 時至今天，每年農曆七月廿一至廿三日，一連三天，仍假座銅鑼灣摩頓台花園，普渡孤魂。[20]早年移居香港的潮州人大多隻身來港，尋找工作機會，從事體力勞動工作為主。他們期望有朝一天能衣錦還鄉。由於身處異地，舉目無親，同鄉之間不計血緣，互助團結，彼此親如兄弟。農曆七月，他們都會按照家鄉傳統舉行盂蘭勝會，超渡來港不幸身亡的同鄉，俗稱「拜好兄弟」。盂蘭勝會既祭孤魂，且祈求神明庇佑，又派米救濟貧苦大眾。隨時代演進，香港潮人盂蘭勝會已滲入香港本土特色，植根在香港文化，在各區潮人社群之中世代傳承。盂蘭勝會不僅有助聯繫鄉情，對團結在港潮州社群，亦發揮了很大的作用。

3.1 場地佈局

一般而言，潮州傳統盂蘭勝會多數在康文署轄下球場舉行，盂蘭勝會組織會前後預留一些日子作搭建和清理，所以三天盂蘭勝會要租借場地三個星期，如以 2012 年佛教三角碼頭盂蘭勝會為例，租用期由 8 月 25 日至 9 月 17 日。棚架分為兩大類別，第一類是竹棚，第二類是金屬棚架，後者在十多年前開始有盂蘭勝會採用。據周樹佳調查所得，竹園北邨是首個使用金屬棚架的盂蘭勝會，潮州傳統盂蘭勝會則以大江埔為首度，此後愈來愈多盂蘭勝會陸續棄用傳統竹棚。[21] 蓋因球場管理日趨嚴格，如搭建竹棚的過程中損壞球場，申辦者需自費還原，費用動輒數萬元，這對盂蘭勝會來說是百上加斤的負擔。[22]

3.2 祭祀儀式流程

香港潮人盂蘭勝會活動，一般為期三天，每天舉行不同的儀式。主辦單位禮聘潮州佛堂承辦祭祀儀式部分，[23] 如佛教三角碼頭盂蘭勝會則由港九從德善社負責。[24] 港九從德念佛社成立於1948 年，1951 年易名為港九從德善社，主奉宋大峰祖師。[25] 除了承辦盂蘭法事外，[26] 早期更著重公益慈善活動，贈醫施藥，[27] 救濟災民。[28] 在盂蘭期間，是香港潮州佛堂全年最忙碌的日子，檔期非常緊湊。以 2014 年港九從德善社為例，整個農曆七月共承接了七個盂蘭勝會，為期兩天至三天不等。

佛教三角碼頭盂蘭勝會三天儀式流程

時間	儀式	地點
農曆七月初一	安放孤門棚	干諾道西孤門棚
第一天儀式	請神	請神儀仗由盂蘭場出發，前往該區供奉主神的廟宇，請出神明香爐，巡遊社區主要街道，藉此祈求神明保佑區內街坊平安。
	安爐	神棚
	發關	經師棚
	啟請	經師棚
	召大士王及孤魂	大士台、孤魂台、附薦棚
	走供	經師棚
第二天儀式	午供	經師棚
	走五土	經師棚對出空地

時間	儀式	地點
第三天儀式	豎幡	經師棚、米棚
	金山十獻	經師棚、神棚
	放餤口	經師棚
	化大士	大士台、孤魂台、附薦棚
	禮斗	經師棚
	謝佛散旗	經師棚
	謝天地	神棚、神袍棚、神馬棚

結論

　　傳統風俗能夠可持續發展在於回應現代社會的需要。從香港的經驗來看，七姐信仰順利由農業經濟過渡到商業經濟，是因為將傳統節慶結合商業推廣模式，使七姐信仰曾是上世紀二、三十年代的時尚流行文化。然而，民間信仰過度的商業化亦帶來了不可逆轉的影響，純粹迎合大眾的口味，民間信仰將不能幸免地被重新定義，只抽取局部有商業的價值的部分，轉化為商品，以作招徠。正如危丁明所言：「商業性參與，大大加速了七夕的世俗化步伐，使之越來越脫離原本的信仰基礎，剝落了所具有的神聖性，成為一般的節日。特別是隨着本地婦女教育水平提高和就業增加，其在社會的話語權逐步確立，時又受到內地出現的破除迷信，反對神權等觀念的影響⋯⋯香港的七夕慶典，在上世紀三十年代中期⋯⋯開始出現衰落之兆。」[29]

盂蘭勝會原為供養僧人的宗教活動，自佛教傳入中國，經過漢化的洗禮，其內涵不斷豐富，盂蘭勝會的功能也配合社會和時代需要，從「供僧」慢慢轉化為普渡地區孤魂。香港盂蘭勝會完結當日，大會更會派發受經師誦經的平安米給社區大眾，成為貧苦大眾重要的救濟品。時移世易，社會進步，政府提供大量資源支援弱勢社群，香港人漸漸忘記在過去不完善的福利制度日子裡，盂蘭勝會所備有的救濟弱勢社群的角色。二次大戰後，內地人民為避內亂，逃難來港，面對非人力所能解決的陌生環境和突發事件，遂發起盂蘭勝會，以民間宗教儀式慰藉人心。2011年，潮人盂蘭勝會納入國家級非物質文化遺產，正好給予我們一個機會重新審視盂蘭勝會的價值，同時反思如何有效保育傳統文化。

註釋

1. 昔日的正誕，鄉民到附近河溪取水，將水收藏在床底。古人相信這天取的溪水具有治病和美容功效，水質永不變壞，時日愈久，功效愈大，稱為「七姐水」。

2. 鄭寶鴻：《百年香港慶典盛事》（香港：經緯文化出版社，2014年），頁93-95。

3. 危丁明：《仙蹤佛跡：香港民間信仰百年》（香港：三聯書店〔香港〕有限公司，2019年），頁100-109。

4. 鄭寶鴻：《百年香港慶典盛事》，頁93-95。

5. 拜七姐的祭品亦很講究，包括有超巨型的七姐盆、胭脂水粉、七姐秧和生果等。

6. 南朝梁代宗懍《荊楚歲時記》：「七月七日為牽牛織女聚會之夜，是夕人家婦女結彩縷，穿七孔針，或以金銀石為針。」

7. 日後生男孩者送紅雞蛋一百隻，生女孩者送雞蛋五十隻。有的七姐會仍容許新婚者參與，她們繼續購置新衣服，聚會形式則以聯誼性質居多，或改為祈求早生貴子。

8. 西營盤街坊陸太訪問，2016年8月8日，〈七姐誕今昔。〉

9. 《工商日報》，1980年8月17日，〈七姐盒果品滯市商人奈何〉。

10. 〔清〕屈大均：《廣東新語》（北京：中華書局，1985年），頁298-300。

11. 化衣意即燒街衣。詳見〔清〕靳文謨：《新安縣志》（康熙），卷十四，〈地理志·風俗〉。

12. 祭祀地點多選擇在陰暗角落，孤魂野鬼多聚集於此。

13. 以大士王為例，每個盂蘭勝會場地都會供奉大士王，負責看管場內孤魂秩序。大士王又稱鬼王，傳說是觀音化身。香港常見的紙紮大士王分別有潮州式、廣東式和鶴佬式，其造型和坐姿等各有不同特色。潮州傳統盂蘭勝會的鬼王擁有青面獠牙，額上有一觀音像，並且雙腳站立。不過，紙紮大士王的造型也可與時並進，利用科技增強藝術效果，如南安坊盂蘭勝會特別把大士王雙眼轉為 LED 燈，出巡時會閃閃發亮，以吸引沿途路人注視。

14. 香港政府檔案處，檔案編號：HKRS582-1-7, "Yu lan Festival–Policy, 22.07.1969-24.04.1978."

15 《華僑日報》，1976 年 8 月 17 日，〈民間舉行盂蘭勝會 搭棚工友忙 紮作電器生意亦佳〉。

16 香港政府檔案處，檔案編號：HKRS582-1-7, "Yu lan Festival–Policy, 22.07.1969–24.04.1978"。

17 佛教三角碼頭盂蘭勝會主席陳運然訪問，2019 年 3 月 22 日。

18 陳蒨：〈香港潮人盂蘭勝會──中國非物質文化遺產與身份認同〉，載陳蒨、祖運輝、區志堅編：《生態與文化遺產──中日及港台的經驗與研究》（香港：中華書局〔香港〕有限公司，2014 年），頁 39。

19 當時渣甸洋行屬下的糖廠，俗稱渣甸糖房，位於燈籠洲（今銅鑼灣百德新街），而廠中大多職工為潮籍工人。渣甸大班在巡視廠房時發覺有「黑影」，初時認為是小偷，而潮籍工人則認為是孤魂，續建議舉辦盂蘭勝會超渡亡魂，以保闔境平安。在得到廠方批准下，一年一度的盂蘭勝會得以成功舉辦。洋行更向華民政務司呈請立案，確認「潮州公和堂」成立。

20 初時潮州公和堂盂蘭勝會只在舉辦的地點路邊燒衣，後來信眾日多，輾轉在不同場地舉行。1960 年代，盂蘭勝會曾於天后、大坑坊眾福利會附近空地、糖街舉行。1970 年代，盂蘭勝會移至維多利亞公園球場舉行。盂蘭勝會在 1982 年因借不到場地而停辦了一年，隨後在 1983 年於海底隧道口附近再辦，後來又再移至維園對面的空地，即今中央圖書館停車場，最終因中央圖書館的興建而移至摩頓台球場舉行至今。

21 周樹佳：《鬼月鈎沉：中元、盂蘭、餓鬼節》（香港：中華書局〔香港〕有限公司，2015 年），頁 201-203。

22 據行內人士指出，搭建和清理竹棚前後需花兩星期，但是安裝鋁金屬棚架只用半天時間便可。詳見徐振邦：《七月講鬼》（香港：次文化堂，2014 年），頁 42-49。

23 香港潮汕佛堂源自潮汕善社，創立於宋，興於明、清，及至清末民初達致頂峰。二次大戰後，內地戰亂頻仍，大量潮汕人士來港。香港人口急增，因政府投放在社會福利的資源未足以回應各方需求，故慈善工作亦需依靠民間慈善組織或宗教團體分擔。香港潮州人仿效家鄉傳統在地區創辦善社或佛堂，宏揚潮汕善社文化，在香港各區提供慈善服務使大眾受惠。現時香港潮州佛堂承接香港潮人盂蘭勝會，除了港九從德善社外，還有慈心佛社、念敬佛社、慈善閣、觀園修苑和玉霞閣等。

24 過去西營盤三個潮州傳統盂蘭勝會，各由不同潮州佛社負責，普慶佛社負責西區正

街水陸坊眾盂蘭聯誼會，東邊街渣甸橋盂蘭勝會則由覺蓮佛社負責。

25 原址座落土名蓮花台，即今蘇屋邨位置，1955 年木屋區發生大火，雖未波及善社，然而翌年卻面臨拆遷，幸獲一班街坊善信支持，終搬到長沙灣長發街現址。詳見港九從德善社編：〈創社二十周年紀念特刊〉，日期不詳。

26 報載，為了方便安排人手，承接各區盂蘭勝會，從德善社早於每年農曆六月廿七至七月初一舉辦盂蘭勝會，免費附薦先靈親友。詳見《華僑日報》，1955 年 8 月 13 日，〈從德善社舉行盂蘭勝會〉。

27 《華僑日報》，1955 年 8 月 25 日，〈從德善社盼助藥物〉。

28 《華僑日報》，1953 年 9 月 17 日，〈從德善社贈石硤尾災民棉毡〉。

29 危丁明：《仙踪佛跡：香港民間信仰百年》，頁 100-109。

第八節　農曆八月

一年容易又中秋

前言

　　香港有兩大互相饋贈禮物的日子，一是農曆新年，二是中秋節，後者所饋贈的十之八九是月餅。中秋節又稱八月十五，據說這天的月亮最圓，而中國人將月圓象徵團圓，傳統以來，家家戶戶趁着花好月圓的時節，團聚過佳節，故又稱「團圓節」。加上，中秋節翌日是公眾假期，學童不用上課，吸引一家人外出一面玩花燈和吃月餅，一面賞月。傳統以來，中秋賞月分為三部曲，分別是十四迎月、十五賞月和十六追月，這三夜更有舞火龍驅瘟逐疫的祭祀活動。

一、賞月

　　早在秦漢以前，已有歷代君主於中秋佳節進行祭月儀式的記錄。現存北京紫禁城的月壇，正是皇帝祭月之祭壇。魏晉南北朝時期，民間已有中秋賞月之習俗，到了唐宋年間更是廣為流

行。古老相傳，婦人求子，只要在明月高掛之際，靜沐月光，便能懷孕。舊日重男輕女，婦女為求生子，在中秋晚上潛入別人的農地，偷走瓜果，並在瓜果下插一隻紅辣椒，[1] 祈求盡快果熟蒂落。[2] 二次大戰前，一般市民依俗會拜月光，有的在天台賞月，或出外郊遊，租用小艇泛舟，欣賞水光月色；有的登上宋皇台，席石而坐，遠眺月色波光，是另一番的雅事。[3] 至今，香港人仍喜愛在中秋節晚上聚在一起欣賞月色，沐月或偷瓜得子之俗則近年未有所聞。

二、玩燈籠

燈籠的用途廣泛，除了日常照明外，在中國傳統節日和祭祀活動中都擔演重要角色。簡單來說，燈籠分成兩大種類，一種有實用的功能，如照明、祭祀和軍事等用途，另一種則用作觀賞用途。花燈紮作是一門歷史悠久的民間手藝。在沒有機器的年代，花燈完全出自紮作師傅人手製作，物料就地取材，運用竹篾、紗紙、漿糊等簡單的材料，配以經驗和技術，就能製作出外型美觀的花燈。儘管各種紮作品外型千變萬化，但當中的紮作過程卻是萬變不離其宗，紮作程序主要有四個步驟，分別是紮、撲、寫、裝。紮，指的是將竹篾拗成骨架，以紗紙和漿糊固定形狀。撲，指將紗紙撲在骨架上。寫，指繪畫圖案及花紋，然後塗上保護油。裝，指將不同紮作構件組合和配置各類裝飾。燈籠的質料因應不同用途而有所分別，祭祀用的紙紮燈籠，如元宵節丁燈和盂

蘭節幡杆燈籠，完成儀式後便會火化，方便處理。反之屬於宮燈和走馬燈等觀賞燈，因為擺放時間較長，則採用較為耐用的物料，如布和綢布等。[4] 中秋節傳統燈籠是孩童應時的玩具，以顏色艷麗取勝，傳統花燈的造型有楊桃、金魚、馬及兔燈籠等。

踏入中秋開始，紮作行業工人已經很忙碌，精於紮作的工人收入大增，利用工餘時間賺取外快，[5] 平均收入稍為增加一成左右。[6] 上世紀六十年代乃香港紙紮業最光輝的時期，當時中國內地發生「文化大革命」，主張破除舊風俗文化，迫使不少紮作師傅移居香港，以致香港紮作業人才鼎盛。加上，美國對內地實行禁運，很多外國的華人團體想購買紮作品，如獅頭、龍和花燈等，只好在香港紙紮店購買，所以內地改革開放前，香港的紮作品遠銷歐美地區。[7] 自上世紀七十年代起，紙紮業開始萎縮，及後內地推行改革開放，紮作品不需再經香港進出口，香港紮作業飽受打擊。而本港紮作公司亦因薪金低、租金昂貴等原因北移內地。與此同時，香港經濟日漸以金融業為主導，這為薪金低、工時長的紮作業帶來沉重打擊，愈來愈少年輕人願意拜師學藝，紮作技藝面對傳承上的困難。加上，隨着科技進步，大眾對中秋的燈籠講求款式外，還著重安全和環保，傳統的紙紮花燈日漸被塑膠吹氣燈籠取代，而年輕人對傳統花燈紮作工藝亦愈來愈陌生。[8]

在中秋節紮作一個花燈繳交給美勞課老師，相信是不少人的小學回憶。從前，新界鄉民流行將自製的燈籠燃放空中，是中秋節的必備娛樂節目，這種燈籠叫孔明燈。[9] 孔明燈又名「天燈」，

據說是由三國時期蜀國名臣諸葛孔明所發明，故以其字命名。孔明燈的結構較玩賞燈籠為簡單，形如玻璃杯，主要用竹篾紮成骨架，外層鋪上一層紙料，燈的底部紮上支架以放置燃料。燃放時，視乎孔明燈大小，由一人或數人把燈高舉，點着燃料內的棉繩，孔明燈便緩緩上升，有的可高達千餘呎。[10] 燃放孔明燈在中國不算是常見的習俗，主要散見於廣東、福建和江西等山嶺相連的地區。據蕭國健教授研究，當地交通不便，居民常利用孔明燈互通消息，逐漸演變成為習俗。不過，古人相信孔明燈降落之地，當年將有不吉利的事情出現。[11]

早在 1960 年代，社會大眾開始討論燃放孔明燈的害處，因為孔明燈隨風飄移，油盡下墜，很容易墜在山野森林，引起火災，破壞大自然。每年平均有十多宗火警即是由燃放孔明燈所引起。[12] 直到 1980 年，港府立例規管在郊野公園等地燃放孔明燈，限制燃放地點和高度。隨着法例落實，加上政府大力宣傳，孔明燈的習俗亦逐漸式微。時至今天，只有一些新界少數邊境的村落仍保留了中秋放孔明燈的習俗，但大都是村內居民自娛，不敢大張其鼓。[13] 有些村落喜歡在新生嬰兒彌月當晚燃放孔明燈，寓意添丁。近年，受到電影的宣傳影響，不少港人喜歡到台灣放天燈，這風潮曾一度「出口轉內銷」，帶回本港。最有趣的是，燃放孔明燈的日子不在中秋節，而改在元宵佳節晚上舉行，以祈求愛情長長久久。[14]

三、贈月餅

月餅是中秋節應時食品，取團圓之意，象徵闔家團圓。很早以前，月餅是供奉月神的祭品，以前叫小餅或甜餅。到了宋代，吃月餅已成為中秋節的習俗。[15] 有關月餅的傳說，最廣為流傳的要算是劉伯溫打敗元兵的典故。話說元末時，劉伯溫聯絡各地反元分子，特別製造一種圓形的餅，內裡藏有「八月十二殺韃子」的字條，終於成功推翻元朝暴政。[16] 月餅種類繁多，傳統的有五仁金腿月、金華火腿月、雙黃豆沙月和蓮子椰絲月等，有的更冠以一些美麗的名詞，如瑤池醉月、貂嬋拜月和七星伴月等。時至今天，月餅仍是中秋節送禮自用的食品，更是某些餅家最重要的收入來源之一。二次大戰後，每逢中秋節前一星期，各大茶樓和餅店就會佈置起來，搭建牌樓，上置吊公吸引街坊注目，推銷中秋月餅。

當時香港仍算不上富裕，購買月餅所費不菲，一般貧苦大眾未必能一次過付款買月餅，於是月餅會便應運而生。[17] 月餅會以月供形式繳款十二個月為期，參加者獲取一張會摺，翌年中秋節前可憑會摺換取月餅。[18] 有的餅家可以選擇供一份或半份，每一份供款，需在限期換取月餅。據業內人士指出，在上世紀六十年代，月餅會成員通常在農曆八月初一開始換領月餅，為期十天，餅家設定限期，是希望避免在中秋節前幾天有過多輪候換餅的會員聚集，影響店內生意。戰後港人設月餅會，蔚然成風，全港約有三百家餅家設月餅會，保守估計提供月餅總數逾十數萬份

左右。[19] 參加月餅會的條件是每月繳款一次，繳款後會領取一個會摺，到明年中秋節可憑會摺換取月餅。通常是今年參加月餅會者，待明年才可領取月餅。

以五、六十年代為例，全份月餅會月供四元，供十二個月，就能得到約八至十盒月餅，平均每盒享有八折的優惠。[20] 至於餅家亦定期收到月餅會會員的供款，令貨源和現金流更有預算。從前月餅屬奢侈品，購買月餅的費用動輒佔去薪金三分之一，現時一盒月餅平均約售三百元，月餅的價格顯然未有跟隨比率大幅上升，普羅市民一般都有能力承擔，月供月餅會的需求大減。在今天追求健康飲食的年代，餽贈月餅的禮儀已經不是必然了；商務往來方面，亦有不少機構轉贈其他食物，傳統月餅的地位備受挑戰。近年，有餅家推出冰皮月餅，廣受歡迎，大行其道，為月餅市場注入新生命。

以下是上世紀月餅會的章程：[21]

　　　　茲將月餅會章程詳列於左

　　（一）此會為寓意於儲蓄方式而屆時得一整批中秋月餅起見故創辦此中秋月餅會。

　　（二）本會每份每月供銀五元供足十二個月為滿以港銀為本位由壬寅年八月起供至癸卯年七月廿日止按月清收

　　（三）會銀按月清收交到本號櫃面蓋回收銀圓章及經手人簽字於會部內為據如過期補交每份每次加收五毫或過期三次不交即行截至不收。

大坑火龍在中秋節前後一連三天穿梭大坑大小街道

農曆八月十四日晚，總指揮陳德輝會用客家話進行開光儀式。

（四）所有月餅均由癸卯年八月初一至十二月止限一次全部取消過期無效遲來目誤如分數次取餅紙限八月初六日以前有效每次至少兩盒起碼。

（五）指定所派月餅如不合意可照價解伸算換取別欵月餅

（六）此會如有不能供足十二次者所供會銀多少按照癸卯年月餅價目單一次過取回月餅不得索回會銀

（七）憑證會部親到領取各餅恕不送到遺失會部級係自誤不設掛號不得索取此聲明以免後補

本號是屆所收之月餅會將來派餅時期或遇行內工人發生糾紛及別項意外事故以致無從做派俟風漸妥月公佈定期補派不□持部索取所供會銀及限日派餅合並聲明

四、大坑舞火龍

大坑火龍可追溯至百多年前的一場瘟疫。據說 1880 年，有一條大蟒蛇走入大坑村作惡，後來為村民斬殺，豈料翌日蛇屍不翼而飛，更觸發一場瘟疫，村內少年死亡無數，村民寢食難安。後來區內長老夢中得到仙人指點，着他以草扎成草龍，再插滿香支，於中秋佳節晚上舞動全村，以驅除瘟疫。火龍巡遊過後，果然湊效，瘟疫得以平息。自此以後，每年中秋迎月、正日和追月三天，大坑健兒便會舞動火龍，巡遊大坑大街小巷，潔淨社區。[22]

坊間有保育機構舉辦傳承計劃，培訓學生成為火龍健兒，參與大坑舞火龍活動。

大坑舞火龍總指揮陳德輝成為第四批國家級非物質文化遺產項目代表性承傳人

火龍長二百二十英呎，分龍頭、龍身和龍尾三部分。除龍頭和龍尾外，龍身分為三十一節，每節長約一米，主幹由粗麻繩紮成骨架，外層鋪上珍珠草，又稱米仔草，用鐵線紮實。每節用一條竹杆作手柄，方便健兒舞動火龍。第一節再以粗繩串連着龍頭，形成整條火龍。開光儀式後，火龍插滿長壽香，閃閃生輝，由兩顆插滿長壽香的龍珠帶領舞動，旁邊有一群穿着中式傳統服裝的小童提着雲燈和蓮花燈，更會用鑼鼓助慶，非常壯觀。[23]

大坑居民相信火龍經過之地，就會帶走不潔的東西，令社區重回正軌。這個儀式已經延續百多年，是該區一項重要傳統；觀乎在市區地帶至今仍然能動員幾百名健兒參與其中，實屬難能可貴。2011年，大坑舞火龍獲納入第三批國家級非物質文化遺產，使其聲名衝出國際，成為香港文化旅遊著名景點。[24]2012年，大坑舞火龍總指揮陳德輝先生成為第四批國家級非物質文化遺產項目代表性承傳人。除了大坑以外，香港其他地區如薄扶林、香港仔和坪輋都有舞火龍活動，其中薄扶林村舞火龍更成為香港非遺代表作。[25]

薄扶林舞火龍

坪輋舞火龍

大坑舞火龍儀式 [26]

日期／時間	地點	儀式	內容
農曆八月十四晚上7時	大坑蓮花宮	開光儀式	龍頭會在蓮花宮內進行開光儀式，而約二百英呎長的草龍身則盤於蓮花宮外。開光儀式以客家話進行，祈求風調雨順，闔境平安。大坑人相信，經過這儀式後，草龍會變成神龍，巡經之處盡把不潔之物帶走。
農曆八月十四晚上7時30分	安庶庇街	插香及點睛儀式	大會為龍身插上逾萬支香支，龍頭則接受各界嘉賓「簪花」、「掛紅」和「點睛」。當大會完成插香和點睛儀式後就會起龍，在大坑村舞動一周。
農曆八月十四、十五和十六晚上8時	大坑各大小街道	舞火龍	在兩顆龍珠的引領下，火龍由大坑村舞至浣紗街。火龍會先在浣紗街主看台向嘉賓及街坊觀眾表演舞龍，當中包括不同陣式，如「火龍過橋」、「火龍纏雙柱」及「綵燈火龍結團圓」等。隨後火龍會按傳統遊街，穿梭區內主要街道，包括浣紗街、京街、新村街、書館街、華倫街、布朗街和銅鑼灣道等。在遊街過程中，火龍會在浣紗街重新更換香支，而拆下來的香支會送給街坊。
農曆八月十五	維多利亞公園	舞火龍	火龍在中秋正日當晚於大坑舞動過後，會到維多利亞公園的花燈晚會作表演。
農曆八月十六晚上10時	銅鑼灣避風塘	龍歸天	舞火龍完結前，火龍會以逆時針方向圍繞大坑村舞動一周。完畢後，大會會把火龍運到銅鑼灣避風塘，把火龍連同蓮花燈、雲燈等一起拋進海裡，以示「送龍歸天」。不過，大會會安排艇家負責立即把火龍、花燈、頭牌等撈起，以免火龍阻礙船隻航道和污染海面。

香港各區舞火龍活動 [27]

地區	大坑	薄扶林 [28]	香港仔 [29]	坪輋 [30]
名稱	大坑舞火龍	薄扶林村舞火龍	香港仔中秋火龍盛會	坪輋舞火龍
主辦機構	大坑坊眾福利會	薄扶林村火龍會	香港南區各界聯會	打鼓嶺坪輋保衛家園聯盟
創辦年份	1880 年	逾百年歷史	2013 年	2015 年
舉辦日期	農曆八月十四、十五和十六日	農曆八月十五日	農曆八月十五日	農曆八月十五日
開光位置	大坑蓮花宮	薄扶林村村前	香港仔崇文街	坪輋九記士多
舞火龍區域	大坑浣紗街、京街、新村街、書館街、華倫街、布朗街和銅鑼灣道等	薄扶林村、西國大王廟、華富邨大街	由崇文街出發，途經香港仔大道、香港仔舊大街、東勝道、西安街、成都道，再前往華富邨	九記士多、坪洋新村、壁畫村
化龍儀式	龍歸滄海	龍歸滄海	龍歸滄海	火化
化龍儀式地點	銅鑼灣避風塘	薄扶林瀑布灣公園	薄扶林瀑布灣公園	坪洋壁畫村

結論

　　無可否認的是，過去港英政府沒有大力干預傳統風俗活動，官方介入一般都出於社會秩序和衛生健康的考慮，但每次立法規管對傳統風俗的傳承都有着深遠的影響，如孔明燈便是其中一個例子。反之，官方介入亦會令傳統風俗得以持續發展，近年非遺概念引入，不少傳統風俗成為當地文化的「軟實力」，得到政府

主動投放資源保育。2014 年，月餅製作技藝已納入香港首份非物質文化遺產清單，2017 年，紮作技藝成為香港非物質文化遺產代表作，大坑舞火龍更一躍成為國家級非物質文化遺產。社會進步並不一定要扼殺傳統，有時候加入現代的科技，可使傳統文化更具生命力。君不見月餅不斷推陳出新，冰皮月餅成為時興時令食品，味道千變萬化，正是明證。

註釋

1　紅辣椒的形狀如男性生殖器官。

2　蕭國健：《香港華人傳統文化》（香港：中華書局〔香港〕有限公司，2018 年），頁
　　32-38。

3　黃佩佳著，沈思編校：《香港本地風光 · 附新界百詠》（香港：商務印書館〔香港〕
　　有限公司，2017 年），頁 34-35。

4　觀賞燈題材主要取材民間傳說和故事，都帶有吉祥喻意，如狀元及第和天姬送子
　　等。

5　《華僑日報》，1973 年 9 月 13 日，〈紙料紮作工友 秋節工作繁忙〉。

6　《華僑日報》，1960 年 8 月 13 日，〈乞巧節近中秋將臨 紮作與月餅工作進旺月〉。

7　生和隆美術紮作有限公司梁金華訪問，2019 年 6 月 28 日。

8　朱詠筠等編：《學有所承：傳統工藝師生作品展》（香港：長春社文化古蹟資源中
　　心，2014 年），頁 11-19。

9　「農曆八月十五中秋節，快將降臨，新界各鄉村民，由於習俗相沿，多於在該晚燃
　　放孔明燈。以茲娛慶。該等孔明燈係用彩色紙及竹紮製，其下有油燈，燃着便徐徐
　　向後空上升，甚為奇觀。由於孔明燈均屬自行製造，紙料店絕少有製成出售者，故
　　一般準備燃放孔燈、慶賀中秋之鄉民，日來已在進行製作中。預料中秋節日，新界
　　各鄉將有一番熱鬧。」詳見《華僑日報》，1960 年 9 月 18 日，〈新界鄉民多準備 放
　　孔明燈賀中秋〉。

10　《工商日報》，1978 年 9 月 10 日，〈粉嶺明台賞秋月 漫談新界孔明燈〉。

11　蕭國健：《香港華人傳統文化》，頁 230-231。

12　1979 年山林大火共有一百七十多宗，約有十分之一是燃放孔明燈所引發的。詳見
　　《大公報》，1980 年 2 月 25 日，〈孔明燈易引起山火 當局計劃嚴禁燃放〉。

13　阮志：《入境問禁：香港邊境禁區史》（香港：三聯書店〔香港〕有限公司，2014
　　年），頁 151-154。

14　《東方日報》，2013 年 2 月 11 日，〈亂放孔明燈或犯法〉，https://orientaldaily.on.cc/
　　cnt/news/20130211/00196_003.html。

15 蕭國健：《香港華人傳統文化》，頁 32-38。

16 《華僑日報》，1961 年 9 月 24 日，〈中秋習俗起源〉。

17 生和隆美術紮作有限公司梁金華訪問，2018 年 11 月 29 日。

18 《大公報》，1954 年 9 月 6，〈燈飾爭輝坐節近 月餅價比去年廉〉。

19 《華僑日報》，1964 年 9 月 7 日，〈月餅會開始派出市面呈秋節氣氛〉。

20 《工商日報》，1966 年 8 月 30 日，〈一年容易又中秋 且談月餅會〉。

21 奇華餅家癸卯年五元月餅會章程。

22 黃競聰：《風俗通通識》（香港：長春社文化古蹟資源中心，2014 年），頁 100-102。

23 黃競聰：〈疫患傳說與國家級非物質文化遺產〉，載黃湘陽主編：《第三屆中華文化人文發展國際學術研討會論文集（補編）》（香港：珠海學院中國文學及歷史研究所，2019 年），頁 1327-1338。

24 黃競聰、蘇敏怡編著：《香港非遺便覽與實踐》（香港：長春社文化古蹟資源中心，2017 年），頁 42-50。

25 香港非物質文化遺產普查建議清單，http://www.heritagemuseum.gov.hk/chitxt/cultural/survey.aspx。

26 大坑舞火龍筆記，2018 年 9 月 23 至 25 日。

27 戰前香港不獨大坑和薄扶林地區有舞火龍活動，筲箕灣亦有舞火龍驅霍亂的記錄。「筲箕灣居民於昨日起，舉行（譚公爺出遊）防疫大運動……據該處居民所云，賑災事本目前之急，但際此霍亂而死者，以筲箕灣及水上人為最多，為防疫起見，故有此舉云。」詳見《工商日報》，1937 年 8 月 30 日，〈筲箕灣居民昨舉行防疫運動 昨晚會景舉行火龍巡遊 今晚夜龍舟 明晚登刀梯〉。

28 薄扶林舞火龍田野筆記，2013 年 9 月 19 日。

29 香港仔舞火龍總指揮吳江南訪問，2019 年 12 月 14 日。

30 坪輋舞火龍總指揮蔡旭威訪問，2019 年 6 月 5 日。

第九節　農曆九月

每逢佳節倍思親

前言

　　清明、重陽和中元是香港三大悼亡的節日，前兩者主要拜祭祖先，故嘉慶版《新安縣志》云：「重陽掃墓，與清明同。」[1] 中元節則着重拜祭無主孤魂，所以只有在中元節舉行的月份被稱為鬼月。王維的千古名詩〈九月九日憶山東兄弟〉云：「獨在異鄉為異客，每逢佳節倍思親。遙知兄弟登高處，遍插茱萸少一人。」香港重陽節不流行插茱萸習俗，反而港人習慣登山祭祖，特別新界宗族會舉行秋祭活動。東華三院作為香港六大善團之一，每年文武廟秋祭活動，都會祈求香港風調雨順，國泰民安，是香港難得一見的城市風俗。

一、重陽節

1. 登高祭祖

　　農曆九月初九是為重陽，[2] 又名登高節，重陽之意思正是日

月皆逢九。據五行陰陽之說，九九重陽意味着陽數極盛，所謂凡事盛極必衰，故傳統以來重九被視為不吉利的日子。古人為了避禍消災，採用了不尋常的方法，以遠行登高，離開有潛在危險的地方，化解重陽之日帶來的危機。重陽登高避災之俗始於何時已經難以考證，但可以肯定的是東晉時期已有文本記載，[3] 後來南朝時期更流傳桓景登山避災之故事。[4] 由此可見，魏晉南北朝時期，重陽已成為中國人其中一個最重要的節日。從另一角度來看，遠古時代人類狩獵捕魚為生，山林海澤是生活的重要資源。重陽之後，天氣逐漸寒冷，古人需及時登山摘取食物，否則到了冬天就要捱餓抵冷。後來，中國進入農業時代，登山演變為娛樂活動，更形成了登高掃墓的習俗。

港人慎終追遠，依俗登山祭祖，甚至很多移居外國的港人亦會在重陽節回港祭祖。除了拜山掃墓外，戰前港人仿效桓景避災之舉，喜歡到郊外登高旅遊，其中首選登高勝地為港島山頂，[5] 導致重陽節當天纜車站外擠得水洩不通。亦有不少家庭或親友趁着秋高氣爽的天氣乘搭交通工具前往新界地區野餐或燒烤，有的不守法紀者郊遊時擅自採折山林植物，迫使政府當局發出告示，違者將罰款及監禁。[6] 二次大戰結束後初期，香港人口激增，土地供不應求問題日益嚴重。港英政府本着「生者為大、死者為輕」的觀念，將港九各處臨時墳場一律遷往和合石墳場和沙嶺墳場，以便撥出空地，解決屋荒問題。由於和合石墳場和沙嶺墳場位處新界邊陲禁區之地，孝子賢孫則多居住在市區，所以每年清明節和重陽節期間，當局都會開放禁區准許掃墓人士進入，九

每年農曆九月初九上水廖氏會前往金錢村鰲地，祭祀開基祖。

重陽節當日下午，上水廖氏子孫會在鳳溪中學享用盆菜。

廣鐵路亦會加開尖沙咀至和合石墳場的直通火車。[7] 由於車程尚遠，很多孝子賢孫會盡早出發，故當天上午9時前尖沙咀火車站已見人龍。1950年代正值內地社會動盪，中港設立了出入境關卡，兩地居民難以往來。有見及此，每逢重陽假期，不少旅行社趁着禁區開放，舉辦邊境旅行團，登臨和合石山頭一睹內地山河景色，成為一時風尚。[8] 由於重陽節當天是公眾假期，孝子賢孫大多趁着假日拜山掃墓，為了疏導人潮，前往墳場的各種交通工具也會加開班次。港人深信「時間就是金錢」的名言，有的寧願選擇在墳場就近的鐵路站徒步到墳場，或是提早一星期去拜祭祖先，省卻等候交通工具的時間。

對於新界宗族來說，重陽要祭祖，是忙碌的日子。新界鄉村多聚族而居，向來重視祭祖傳統，有維繫族人、確立對祖先的傳承的功能。不少鄉村在祭祖當日保留「分豬肉」的俗例，一般規定年長男丁可領取胙肉一份，顯示中國「重男輕女」的社會傳統。祭祖形式又分為祠祭和墓祭，前者是宗族成員聚集祠堂祭祀列位祖先，後者是集體前往拜祭祖先墓地，以表孝道。有的宗族如上水廖氏和粉嶺彭氏等不會在祠堂舉行祭禮，只進行登山墓祭，不會在祠堂舉行祭禮。由於祖先眾多，祖先墓地分佈於新界各處山頭，重陽節前後新界宗族便會逐一登山拜祭，是新界宗族文化的一大特色。很多宗族備有祖嘗，資助祭祖的支出經費。祭祖的規模與祖嘗的多寡有密切的關係，所以有的只敬備茶酒燒肉，子孫寥寥數人；有的則祭品琳瑯滿目，子孫遍佈太公山頭，凡出席的所屬子孫更會獲派利市一封，以作鼓勵；有的更重視傳

統祭祖禮儀，設有禮生頌讀祝文，模仿《朱子家禮》的形式進行。如重陽節早上，上水廖氏浩浩蕩蕩從村公所出發，乘搭旅遊巴，到金錢村後山祭祀開基祖仲傑公，參與者還包括鳳溪學校師生，場面非常熱鬧。及後，廖族和鳳溪師生會到鳳溪學校草地上品嚐盆菜。[9]

以下是上世紀五、六十年代的報紙所記載上水侯氏祭祖的盛況：

舊聞觀風：又是重陽佳節 鄉村祭祖繁忙 上水侯族四村千人掃墓 [10]

節居重陽，又是孝子賢孫掃墓之期，但昨日港九人士前往掃墓者寥寥無幾，惟新界鄉村祭祖特見熱鬧。

昨（九）日上水區河上鄉、金錢、丙崗、燕崗四村之侯族人士，聯合前往掃墓，而河溪及金錢兩校，更動員全體校學生列隊前往，故一行數達千眾，浩浩蕩蕩，於經過石湖墟時，引動居民圍觀。

由於新界鄉村每逢春秋一祭，均由族長父老率領全族子弟，前往祖墳掃墓，且在山頭午餐，杯酒塊肉，大快朵頤。

2. 重陽食山頭

祭祖過後，「祭主」在墓地附近空地即席烹煮盆菜，供族中成員享用，這叫做「食山頭」。盆菜原是新界獨有的鄉村飲食文

化。每逢新界村落有任何節慶活動,如婚嫁、添丁、賀誕,需要大排筵席,村民都喜歡以盆菜招待親友。不過,食山頭的風俗已近消失,由於籌備需時,且在墓地煮食並不方便,很多宗族寧願在祭祖後返回村落一起吃盆菜,更為方便快捷。屏山鄧氏是保持食山頭傳統的其中一族。據元朗屏山傳統盆菜負責人鄧聯興先生指出,近年他主力負責龍鼓灘、蓮花山和欖口三處食山頭,祭祖前最遲兩三星期,所屬的祖堂會舉行公開招標,歡迎族內兄弟出價競投,價低者得。若說最熱鬧者,不可不提屏山十八世祖鄧若虛食山頭,其墓地位於屯門龍鼓灘,食山頭費用由屏山鄧氏維新堂負責。[11]

每次煮山頭需要人數約三至四人,早上 8 時許,鄧聯興等就要到達目的地清理雜草,找到一個合適的位置,便搭建臨時爐灶,開始烹調食山頭的各種食材。食山頭的主角是豬肉,炆熟需時最少一小時,還要加入南乳、蔥粒、洋蔥、蒜頭和薑等配料。為了節省煮食時間,食材和配料需預先處理,原隻白豬祭祖後便立即切成小塊。食山頭大會指定時間為中午 12 時。由於族中兄弟時會招呼友好前來品嚐,每次出席人數都有差異,故負責單位要求打盆前十五分鐘集票,各自向主祭者報出盆菜的數量,領取盆菜券。每六人為一盆,由祭主將煮熟的食材平均攤分,因此當日出席者愈少,大家分到的食物就愈多。食材一層又一層放在盆內,底層是筍蝦,接着放進枝竹和魷魚,上層則是炆豬肉。祭主呼出登記者的姓名,憑券換盆,就可以與親友共享盆菜。[12]

以下是 2019 年龍鼓灘食山頭的食材：

食材	數量
白豬一隻	淨重不超過一百斤
豬肉	前甲一百斤、骨腩一百五十斤
魷魚	二十斤
腐竹（已炸）	二十五斤
筍蝦	兩桶

　　盆菜起源眾說紛紜，香港最流行的說法源自宋末皇帝避難的故事。話說南宋末年，蒙古率兵佔領杭州，宋帝與皇族在陸秀夫等護送下逃難首都，帶領很多將士兵馬一路南下，途經新界村落時，已是饑寒交迫，人疲馬倦。幸好村民得悉皇帝駕臨，立即出迎恭候，大肆劏雞殺豬，慰勞遠渡而來的皇室軍士。不過，村民從未招待過這麼多的賓客，只好急就章洗淨用來洗衣服的木盆，將經烹煮的食物放進木盆裡，於是衍生出食盆菜的習俗。[13] 另一個說法是傳說乾隆皇帝微服出巡，路經佛山，偶然機會下參加了一場婚宴。剛巧他身上沒有帶任何金錢，廚子見他這麼可憐，於是把吃剩的九道菜尾混在一起用花生油煮，結果味道卻出奇地好吃。回宮後，乾隆立即命御廚到佛山學習烹煮方法，此乃盆菜由來的另一版本。[14]

　　製作傳統風味的盆菜通常是就地取材，因應各村的環境使用不同的食材，豬肉基本上是必備的，蓋因豬肉在古時屬於最珍貴的食材，反而蔬菜是常吃的，則不會盡放盆內。每個傳統盆菜約

有十五六斤的食材，主要分為三層，食材一般是九款或是十款，取其長長久久或十全十美之意。食材的擺法不能亂來，需依次序擺放，上層和中層食材的肉汁，會逐漸滲透到底層，故下層食材應選用易於吸收汁料的食材，久而久之，食物的味道就變得更加濃郁。無論食材的款式如何配搭，有些食物不會在傳統盆菜裡出現，如牛肉和蔬菜等。舊日農業社會，牛是農村之重要合作伙伴，一般農民是不吃牛肉的。此外，農民以青菜作為日常飲食，到了節慶活動享用盆菜時，便多用肉類為主，味道亦較濃味，以補充他們的體力。

現時傳統盆菜的食材分配：[15]

層次	食材
上層食材	神仙雞、鮫魚丸、炸門鱔和海蝦
中層食材	冬菇、炆豬肉、土魷
下層食材	蘿蔔、豬皮、枝竹

鄧聯興回憶，從前煮盆菜是村內的重要活動，煮食工作全由村民一手包辦，直到上世紀八、九十年代，開始有筵席公司兼營盆菜生意；直到回歸以後，盆菜逐漸深入民心，成為大行其道的傳統菜色。要知道傳統盛載盆菜的器皿是木盆，缺點是清洗時易殘留化學洗潔精於木縫中，容易引起食物中毒，現逐漸改以不鏽鋼和銻盆取代，另配上火鍋卡式爐，確保食物能保持溫度。此種保存形式的改變，解決了傳統木製盆菜的缺點，使這種傳統菜式不再受時地的局限，深入香港地區。許多酒樓和快餐店也有出售

祭祖後，祭主在墓地附近空地即席烹煮盆菜，甚具傳統鄉村風味。

東華三院為慶祝創院一百四十五周年，於 2015 年舉行文武廟秋祭出巡活動。

自家品牌的盆菜，供市民訂購享用。時至今天，食盆菜仍然流行於新界村落，市區盆菜的食材不斷推陳出新，連帶一般城市人的聚會也會吃盆菜。鄉村城市化，農業經濟衰落，村民出走城市生活，但每逢村內遇有喜慶事情，如結婚、添丁和賀壽等，散居各地的村民仍會聚首一堂，大排筵席，圍坐一起共享盆菜。[16]

二、文武廟秋祭典禮

中國以農立國，向來有「春祈秋報」的傳統，在秋季舉行祭祀活動，酬謝神恩，以慶祝秋收五穀豐登，感謝上天過去一年的眷顧。自 1957 年起，東華三院秉承中國禮教傳統，與各界社會賢達在文武廟舉行秋祭典禮，為港人祈福消災，祈求風調雨順、國泰民安。文武廟建於 1847 年，主神供奉文昌帝君和關聖帝君。香港開埠初期，華人聚居中上環一帶，由當地華人紳商發起籌建文武廟，成為華人信仰、議事和仲裁中心。英治初期，港英政府採取華洋分治，沿用中國法律和風俗習慣，處理華人之間的民事訴訟。華人相信「舉頭三尺有神明」，不敢在神明面前說謊，在法制尚未健全的時代，舉凡有商務或私人糾紛，華人都會在文武廟神前斬雞頭、燒黃紙宣誓，是具有法律認可地位的形式。[17]

1908 年港英政府頒佈《文武廟條例》，將廟宇移交給東華醫院管理，廟嘗和香油收入用以補助東華的慈善和教育的經費。東華醫院是香港最早的華人慈善機構。1869 年，港英政府撥出

上環普仁街一個地段，翌年頒佈《倡建東華醫院總例》，並資助十一萬五千元建院費用，運作經費由華人領袖籌募。1872 年東華醫院落成，「東華醫院」是取「廣東華人醫院」的意思，用以替代廣福義祠的角色，[18] 早期以中醫中藥療法，贈醫施藥，專門收納貧苦垂危的華人。[19] 文武廟的經營權由廟祝競投，承辦日常服務，直到 1957 年，文武廟交回東華員工管理。每年農曆九月期間，東華三院舉行秋祭典禮，邀請政府官員和名流紳士一起參加典禮。主祭者和各總理穿着傳統的長衫馬褂，典禮遵循古禮，儀式分為八個部分，包括：齊集、降神禮、初獻禮、恭讀祝禮、亞獻禮、三獻禮、望燎禮和辭神禮。東華三院秋祭典禮莊嚴而隆重，是香港難得一見的城市風俗。

2015 年文武二聖秋祭儀式如下：[20]

程序	儀式內容
1. 齊集	主祭者就位，陪祭者就位，其他陪祭者就位。擂鼓，鳴金，奏大樂，奏小樂。請主祭者升階主禮，執事者各司其事，全體行三鞠躬禮。
2. 行降神禮	詣香案前，上香，進花紅，進酒，酹酒敬神，啟告，復位。
3. 行初獻禮	詣香案前，進酒，復位。
4. 行恭頌祝禮	請頌祝者就位，止樂，肅立，宣讀祝文，請頌祝者復位，動樂，全體行三鞠躬禮。
5. 行亞獻禮	詣香案前，進酒，復位。
6. 行三獻禮	詣香案前，進酒，進剛鬣，進果品，進束帛，復位，止樂，主祭者向神明禱告，動樂。
7. 焚束帛行望燎禮	詣望燎所，獻束帛，望燎，一鞠躬，酹酒，復位。
8. 行辭神禮	全體行三鞠躬禮，禮成。

2015 年文武二聖秋祭祝文：[21]

維公元二零一五年十一月一日歲次乙未九月二十恭逢
文昌帝君
關聖帝君 秋祭典禮之期東華三院己酉年主席
黎時援當年主席何超蕸暨董事局全體同寅謹具牲醴燭帛
以薦並為文而祝之曰：
文武之道 治國安邦 武定暴亂 文繁綱常 帝居天宿 職典
文昌 文衡默運 化日舒長 民豐物阜 悅豫且康 地維天柱 同燮
陰陽 桓桓關聖 神勇難量 精忠凜烈 我武維揚 春秋大義 赫赫
昭彰 謀安黎庶 威懾強梁 千秋崇祀 建廟桐鄉 歲時伏臘 俎豆
馨香 明禋肅禮 禱降嘉祥 尚饗

1872 年東華開幕當天，為隆重其事，東華倡建總理等曾率
眾前往文武廟，[22] 舉行拜祭儀式，然後恭迎文武二帝出巡至東華
醫院，它與文武廟的關係可見一斑。1894 年，香港爆發鼠疫，
疫情時起時落。1906 年 5 月，鼠疫重臨香江，文武廟值理擲杯
迎請文武二帝出巡社區，祈求神力驅瘟逐疫。整個請神遶境儀式
為期三天，巡遊港島區華人密集地區，包括中上環、西營盤、石
塘咀和下環灣仔。[23] 2017 年正值文武廟建廟一百七十周年，東華
三院擴大了秋祭典禮的規模，再度舉行大型巡遊活動，起點設於
皇后像廣場，回程地點是文武廟，完成後再進行秋祭大典。當天
出巡的兩座神輿歷史悠久，以酸枝木製造，平日存放於廟內，時

常成為遊客「打咭」的對象。

結論

東華三院陸續收回轄下廟宇的經營權，由過去競投方式，轉變為直接管理模式，使轄下廟宇的服務更符合院方的宗旨和使命。近年，東華三院積極籌辦廟宇文化活動，無論是文武廟秋祭巡遊、文昌啟智禮或油麻地天后誕，均努力地嘗試將民間信仰現代化。食盆原是新界獨有的鄉村飲食文化。每逢新界村落有任何重要節慶活動，如婚嫁、添丁、賀誕等，需要大排筵席，村民都喜歡以盆菜招待親友。經過改良後，盆菜可以大量製作，在不同的環境下仍能確保品質，使其不獨於新界受歡迎，同樣地在城市地區，也成為家庭聚會必選菜餚之一。食盆更成為香港非遺代表作。由此可見，每一項風俗在傳承的過程中或會面對不同程度的挑戰，我們只需清晰理解當中的特性和文化內涵，通過某程度的轉化，作出調整、融合和捨棄，迎合時代的轉變，回應社會的需求，傳統風俗亦可得以復興。

註釋

1 〔清〕舒懋官修，〔清〕王崇熙纂：《新安縣志》(嘉慶)，卷二，〈輿地略‧風俗〉。

2 重陽之說源於《易經》，以陽爻為九。

3 東晉葛洪《西京雜記》：「三月上巳，九月重陽，士女遊戲，就此祓禊登高。」謂重三與重九之日均有登高避禍之俗。

4 南朝梁代吳均《續齊諧記‧九日登高》：「汝南桓景，隨費長房遊學累年。長房謂曰：『九月九日，汝家中當有災，宜急去。令家人各作絳囊盛茱萸以繫臂，登高飲菊花酒，此禍可除。』景如言舉家登山。夕還，見雞犬牛羊一時暴死。長房聞之曰：『此可代也。』今世人九日登高飲酒，婦人帶茱萸囊，蓋始於此。」

5 《工商日報》，1954 年 10 月 5 日，〈重陽話登高〉。

6 《天光報》，1933 年 10 月 22 日，〈重陽登高 禁止斬伐樹木〉。

7 黃競聰、劉天佑：〈長生店、辭靈亭與殯儀館——香港殯儀發展點滴〉，載蕭國健、游子安主編：《鑪峰古今：香港歷史文化論集 2015》(香港：珠海學院香港歷史文化研究中心，2016 年)，頁 145-153。

8 《工商日報》，1954 年 10 月 5 日，〈風雨話重陽〉。

9 2018 年考察上水廖氏秋祭筆記。

10 《華僑日報》，1959 年 10 月 10 日，〈又是重陽佳節 鄉村祭祖繁忙 上水侯族四村千人掃墓〉。

11 元朗屏山傳統盆菜鄧聯興訪問，2020 年 3 月 10 日。

12 除了中標者負責煮山頭外，在合約裡並訂明需負責除草和清理垃圾。詳見龍鼓灘山頭 (食山頭) 合約 2019。

13 文榕福主編：《泰亨鄉 (庚寅年) 太平清醮特刊》(香港：明登設計印刷公司，2010 年)，頁 31。

14 華琛、華若璧：《鄉土香港——新界的政治、性別及禮儀》(香港：中文大學出版社，2011 年)，頁 83-97。

15 陳植漢：《老港滋味》(香港：中華廚藝學院，2014 年)，頁 89-98。

16 黃競聰、蘇敏怡編著：《香港非遺便覽與實踐》（香港：長春社文化古蹟資源中心，2017 年），頁 42-50。

17 1844 年第十五條法例通過一切組織及訴訟程序皆採用英國法律，唯華人刑事訴訟得採用中國法律。蓋因早期合資格的律師嚴重不足，單是處理洋人法律交涉事宜已應接不暇，為節省成本故。按照傳統，誓詞印在黃紙之上，黃紙源自當時同屬英國殖民地的星加坡司法院。紙為黃色，長八英吋，闊六英吋，上印有誓詞，黃紙內有誓文，文末寫有「上天監察」字樣，由發誓人填寫自己的姓名、住宅、籍貫和年歲，當庭焚化，然後作供。詳見馬沅編：《香港法例彙編》（香港：華僑日報有限公司，1936 年），頁 82-84。

18 1851 年，十四名行業代表和華人領袖要求港英政府撥地建祠，設靈位以供奉客死異鄉的孤寡華人，等候其家人日後接回神主牌，往故鄉祭祀。1856 年廣福義祠建成，俗稱百姓廟。義祠管理不善，環境惡劣，病者乏人照顧，祠內臭氣熏天，污穢之物隨處可見，嚴重影響鄰近居民生活。1869 年，署理華民政務司李仕德（Alfred Lister）巡視義祠，發現其環境惡劣，輾轉經英文報章報導，引來社會各界反響。港府遂勒令重整義祠管理組織，港督麥當奴（Sir Richard Graves Macdonnell）接納一些華人領袖的意見，興建一所中醫醫院，收納貧苦病危的華人，提供免費中醫服務。

19 冼玉儀、劉潤和主編：《益善行道：東華三院 135 周年紀念專業文集》（香港：三聯書店〔香港〕有限公司，2006 年），頁 65-71。

20 東華三院乙未年董事局暨港九坊眾奉祀文武二帝秋祭典禮秩序表。

21 同上。

22 東華醫院的管理架構分為三層：總理、協理和值事，三者均為義務性質。其中總理地位最高，由各行業所推舉，故又稱「行頭總理」。

23 《香港華字日報》，1906 年 5 月 25 日，〈巡遊逐疫〉。

第十節　農曆十月

通靈清醮祈平安

前言

　　打醮屬於周期性的祭祀活動，所謂各處鄉村各處例，每個地區因應自己的經濟能力和習俗舉行，所以沒有劃一的標準。它舉辦目的大多是答謝神明庇護之恩，祈求風調雨順，以及闔境平安。當今香港醮會結合了道教醮儀與地方傳統廟會的特色，成為了香港地區極具代表性的風俗活動。

一、醮會年期

　　打醮屬於周期性的祭祀活動，沒有劃一的時限，按照的村落的經濟能力和習俗，有一年一屆、三年一屆、五年一屆、八年一屆、十年一屆、三十年一屆和六十年一屆等。如上水廖氏的太平清醮屬於六十年一屆，上一屆太平清醮為 2006 年。故老相傳，上水廖氏太平清醮原是十年一屆，可是每次打醮都有村中長老離世，有一次打醮後擲杯請示天后，由三年一屆、五年一屆、八年

一屆到十二年一屆等均未擲得勝杯，直至六十年一屆才得出勝杯。[1] 相反，漁業式微，很多蒲台島居民大多轉型其他行業，籌集日漸困難，曾擲杯請示蒲台島天后，將原本三年一屆的太平清醮延長至五年一屆或十年一屆等，但擲杯結果顯示仍維持三年一屆舉行。

二、醮會成因

香港醮會的功用主要分為兩大類，第一類是驅瘟逐疫，如一年一度的長洲太平清醮。（有關其歷史由來可參考農曆四月一節）第二類是酬恩建醮，此類醮會目的是感謝神恩保佑，祈求風調雨順、國泰民安。如 1988 年，港府為改善沙頭角居住環境，把鹽寮吓村遷到今沙頭角邨，連天后廟亦搬到近沙頭角的避風塘。鄉民為答謝天后保佑，自 1997 年開始，訂下每十年舉行一次太平清醮的規矩，至今已歷三屆。[2] 又如錦田鄉十年一屆太平清醮，據說與康熙年間復界有密切關係。[3]

清初順治年間，鄭成功佔據台灣，屢獲沿海居民接濟，為禁沿海居民對台灣鄭氏的交通接濟，康熙元年（1661）八月，頒遷海令，[4] 香港地區悉位於遷界內，沿海居民須向內陸遷徙五十里。[5] 遷海之禍對民生經濟影響尤甚，當地鄉民限時徙居內地，被迫拋棄家園田地，導致流離失所，家破人亡，餓死者眾，甚至要賣兒鬻女。[6] 後經廣東巡撫王來任、廣東總督周有德請求復界，康熙八年（1669）清廷終允展界，本區居民始能陸續遷回。

大埔頭十年一屆太平清醮

厦村十年一屆太平清醮紮作興工

錦田鄧氏為感謝周、王二公，[7]遂籌建周王二公祠，並兼作族中子弟書塾。康熙二十四年（1685），周王二公書院竣工，隨即商定十年一屆設壇建醮，以紀念周、王二公奏請復界之恩德，故稱為「酬恩建醮」，至今已有三百多年的歷史。[8]

三、醮的儀式專家

從「附錄二：香港各區太平清醮列表」可見，香港醮會法事儀式近十餘年基本上由本地喃嘸和道壇經生兩大儀式專家系統負責。前者師承龍虎山天師派，執行正一清醮儀式；後者則屬於宮觀道教，常見參與香港地區醮會法事的道觀，分別有圓玄學院、青松觀和蓬瀛仙館。[9]至於香港道教「正一」道教，傳統分為新界和市區兩個體系。新界「正一」道教儀式傳統，主要為新界鄉村舉行齋醮功德法事，如太平清醮、神誕、祠堂開光等。至於市區道教儀式傳統則有青壇和黃壇兩類，城市人最常接觸的是他們所參與的殯儀白事儀式。[10]

值得注意的是，近年來香港醮會出現「從喃嘸師傅到道壇經生」的現象。橫州位於新界西部屏山鄉，昔日原是元朗墟以西的臨海之地，後來附近一帶發展成為工業區。橫州由六條鄉村組成，分別是林屋村、忠心圍、東頭圍、福慶村、楊屋村和西頭圍。每隔八年舉行一次太平清醮。二次大戰後，東頭圍曾有一段時間沒有參與打醮活動，直到上世紀九十年代，經鄉賢調停，終於冰釋前嫌，六村再度合辦打醮活動。自 2004 年開始，橫州六

村太平清醮由圍頭喃嘸改為聘任全真派道侶，負責法事儀式。[11]

1983 年，元朗街坊十年例醮勝會開始禮聘圓玄學院，一連七天主持法事科儀，[12] 以下是 2013 年元朗街坊十年例醮勝會道科經懺課目程序表：[13]

日期	儀式內容
第一天	灑淨、奉安大士豎旛、開壇啟請、玄科開位、玉皇錫福寶懺
第二天	玉皇錫福寶懺、諸天朝、上金榜、玉皇錫福寶懺、玉皇朝、上黃榜、破獄
第三天	三元滅罪水懺、七真朝、三元滅罪水懺、三元朝、三元滅罪水懺
第四天	太乙錫福寶懺、太乙朝、太乙錫福寶懺、呂帝朝、攝召
第五天	呂帝無極寶懺、武帝朝、呂帝無極寶懺、諸天朝、關燈散花
第六天	呂帝無極寶懺、斗姥朝、聖帝保安寶懺、三清濟煉幽科
第七天	禳星禮斗、大供諸天

四、醮會籌備

慶春約十年一屆太平清醮行事曆及日程表 [14]

日期	具體工作
2018 年 4 月至 10 月	期間召開多次建醮籌備會議
2018 年 11 月 17 日	第一次建醮會
2018 年 11 月 17 日	捐冊赴印
2019 年 1 月 8 日	第二次建醮會
2019 年 4 月 6 日	第三次建醮會
2019 年 4 月 23 日	考察塔門太平清醮

日期	具體工作
2019 年 4 月 30 日	上頭表
2019 年 6 月 10 日	廟宇維修興工
2019 年 6 月 15 日	第四次籌備會
2019 年 7 月 5 日	第五次建醮會與政府部門開建醮聯合工作會議
2019 年 8 月 6 日	政府重鋪遊樂場地台及碼頭路動工
2019 年 9 月 1 日	上二表
2019 年 9 月 1 日	第六次建醮會
2019 年 9 月 16 日	開搭醮棚
2019 年 9 月 22 日	第七次建醮會
2019 年 10 月 26 日	第八次建醮會
2019 年 10 月 26 日	開工紮作
2019 年 11 月 1 日	特刊截稿
2019 年 11 月 22 日	與政府跨部門視察醮會場地
2019 年 11 月 30 日	作齋灶
2019 年 12 月 7 日	第九次建醮會
2019 年 12 月 10 日	醮前最後工作會
2019 年 12 月 13 日	上第三表
2019 年 12 月 13 日至 16 日	醮期
2019 年 12 月 17 日	散醮後九大簋宴
2019 年 12 月 18 日	送天后返吉澳

　　每一次打醮都會動員大量人力參與醮會的實務工作。參與打醮的社區成立建醮委員會，召集境內有心人參與，繼而成立小組，分工處理不同範疇的醮務工作。以沙田大圍村侯王宮十年一屆丁酉年太平清醮為例，建醮委員會分為核數組、財務組、總務組、膳食組、公關組、公安組、戲劇組、國術組、法事組、防火

組和場務工程組。除了安排實務性的工作外，建醮委員會並邀請地方和社會賢達加入，擔任醮會的顧問，為醮會提供意見，使整個祭祀活動更為流暢。[15] 當中又以元朗街坊十年例醮勝會分工最為仔細，共分為二十個工作小組，[16] 每工作小組設有組長，統籌各組員執行工作，使醮會的運作更為流暢。而各組的負責人隨後會聯絡有興趣的承辦商，商討合作明目，以合理價格和過往業績作為考慮指標，揀選出合適的承辦商，最後簽訂合約作實。有的醮會為了達致公平，較大型的支出更會公開招標，總之價低者得。

建醮會成立後，就要選出緣首，每個醮會的緣首數目各有不同，如沙田九約緣首三人、[17] 泰亨鄉十人、[18] 錦田六十人等。挑選方式是在主神前擲杯，各處鄉村各處例，每個社區的醮會擲杯選緣首的方式和數量都有差異，無論如何，緣首在醮會中擔當重要角色，職位非常重要，屬於神明指派的有緣人，負責代表鄉民參與醮期內的儀式。以屯門忠義堂第二十一屆太平清醮為例，在打醮當年的正月初四，鄉民會迎請口角天后，坐鎮屯子圍三聖宮，並舉行打緣首的儀式。侯選緣首來自打醮範圍內的村落，按照父系以年齡最長、輩份最高之男性為首，列入建醮名單。侯選緣首需在天后神像前擲杯，頭名緣首必須十勝一寶。[19] 至於廈村鄉首十名緣首則需要擲杯確定，候選緣首於 2014 年 2 月 1 日早上齊集沙江廟，由於全靠天意，直到當日下午 5 時才順利誕生首名緣首。每位緣首需另交醮金，由大會贈送燈籠一盞，第十名以後的緣首則由鄉民自行到醮務會登記便可。[20]

厦村鄉約甲午年杯卜緣首章則：[21]

緣首	擲杯規則	醮金	備註
第一名緣首	首先擲杯獲十勝一寶	5,180 元	
第二名緣首	隨後先擲得九勝一寶	3,980 元	
第三名緣首	隨後先擲得八勝一寶	3,580 元	
第四至第七名緣首	隨後先擲得七勝一寶	2,680 元	
第八至第十名緣首	隨後先擲得七勝一寶	1,880 元	
第十一至第四十九名緣首	/	1,400 元	到沙江廟登記
第五十至第一百名緣首	/	1,180 元	到大會辦事處登記
第一百零一名及以後緣首	/	500 元	到大會辦事處登記
以信士登記之醮首	/	420 元	
丁口男女老幼	/	每丁 420 元	

　　同時，有的醮會要安排人手專門攬着人緣榜的名冊，這名代表稱「攬榜公」。雖然攬榜公的參與資格不用靠神明驗正，但由於攬榜屬於打醮中的重要儀式，所以亦有一定揀選條件限制。按照石澳村、大浪灣村和鶴咀村太平清醮規定，大會會安排兩人擔任攬榜公，又稱為好命公，由各村推薦出任。所謂好命公，由參與醮會社區內數代同堂、福壽雙全的長者來擔任，是福氣最好的人。[22]

　　大會開始制定各項重要儀式的日期和時間，包括發奏上表、開工紮作、開搭醮棚、作齋灶、取水淨壇、揚幡、迎神登壇、啟人緣榜和超幽散醮等。大會擇良辰、定吉日絕不能馬虎，通常會

禮聘堪輿學家按緣首的年生八字擇取，此時間表稱為「吉課」。從制定醮場各竹棚坐向、打醮儀式日期及時辰，以至相關儀式中的相沖生肖，這個時間表都會詳細列出來。以下為 2020 年粉嶺圍四日五夜太平清醮之吉課表：

吉課	內容
醮場各竹棚坐向	– 神棚：坐東向西 – 戲棚：坐西向東 – 神棚：原乙坐，建議改巽坐，以配啟壇建醮吉日 – 齋灶：坐東南向西北
禁忌	– 兩名庚午出生的緣首，本年值歲沖，課中所用各事，宜臨時勿近便吉 – 上頭表：沖丑年肖牛生人，四名和五名緣首宜臨時勿近便吉 – 上二表：沖戌年肖犬生人，次名、四名和五名緣首宜臨時勿近便吉 – 開工紮作：沖未年肖羊生人，四名和五名緣首宜臨時勿近便吉 – 開搭醮棚：沖寅年肖虎生人，三名、四名和五名緣首宜臨時勿近便吉 – 作齋灶：沖酉年肖雞生人，四名和五名緣首宜臨時勿近便吉。 – 上第三表、取水淨壇和揚旛：沖亥年肖豬生人，宜向東南方取水大吉，四名、五名和八名緣首宜臨時勿近便吉 – 接神：沖亥年肖豬生人，四名、五名和八名緣首宜臨時勿近便吉。 – 奉神登壇、啟壇建醮：沖亥年肖豬生人，四名、五名和八名緣首宜臨時勿近便吉 – 啟人緣榜：沖丑年肖牛生人，四名、五名和八名緣首宜臨時勿近便吉。 – 行香巡遊：沖寅年肖虎生人，次名、四名和五名緣首宜臨時勿近便吉。 – 送神回位：沖寅年肖虎生人，三名、四名和五名緣首宜臨時勿近便吉。

吉課	內容
打醮儀式日期及時辰	— 上頭表：陽曆 3 月 29 日。星期日。即農曆三月初六。辛未日。乙未時大吉。下午 2 時。 — 上二表：陽曆 8 月 29 日。星期六。即農曆七月十一。甲辰日。辛未時大吉。下午 2 時。 — 開工紮作：陽曆 9 月 19 日。星期六。即農曆八月初三。乙丑日。庚辰時大吉。下午 2 時。 — 開搭醮棚：陽曆 11 月 1 日。星期日。即農曆九月十六。戊申日。丁巳時，上午 9 時 30 分。先從西方戲棚位置興工開搭。連工搭及神棚各棚大吉。 — 作齋灶：陽曆 12 月 26 日。星期六。即農曆十一月十二。癸卯日。丙辰時大吉。上午 8 時 30 分。 — 上第三表、取水淨壇：陽曆 12 月 28 日。星期一。即農曆十一月十四。乙巳日。庚辰時大吉。上午 8 時。 — 揚旛：同日十四。乙巳日。庚辰時大吉。上午 8 時 30 分。 — 接神：同日十四。乙巳日。庚辰時大吉。上午 8 時 50 分。或癸未時亦吉。下午 1 時 30 分。 — 奉神登壇：同日十四。乙巳日。癸未時大吉。下午 2 時。 — 啟壇建醮：同日十四。乙巳日。癸未時大吉。下午 2 時 50 分。 — 啟人緣榜：陽曆 12 月 30 日。星期三。即農曆十一月十六。丁未日。乙巳時大吉。上午 9 時 30 分。 — 行香巡遊：陽曆 12 月 31 日。星期四。即農曆十一月十七。戊申日。癸未時大吉。下午 1 時 30 分。 — 超幽散醮：連日遇時大吉，毋須另擇。 — 送神回位：陽曆 2021 年 1 月 2 日。星期六。即農曆十一月十九。庚戌日。癸未時大吉。下午 2 時。

五、醮會祭祀和典禮活動儀式 [23]

1. 上表

上表通常分為頭表、二表和三表，是通過緣首及喃嘸向天、地、水、陽三界四府的神明發出邀請信的儀式。頭表稟告天庭醮

會舉行的日期,以及緣首及其所屬名單。第二次上表向天庭報告醮會的進度。第三次上表通常在啟壇前一天進行。而三次上表日期及時間均由堪輿師傅擇定。在儀式中,寫上鄉民名字的表文,會連同紙扎功曹馬化去,象徵表文上有名字的鄉民邀請神明蒞臨醮場。例如大埔頭鄉癸巳年太平清醮三次上表吉時,分別是癸巳年農曆三月廿八日下午 4 時 30 分、癸巳年農曆七月初八下午 6 時和癸巳年農曆十月十三日下午 2 時 30 分。[24] 蒲苔島太平清醮則較為特別,只進行兩次上表儀式。第一次上表是在封醮時,第二次是在正醮前一天。上三表通常是在醮事正式開始前進行。[25]

2. 揚旛

此儀式的用途是劃定祭祀的範圍,通知範圍內的孤魂野鬼前來醮場,接受分衣施食。如錦田鄉醮會共有五枝旛竿,分別坐落於水頭村、水尾村、吉慶圍、泰康圍和永隆圍,由各股派出代表一起豎立。[26] 又以石澳村、大浪灣村和鶴咀村太平清醮為例,每枝旛竿掛有十一個幽燈籠,並置有旛亭,以供孤魂野鬼休息,並由守旛童子守衞。[27] 打醮期間,每天三次由喃嘸師傅聯同緣首進行朝旛儀式,供奉香燭和衣紙。

3. 取水

取水的位置必須在鄉民眼中社區內最潔淨的地方,所取出的水經過喃嘸師傅去穢密封,被稱為「龍水」,放置在喃嘸壇內的三清壇。打醮儀式完成後,有參份參與醮會的鄉民可以取龍水回

家煮用，他們相信龍水受喃嘸師傅誦經，受神恩保庇，喝下能延年益壽。以蒲苔島醮會為例，取水位置是在戲棚後面的溪流。據長老言，試過有一屆太平清醮，發現溪流已乾涸，於是預早用水桶裝滿一桶食用水代替。由於河水易受污染，部分醮會亦會改用自來水代替。

4. 請神

打醮開始，將範圍內參與醮會的廟宇、土地、井泉等神明請迎到醮場，各地區各有主神，如沙田區主神為車公、林村主神為天后、錦田鄉主神為周王二公；同時亦會恭請其他神明到達醮場，接受村民供奉。神明品位反映人間社會的階級序列，神棚的正中多由社區的主神座鎮。廟神以分靈供奉，土地和井泉等神則為紙製神位。如大埔頭鄉太平清醮會迎請大埔舊墟天后、觀音、年月日招財和合童子、福德正神、今庚太歲致德尊神、神農后稷種穀先師、關帝、玄天上帝、財帛星君、牛皇致主六畜星君、門丞戶尉井灶神君、闔家長幼各命元辰、日時進寶利市仙官及大埔頭鄉日常供奉的土地、伯公等神明，供奉於神棚。[28]

5. 開壇啟請

啟壇是建醮儀式中的啟動禮，延請道教神仙譜系中最重要的代表張天師及三清（玉清、上清和太清）駕臨醮場，分別引見負責醮儀的喃嘸師傅和緣首，並分配掌符掌印等職務。

粉嶺圍十年一屆太平清醮上二表

厦村十年一屆太平清醮祭英雄儀式

6. 三朝三懺

每日早、午、晚三次行朝和拜懺。行朝是向醮棚內各神明供奉祭品的儀式。拜懺則是由喃嘸師傅代表鄉民向上天懺悔，祈求赦免過去所犯罪孽的儀式。最後一天的晚朝稱為謝旛。儀式後便需化掉守旛童子的神位，拿走燈籠，讓孤魂野鬼在祭大幽時能獲分衣施食。以 2015 年蒲台島太平清醮為例，行朝路線為戲棚、喃嘸棚、大士王、土地和三枝旛竿（位處民居中心、天后廟、農田邊）、天后廟側的土地，再折返神棚。從前，蒲台島打醮每日朝懺三次，後來簡化為每日中午時分行一次。[29]

7. 行香

大會組織龐大巡遊隊伍，到有份籌辦醮會的村落和友好村落輪流拜訪，參拜巡遊村落的神明，為增加氣氛，沿途有龍、獅、麒麟表演助慶。[30]

8. 分燈進燭

從前農村社會，以男性為主導，勞動力關乎一族興衰。男性丁口多寡決定了鄉村勢力之強弱。「燈」與「丁」的發音相近。喃嘸師傅通過代表三清的蠟燭分別點燃其他蠟燭，寓意參與醮會的社區人丁興旺。以井欄樹安龍清醮為例，主辦單位會預先準備小燈籠，先讓客家麒麟參拜，然後由喃嘸師傅誦經祈福，灑上聖水，隨後分發給參與醮會的戶主。[31] 最後，緣首將蠟燭拿到神壇，形式就像向神明登記人丁一樣。

9. 禁壇打武

禁壇是邀請五方神明駕臨前進行潔淨喃嘸棚的儀式。喃嘸師傅召請天兵神將為喃嘸棚壇護法,使喃嘸不會受到邪惡污穢入侵。打武儀式時,喃嘸頭戴紅巾,腰裙的服裝類似閭山派師公,表演項目包括有舞棍棒、舞火蓆、投火球、舞火流星和舞火盂。

10. 祭小幽

相對祭大幽而言,祭小幽屬於小規模的祭幽法事。有的醮會,祭小幽會移師城隍像前舉行,負責儀式的專家人數可以少至一名。

11. 啟榜

啟榜在正醮日舉行,喃嘸師傅將有份參與打醮的鄉民名字貼出來,此榜文稱為人緣榜。喃嘸師傅用雞冠血為人緣榜去穢,然後逐一誦讀榜文的名字,相當於將人名上奏天庭,祈求神明保佑。因此參與醮會的鄉民非常在意榜文上的姓名,如有錯漏,立即提出修正。[32]

12. 啟動典禮

典禮通常在正醮舉行,主辦單位邀請政府官員、友好村落鄉親代表和各地鄉紳名流參與,部分獲邀嘉賓更會帶同獅隊、麒麟等瑞獸,鑼鼓齊鳴,率眾前來賀醮。主辦單位為隆重其事,安排當地負責人與鄉中父老列隊迎賓。典禮場地大多選在戲棚舉行,

由主辦單位和嘉賓致辭，其後大會頒發紀念品予主禮嘉賓，以作留念。典禮後，大會安排齋宴或齋盆菜款待一眾友好，席間或邀請歌星同場助慶。

13. 迎聖

嗊嘸和緣首共同恭迎三清、城隍和社區主神駕臨壇場、參與醮會的儀式。嗊嘸師傅逐一誦讀「意文」內的人名，讓醮會的持份者獲神明的保佑。

14. 走赦書

走赦書又稱走社書或走文書。鄉民通過此儀式祈求神明赦免已登記鄉民過去所犯的罪孽。赦書用紅線縛在功曹馬上，由年輕力壯的鄉民捧着，疾步繞鄉一周，然後交回嗊嘸師傅手上。接着嗊嘸師傅誦讀赦書內的人名，稟告天庭，祈求赦罪，最後將赦書連同功曹馬一同火化。

15. 放生

鄉民赦罪後，需在醮會附近田野和河涌進行放生禽鳥和鮮魚的儀式，以示向天、地、水三界行善。有醮會的放生儀式加設放水燈的環節，鄉民相信如能拾得水燈，家中即有望添丁。

16. 祭水幽

嗊嘸師傅出海巡遊，沿途誦經、上香、化寶、斟茶酒和撒水

飯蔬果等，祭祀水中的孤魂野鬼。以 2015 年蒲台島太平清醮為例，路線是在大氹灣內巡行，穿過散排後折返，駛回碼頭上岸，儀式便宣告完成。[33]

17. 祭大幽

此儀式目的是對孤魂野鬼進行超渡和分衣施食，一般在正醮最後一個晚上舉行。儀式的內容大概是召喚無主孤魂聚集在壇前，勸說無主孤魂早日輪迴，不要眷戀俗世，然後分衣施食。有的醮會舉行祭大幽的場地不在醮棚內，在儀式進行前大會把鬼王抬到祭幽台前，或抬出大士王巡遊鄉村一周，俗稱「大士出巡」。

18. 化大士

大士王俗稱鬼王，職責是維持醮場的秩序。祭大幽後，醮會祭祀儀式順利完成，就要把大士王送走，俗稱化大士。不少鄉村在化大士時有不同禁忌，有的規定所有人在此期間保持默不作聲；有的需要有人用長竹竿扶住大士王，避免其倒向任何一方，鄉民相信大士王倒下那一方的村落將會遭殃。[34] 大士王火化後，鑼更齊鳴，爆竹聲接踵而來，醮會正式結束，可以開齋吃葷。

19. 送神

喃嘸師傅率領緣首參拜神棚，將醮期請來的各神明送歸原地。部分醮會在散醮後，醮棚隨即改裝為戲棚，上演神功戲，視乎各鄉村的慣例，亦有醮會因而押後送神儀式，讓人神共樂。

20. 神功戲

所謂神功戲，即是為神做功戲。香港醮會流行舉辦兩類神功戲，一是廣東手托木偶戲，二是粵劇神功戲。

20.1 廣東手托木偶粵劇

古老相傳，木偶可以治邪。舉凡神誕醮會舉行神功戲，必先演木偶戲，後演人戲。木偶可分為杖頭木偶、提線木偶、掌中木偶、皮影木偶和手托木偶等不同類別。杖頭木偶和手托木偶，與香港民間的宗教活動有密切關係。據陳錦濤師傅指出，最早的木偶粵劇表演可追溯至新界錦田鄉十年一屆的神功戲，換言之已有起碼三百多年歷史。廣東粵劇手托木偶流行於粵語地帶，大致分為兩大流派，一是珠江口東莞之東莞派，二是珠江口岸之中山派。前者活躍於港九新界及東莞下游，後者則流行於澳門及珠江西岸一帶。[35]

20.2 粵劇神功戲

賀誕組織舉辦神誕活動，為酬謝神明庇佑，會聘請戲班上演神功戲。戲棚通常搭建在廟宇的對面，或從廟宇中請出神靈「行宮」安放在戲棚內。部分賀誕活動，主辦單位會要求戲班在廟內神明前演出「八仙賀壽」和「仙姬送子」等例戲。戲班會在首次選址的戲台上，演出「祭白虎」儀式，以祈求演出順利。2009年，粵劇被聯合國教育、科學及文化組織列為《人類非物質文化遺產代表作名錄》。

六、醮棚

　　每次打醮，興建醮棚需時一個多月，並需按照堪輿師傅擇定的吉日開始搭建。搭建醮棚前，要進行興工搭棚儀式。大會擇定吉日良辰，備有香燭祭品，搭棚師傅會預先用竹紮成一個三角架，貼上開工大吉的紅紙，由緣首和搭棚師傅等參拜上香，祈求工作順利。[36] 一般醮棚採用傳統竹棚的臨時建築形式，建材簡單如杉木、竹、木板和鐵皮等，但是每樣建材都很講究且與時並進，從前醮棚的竹與竹之間會用竹篾紮住，近年已改用膠篾代替，耐用程度更佳。醮棚佈局也有規定，傳統以來戲棚對着神棚，讓神明安坐欣賞神功戲；經棚則面對鬼棚，使孤魂野鬼能聽經超渡。就整個醮場佈置而言，戲棚的面積最大，如 2017 年林村鄉打醮，大會採用「天壇型」的戲棚，[37] 屬於最大的竹棚型制，能容納三千名觀眾。[38]

　　有醮會不會在打醮期間只演出手托木偶戲，反過來戲棚暫時成為各村代表和進香子侄聚集及休息的地方，直到醮會完結，才正式表演神功戲。如錦田鄉打醮完成後，搭棚師傅需要在三個星期內改建醮棚，使之變成一個容納六千名觀眾的戲棚，上演五日六夜的神功戲。[39] 又如 2013 年元朗街坊十年例醮醮棚採用大金鐘造型，總面積二萬四千七百平方呎，能容納近二千名觀眾。承辦者為新華興棚廠（香港）有限公司，搭建時間近兩個月，使用近三千四百枝杉木和兩萬三千枝竹。每天約有八至十名師傅參與。[40] 由於打醮所需的場地空間非常大，除了戲棚外，還有神

慶春約十年一屆太平清醮神功戲

厦村十年一屆太平清醮手托木偶神功戲

棚、經棚、大士棚和齋堂等。每次打醮，不少主辦單位都為覓地煩惱，所以錦田鄧族早已預留周王二公祠對出的空地作為永久醮會場地。

屯門忠義堂太平清醮醮棚的資料如下：[41]

竹棚種類	尺寸與內容
醮／戲棚	－ 用唐尺計算，高六丈四尺，棚口闊四丈二尺，板枱前深一丈四尺、後深一丈二尺。 － 建醮期內在戲棚內正面搭大壇，左邊木偶戲，金鐘內兩邊搭公廠六間，深一丈八尺，闊一丈二尺，滿地浮版。 － 棚口竹對，內截房一個，棚尾搭床位五尺。 － 演戲期內在戲棚內離板枱七尺，兩邊搭男女棚二座，闊一丈三尺，長約五丈，至金鐘棚口止。男棚分四截，女棚分四截，俱用板位。棚底用板鋪密，四圍欄密，中間椅位足用，共二千個椅位。
榜亭一所	俱用板搭密，高、長要足用。
神壇一座	深二丈，闊一丈二尺，外截滿地浮版。
庫房一間	在忠義堂內間格搭架，在忠義堂門前搭上蓋一間，與神壇相連。
大士棚一座	高大闊要合用。
城隍、天師棚各一間	高大闊要合用。
焰口棚一間	高大闊要合用。

結論

傳統不是一成不變的，很多香港醮會已有百年歷史，它們仍跟隨時代的步伐，不斷地作出調整。蔡志祥指出，鄉村城市化，

很多醮會籌辦者基於經濟因素的考慮，不再執着採用喃嘸打醮儀式，使近年不少香港醮會改為聘用道壇經生負責醮儀。[42] 此外，隨着參與村落關係的變化，醮會所劃定的社區範圍亦相應地有所增減。如現時元朗屏山鄉沙江圍每六年舉行一次太平清醮，據說從前沙江圍與廈村鄉約共同舉辦太平清醮，後來雙方意見不合，沙江圍才自行籌建太平清醮。[43] 近年，因為文化保育的興起，醮會的功能不再局限於民間宗教和信仰儀式的層面，它所構成的文化空間提升為推廣文化的場所，讓社會大眾得以介入參與。

附錄一：廈村鄉甲午年太平清醮法事日程表 [44]

日期	時間	活動	備註
陽曆 9 月 30 日	14:00	祀灶	香燭花果
	16:00	上三表	香燭花果、功曹馬、金銀、供品、壽金、光寶、活雞、攢盒、禾草、表文
	19:00	莆上祭英雄	香燭花果、男衣一百三十副、女衣五副
農曆九月初一	19:00	祠堂角祭小幽	男女衣三百六十套

日期	時間	活動	備註
農曆九月初三 啟壇日	6:00	取水、淨壇、揚 旛、開壇發奏	沖鼠年生 物資：水缸、紅紙
	10:00	迎神登壇	沖鼠年生，各緣首壇前齊集
	14:30	全體委員、父老迎 賓	
	15:30	金龍點晴	
	16:30	啟壇典禮	
	16:30	啟壇請神	
	17:30	素筵招待	
	19:00	拜玉皇懺	
	20:30	攝召過橋	
農曆九月初四	8:30	朝旛	
	9:30	行香	
	9:30	拜懺	
	11:30	朝科／朝神／朝旛	
	13:30	拜懺	
	16:00	朝科／朝神／朝旛	
	19:00	拜懺	
	20:30	禁壇／拜表	
農曆九月初五	8:30	朝旛	
	9:30	行香	
	9:30	拜懺	
	11:30	朝科／朝神／朝旛	
	13:30	拜懺	
	16:00	朝科／朝神／朝旛	
	19:00	拜懺	
	20:30	關燈散花	鮮花銅錢、男女妹娣

日期	時間	活動	備註
農曆九月初六 正醮日	8:30	朝旛	上午 9 時 30 分全體父老、委員和大會金龍及各村龍獅麒麟隊伍齊集 上午 11 時採用流水席方式招待嘉賓入席 1. 所有醮會工作人員 2. 大會派發每名緣首兩張席券
	9:30	拜懺	
	9:30	行香	
	11:30	朝科 / 朝神 / 朝旛	
	13:30	拜懺	
	16:00	朝科 / 朝神 / 朝旛	
	18:00	晚膳	
	19:00	拜懺	
	19:30	啟榜、迎聖	榜頭、榜尾、長白布、黑傘、枱椅等
農曆九月初七	8:30	朝旛	
	9:30	行香	
	9:30	拜懺	
	11:30	朝科 / 朝神 / 朝旛	
	13:30	拜懺	
	16:00	朝科 / 朝神 / 朝旛	
	19:00	拜懺	
	20:30	禮斗	晚上 8 時第一至四十九名緣首集齊醮棚 物資：緣首斗燈、米、燈盞
農曆九月初八	8:30	朝旛	
	9:30	結懺	
	11:00	朝科 / 朝神 / 朝旛	
	13:30	十王轉案 / 頒赦書	
	15:30	水陸放生	
	16:30	祭水幽 / 放水燈	
	19:30	祭大幽	
	22:00	化大士 / 圓隆	幽衣祿七百二十副

日期	時間	活動	備註
農曆九月初九	10:00	供諸天	功曹馬五匹
	13:00	拜表祈福謝恩	
	14:00	行符	備活鴨四隻，法船四艘

附錄二：香港各區太平清醮列表 [45]

名稱	周期	參與地區／村落／團體	主祀	科儀傳統
大網仔安龍太平清醮	六十年一屆	大網仔	不詳	本地喃嘸
上水圍太平清醮	六十年一屆	上水廖氏	紅橋天后	本地喃嘸
井欄樹村安龍清醮	三十年一屆	邱氏井溪雲龍堂	井欄樹村觀音	客家／本地喃嘸
上水坑頭安龍清醮	十五年一屆	上水坑頭村	觀音	客家
西貢北港相思灣聯鄉太平清醮	十年一屆	北港、相思灣	北港村天后	本地喃嘸
蠔涌聯鄉十年一屆太平清醮	十年一屆	蠔涌、大埔仔、南邊圍、莫遮峯、相思灣、大藍湖、蠻窩及竹園	蠔涌車公	本地喃嘸
粉嶺圍太平清醮	十年一屆	粉嶺圍彭氏	粉嶺三聖宮北帝	本地喃嘸
元朗山下太平清醮	十年一屆	山下村	公庵（禪師爺）	本地喃嘸
大埔塔門聯鄉太平清醮	十年一屆	塔門聯鄉（塔門、吉澳、深灣、三門仔、芒灣、三磨石灣及高流灣）	塔門天后	本地喃嘸

名稱	周期	參與地區／村落／團體	主祀	科儀傳統
上水丙崗村（翔龍圍）洪文清醮	十年一屆	丙崗村侯族	丙崗村天后	本地喃嘸
沙田大圍侯王宮太平清醮	十年一屆	大圍村	大圍村侯王	本地喃嘸
橋頭圍洪文清醮	十年一屆	東和堂	／	本地喃嘸
吉澳村天后宮安龍太平清醮	十年一屆	吉澳村	吉澳天后	本地喃嘸
石澳聯鄉太平清醮	十年一屆	石澳、大浪灣及鶴咀村	石澳天后	本地喃嘸
沙田田心村太平清醮	十年一屆	沙田田心村	沙田車公	本地喃嘸
九龍衙前圍太平清醮	十年一屆	衙前圍七約	衙前圍天后	本地喃嘸
屯門忠義堂太平清醮	十年一屆	忠義堂（青磚圍、屯子圍、新慶村、屯門新村、藍地村、桃園圍、紫田村、寶塘廈村及小坑村）	忠義堂關帝	本地喃嘸
沙田九約十年一屆太平清醮	十年一屆	沙田九約（大圍約、田心約、徑口約、隔田約、排頭約、火炭約、沙田頭約、沙田圍約及小瀝源約）	沙田車公	本地喃嘸
錦田鄉十年一屆酬恩建醮	十年一屆	錦田鄉鄧族	周王二公	青松觀
元朗廈村鄉太平清醮	十年一屆	廈村鄉鄧族	沙江圍天后	青松觀

名稱	周期	參與地區／村落／團體	主祀	科儀傳統
龍躍頭鄉十年一屆太平清醮	十年一屆	龍躍頭鄧氏	龍躍頭天后	青松觀
大埔頭鄉十年一屆太平清醮	十年一屆	大埔頭鄧氏	大埔舊墟天后宮	本地喃嘸
元朗街坊十年例醮	十年一屆	元朗舊墟	大王廟	圓玄學院
泮涌村十年一屆太平清醮	十年一屆	泮涌村	觀音	本地喃嘸
沙頭角鹽寮吓十年一屆酬神慶典	十年一屆	鹽寮吓村	鹽寮吓天后	本地喃嘸
沙頭角慶春約十年一屆太平清醮	十年一屆	慶春約（荔枝窩、鎖羅盆、梅子林、三椏、牛屎湖、蛤塘及小灘）	荔枝窩協天宮關帝	圓玄學院
沙頭角南涌南鹿社太平清醮	十年一屆	南鹿社（南涌、鹿頸）	南涌關帝	圓玄學院
大埔林村鄉太平清醮	十年一屆	六和堂（上白牛石、下白牛石、梧桐寨、寨𡝰、大陽輋、麻布尾、水窩、坪朗、大崦山、小崦山、大崦、龍丫排、田寮下、新塘、新村、社山、塘上村、鍾屋村、新屋仔、放馬莆、坑下莆、較寮下、圍頭、南華莆、蓮澳李屋及蓮澳鄭屋等）	林村天后	圓玄學院
八鄉元崗太平清醮	八年一屆	樂義堂	眾聖宮北帝楊侯	本地喃嘸

名稱	周期	參與地區／村落／團體	主祀	科儀傳統
元朗屏山鄉橫洲六村太平清醮	八年一屆	橫洲六村（忠心圍、東頭圍、福慶村、西頭圍、楊屋及林屋村）	橫洲二聖宮洪聖、車公	圓玄學院
錦田泰康圍太平清醮	七年一屆	泰康圍	泰康圍眾神	本地喃嘸
西貢北約高流灣村七年一屆安龍清醮	七年一屆	高流灣村	天后元君	本地喃嘸
元朗屏山鄉沙江圍太平清醮	六年一屆	沙江圍	沙江媽	本地喃嘸
大埔泰亨鄉太平清醮	五年一屆	泰亨鄉文氏（祠堂村、中心圍及灰沙圍）	天后	本地喃嘸（陳鈞道院）
大埔七約太和市祈福法會	五年一屆	大埔七約鄉公所（泰亨、林村、翕和、集和〔即沙螺洞〕、樟樹灘、汀角、粉嶺）	太和市文武二帝	圓玄學院／道福山祠
元朗八鄉合山圍牛徑村太平清醮	五年一屆	合山圍牛徑	八鄉古廟觀音	本地喃嘸
元朗八鄉合山圍蓮花地村太平清醮	五年一屆	合山圍蓮花地	八鄉古廟觀音	本地喃嘸
南丫島索罟灣太平清醮	四年一屆	索罟灣	索罟灣天后	本地喃嘸
新田洪文清醮	三年一屆	新田鄉文氏宗祠惇裕堂	／	本地喃嘸
蒲台島太平清醮	三年一屆	蒲台島建醮值理會	蒲台島天后	本地喃嘸

名稱	周期	參與地區／村落／團體	主祀	科儀傳統
西貢糧船灣太平清醮	兩年一屆	西貢糧船灣	糧船灣天后	本地喃嘸
旅港大長隴鄉萃煥堂建醮	有閏月之年	旅港大長隴鄉萃煥堂	驪山老母、陳秋月祖公	潮州佛堂
長洲太平清醮	一年一屆	長洲太平清醮值理會	長洲北帝	海陸豐喃嘸
三角天后平安堂醮誕	一年一屆	三角天后平安堂	三角天后	平安堂廟祝
西貢滘西洲太平清醮	一年一屆	滘西洲	滘西洲洪聖	本地喃嘸
西貢布袋澳村佛堂門天后廟	一年一屆	佛堂門太平清醮值理會	佛堂門天后	正善精舍
坪洲天后宮洪文清醮	一年一屆	坪洲天后宮	坪洲天后	本地喃嘸
大澳龍巖寺太平清醮	一年一屆	龍巖寺	朱大仙	佛教
香港仔水面醮會	一年一屆	合勝堂功德會	朱大仙	佛教
城門新村關帝誕	一年一屆	城門新村	關帝	本地喃嘸
銅鑼灣天后誕	一年一屆	銅鑼灣天后廟	銅鑼灣天后	／
西環魯班先師誕	一年一屆	廣悅堂	魯班	通善壇
打鼓嶺六約	二次大戰前停辦	／	坪輋天后	／

名稱	周期	參與地區／村落／團體	主祀	科儀傳統
大嶼山大澳太平清醮	三十年一屆／二次大戰前停辦	/	/	/
大嶼山東涌太平清醮	三年一屆／1920年代止	不詳	東涌侯王	不詳

註釋

1   謝德隆主編：《上水鄉二〇〇六年（歲次丙戌）六十年一屆太平清醮特刊》（香港：上水鄉鄉公所，2006 年），頁 40-41。

2   沙頭角鹽寮吓十年一屆酬神慶典特刊編輯小組：《沙頭角鹽寮吓十年一屆酬神慶典特刊》（香港：沙頭角鹽寮吓十年一屆酬神慶典大會，2017 年），頁 2。

3   錦田是新界鄧族的發祥地。據族譜顯示，早在宋朝年間，鄧族已經在錦田開基立業，其後子孫繁衍，散落在錦田、屏山、龍躍頭、厦村和大埔頭等。如今錦田鄧族為鄧洪儀的後代，分四大房，即欽、鎮、銳和鋗。

4   遷海令波及江南、浙江、福建和廣東四省，內遷四十里、三十里（福建及鄰近地區）、二十里或十里不等，對廣東為害最深，新安縣地多達三分之二須向內遷徙。詳見蕭國健：《清初遷海前後香港之社會變遷》（台北：台灣商務印書館，1986 年），頁 103-105。

5   蕭國健：《清初遷海前後香港之社會變遷》，頁 112。

6   〔清〕屈大均：《廣東新語》（北京：中華書局，1985 年），頁 57。

7   新安縣居民生活漸復舊觀，廣東沿海各縣居民紛紛建祠，以感謝周王二公之恩。據《新安縣志》載，縣內紀念周王二公之報德祠共有三間，分別是西鄉、沙頭墟（即今之深圳福田）和石湖墟。而新界宗族為感謝周王二公之恩，於石湖墟建報德祠，以巡撫誕名義，定期舉辦祭祀活動。報德祠舊址位於今之巡撫街。據紀錄，錦田鄉也有兩個巡撫誕，既是定期對周王二公的祭祀，也是藉以聯誼的機會。

8   蕭國健：〈錦田周王二公書院〉，載蕭國健：《香港的歷史與文物》（香港：明報出版社有限公司，1997 年），頁 150-159。

9   據蔡志祥研究，全真教最早參與地區打醮活動，可以追溯至 1975 年沙田九約太平清醮，醮會法事儀式由信善玄宮負責。

10 黃競聰、蘇敏怡編著：《香港非遺便覽與實踐》（香港：長春社文化古蹟資源中心，2017 年），頁 154-159。

11 橫州六村壬申年太平清醮編輯小組成員：《橫州六村壬申年太平清醮特刊》（香港：橫州建醮委員會，2012 年），頁 36-37。

12 鄧國新主編:《元朗街坊十年例醮勝會(癸巳 2013)》(香港:元朗街坊十年例醮勝會〔癸巳 2013〕特刊編輯委員會,2013 年),頁 67。

13 同上,頁 49。

14〈慶春約十年一屆太平清醮 2019 行事備忘〉;慶春約十年一屆太平清醮建醮委員會編印:《慶春約十年一屆太平清醮紀念特刊》(香港:慶春約十年一屆太平清醮建醮委員會,2019 年),頁 29。

15 沙田大圍村建醮委員會主編:《沙田大圍村侯王宮十年一屆丁酉年太平清醮》(香港:沙田大圍村侯王宮十年一屆丁酉年太平清醮,2017 年),頁 14-29。

16 元朗街坊十年例醮勝會共有二十個工作小組,計有總務組、經懺組、財務組、籌募組、公關組、人事組、典禮組、膳食組、娛樂組、宣傳組、公安組、場地組、交通組、保管組、購置組、特刊組、救護組、調查組、稽查組和秘書組。詳見鄧國新主編:《元朗街坊十年例醮勝會(癸巳 2013)》,頁 55-56。

17 沙田九約(乙未年)十年一屆太平醮特刊編輯小組:《沙田九約(乙未年)十年一屆太平醮特刊》(香港:沙田九約〔乙未年〕十年一屆太平醮建醮委員會,2015 年),頁 11-13。

18 文榕福:《泰亨鄉乙未年(2015)太平清醮特刊》(香港:泰亨鄉乙未年〔2015〕太平清醮建醮委員會,2015 年),頁 20-24。

19 陶錫源手稿:屯門忠義堂建醮功德簿,缺頁數。

20 厦村鄉約甲午年醮刊編輯委員會:《厦村鄉約甲午年建醮特刊》(香港:厦村鄉約甲午年醮務委員會,2014 年),頁 51-57。

21 同上,頁 40-41。

22 石澳村、大浪灣村、鶴咀村太平清醮籌委會主編:《石澳村、大浪灣村、鶴咀村太平清醮特刊》(香港:石澳村、大浪灣村、鶴咀村太平清醮籌委會,2016 年),頁 71-79。

23 蔡志祥:《酬神與超幽:香港傳統中國節日的歷史人類學視野》(上卷)(香港:中華書局〔香港〕有限公司,2019 年),頁 339-344。田仲一成著,錢杭、任余白譯:《中國的宗族與演劇——華南宗族社會中祭祀組織、儀禮及其演劇的相關構造》(上下冊)(香港:三聯書店〔香港〕有限公司,2019 年),頁 83-143。

24 鄧錦祺、鄧月嫻主編:《大埔頭鄉癸巳年太平清醮特刊》(香港:大埔鄉事委員會，2013 年)，頁 33。

25 蒲台島風物志工作組:《蒲台島風物志》(香港:中華書局〔香港〕有限公司，2016 年)，頁 140-149。

26 謝德隆主編:《錦田鄉十年一屆酬恩建醮歲次乙未(2015 年)第三十三屆特刊》(香港:錦田鄉十年一屆酬恩建醮第三十三屆委員會，2015 年 11 月 20 日)，頁 53-55。

27 石澳村、大浪灣村、鶴咀村太平清醮籌委會主編:《石澳村、大浪灣村、鶴咀村太平清醮特刊》，頁 71-79。

28 鄧錦祺、鄧月嫻主編:《大埔頭鄉癸巳年太平清醮特刊》，頁 28-33。

29 蒲台島風物志工作組:《蒲台島風物志》，頁 140-149。

30 按人類學家華琛(James L. Watson)研究，行香是一種鄉村武裝實力的宣示，是重新肯定村落聯盟範圍的儀式。同時，巡遊隊伍也會途經敵對的村落，往往因而觸發衝突。華琛、華若璧:《鄉土香港 —— 新界的政治、性別及禮儀》(香港:中文大學出版社，2011 年)，頁 257-268。

31 井欄樹村辛卯年安龍清醮特刊編輯委員會:《井欄樹村 1981-2011 辛卯年安龍清醮特刊》(香港:井欄樹村辛卯年安龍清醮特刊編輯委員會，2011 年)，頁 21-22。

32 事實上，醮場還會張貼其他榜文，如款榜、職榜和大小幽榜。款榜介紹整場醮會所舉行的儀式內容;職榜介紹負責儀式的師傅的職位和分工，大小幽榜告誡幽魂遵守醮場的秩序。

33 蒲台島風物志工作組:《蒲台島風物志》，頁 140-149。

34 沙田九約(乙未年)十年一屆太平醮特刊編輯小組:《沙田九約(乙未年)十年一屆太平醮特刊》，頁 31-32。

35 陳錦濤等著:《與師傅對話》(香港:創意館有限公司，2016 年)，頁 16-21。

36 謝德隆主編:《粉嶺龍躍頭鄉十年一屆太平清醮癸巳年醮會特刊》(香港:龍躍頭鄉公所，2013 年)，頁 63。

37 戲棚分為五種類型，分別是大金鐘、大金鐘龍頭、龍船脊、龍船脊龍頭及天壇。

38 林村鄉丁酉年太平清醮建醮委員會:《林村鄉丁酉年太平清醮特刊》(香港:林村鄉丁酉年太平清醮建醮委員會，2017 年)，頁 33。

39 謝德隆主編:《錦田鄉十年一屆酬恩建醮歲次乙未(2015 年)第三十三屆特刊》,
頁 65。

40 「整個醮棚長 190 呎、闊 130 呎……中間橫跨 68 呎無柱,戲台 100 呎乘 50 呎。」
鄧國新主編:《元朗街坊十年例醮勝會(癸已 2013)》,頁 55-56。

41 陶錫源手稿:屯門忠義堂建醮功德簿,缺頁數。

42 蔡志祥:《酬神與超幽:1980 年代香港新界清醮的影像民族志》(下卷)(香港:中
華書局〔香港〕有限公司,2019 年),頁 104-105。

43 厦村鄉約甲午年醮刊編輯委員會:《厦村鄉約甲午年建醮特刊》,頁 51-57。

44 〈厦村鄉甲午年太平清醮法事日程表〉;〈甲午年建醮流程簡要〉;蔡志祥:《酬神與
超幽:香港傳統中國節日的歷史人類學視野》(上卷),頁 349。

45 蔡志祥:《酬神與超幽:香港傳統中國節日的歷史人類學視野》(上卷),頁 339-
344;施志明:《本土論俗:新界華人傳統風俗》(香港:中華書局〔香港〕有限公司,
2016 年),頁 253-256;「山野樂逍遙」網頁;田野考察所得資料進行整理。

第十一節　農曆十一月

冬至陽生春又來

前言

　　冬至又稱冬至節。這天太陽直射在南回歸線，該緯度線叫「冬至線」，這天白晝最短，黑夜最長。[1]冬至過後，太陽再度射向北方，白晝的時間就會變長，黑夜的時間則會逐漸變短。中國人相信冬至過後，陽氣回升，節氣又再開始循環，是萬物勃發的開端。[2]按照周朝的曆法，以冬至為歲首，百姓在此日慶祝新一年來臨。[3]先秦時期，[4]天子便會在冬至舉行宮廷祭天儀式，自此歷朝沿習，儀式則各有異同。迄漢武帝改用夏曆，冬至改稱為「日至」，將「元旦」和「冬至」分開慶祝，但朝廷仍隆重其事，有賀冬儀式。

一、冬大過年

　　過去的農業社會，中國民間社會十分重視冬至，認為這天屬於吉日，值得慶賀，因此這天不會舉行或出席喪禮。民間方

面，農務工作大減，平民百姓會舉行飲宴，慶祝秋收之豐盛，祈求未來一年的幸福美滿。此外，古人商務往來，習慣在中秋時節商定，預繳部分款目，到了冬至正式簽訂契約和履行條約。[5]據《新安縣志》記載，當地居民會在冬至當天拜祭祖先，以鴨作為祭品。冬至的應時食物是湯圓，[6]取其團圓吉祥之意。[7]從前一般家庭都用糯米製作湯圓，全家一起吃的冬至圓，稱為「添歲」，意謂吃過後就會增加了一歲。與此同時，每戶家庭都會用湯圓祭祀神明和祖先，感謝這一年來的保佑。[8]香港亦有「冬至大過年」的說法。[9]

　　時至今天，香港居民已習慣在清明和重陽祭祀祖先，不過香港潮州人仍秉承自己的傳統，有的甚至在冬至返回家鄉祭祖，除各家各戶具備酒肉外，還備有三牲果品、湯圓等祭拜。自漢以後，冬至雖失去了歲首的地位，但無礙上至天子，下至老百姓對冬至的重視程度。如漢代，在冬至前後，上至皇帝，下至官員會停止辦公。這一天，香港的良心企業准許員工提早放工，一般家庭會準備豐富的晚宴，闔家一起享用。冬至前後幾天，香港食材的需求量大增，價格較平日為貴，儘管如此，市民大眾為了應節不惜大破慳囊。以下一篇報紙舊聞，記載了上世紀五、六十年代冬至過節的情況，街市商販賺得笑逐顏開，帶動各欄市大盤交投活躍，有的欄商為應付販商需求，更增開時段開盤競投。

舊聞觀風：〈今日又是冬至 牲口水果買賣熱鬧 各種來貨多即到即銷 清〉[10]

今天是「冬至」。昨日牲口和水果買賣異常熱鬧，成交量均比平日增加，貨價多被牽高。雞鴨欄昨加開下午市沽貨。

據商人說，早在三天前，生豬和雞鴨大盤交投開始活躍，因港九各零售商都開始備貨以應市。例如內地雞平均每天有一萬隻成交，鴨有二萬隻，本地雞每天成至五、六千隻左右。內地生豬昨天港九兩地成交二千九百八十七頭，本地豬成一千三百頭左右，台灣和泰國生豬亦各成出數百頭。以上的成交量均比平日大增。雞鴨欄為了滿足販商的需求，昨天增開下午市（由二時至五時左右），來貨多即到即開盤。

供應「冬至」的牲口來源雖比平日增多，但因商人扯購活躍，大盤價也多被牽高。昨天內地生豬每擔平均價為一百七十五元，本地豬成一百八十元至二百零五元。內地雞每擔比前升三、四十元，每擔成二百九十元，本地貨漲百分之三十，每擔平均價為四百元左右。

又悉，應節水果如大紅桔、葉桔、甜橙、雪柑、蘆柑、南橙、沙田柚、長耙梨和蘋果成盤活躍，來貨多即到即清，大盤價均被扯高。昨天廣州葉桔每擔成二十五元，大紅桔分成三十五元、四十三元及五十一元。廈門蘆柑成七十二元和八十元，梧州一級沙田柑每百個成八十五元，二級貨成六十五元。福州雪柑每箱（重十七公斤）成十五元。

二、冬至釣鱸

　　1950 年代初，因為政治局勢，中港兩地設立關卡，兩地人民往來受到限制，然而自然生態的規律卻超然於政治環境。每年臨近冬至，內地已進入隆冬，天氣寒冷，鱸魚為了避寒，會聯群結隊向南游出大海，沿海途經香港屯門一帶的水域。香港冬天天氣相對北方而言較為和暖，海底溫度非常適合鱸魚產卵。鱸魚屬於淡水魚，味道鮮美，每條成年的鱸魚少則五六斤，大條者重達十餘斤，遂吸引大批本地旅客前往龍鼓灘、青山磨刀和青龍頭垂釣，假日時間有時候動輒多達四五百艘釣艇，聚集釣友過千人，有團體更會趁着冬至時段舉行年度釣鱸比賽，場面十分熱鬧。每逢冬至前後，釣鱸所需餌料和租艇的價格例必上升，視乎當年鱸魚的產量，蝦餌可以炒高一倍，租艇一定要提早幾天預訂，否則只好「望鱸輕嘆」。[11] 到了上世紀七十年代末，屯門已發展為新市鎮，部分地區劃為工廠區，大規模的城市開發，使屯門的生態環境受到前所未有的破壞，導致冬至釣鱸的風俗已近式微。

結論

　　民諺曰：「吃了冬至飯，白晝長一線。」在魏晉南北朝，冬至稱為「亞歲」。因此，天子順應天時，祭天祈福，迎接冬至來臨，祈求國運昌隆、政通人和。辛亥革命以後，袁世凱明令冬至是中國四大節日，與春節、端午節和中秋節同列為公眾假期。[12]

由此可見，冬至是中國農業社會裡很重要的節氣。隨着農業式微，二十四節氣與現代生活逐漸失去關聯，大部分港人已遺忘節氣的功能和背後的意義，只有當中衍生出的風俗間或傳承下去。一般來說，節氣通常不會有大型的慶祝活動，只屬家庭式的慶祝。時至今天，香港流傳「冬大過年」的說法，冬至一家大細吃晚飯成為俗定約成的家庭活動。

註釋

1 《月令七十二候集解》:「陰極之至,陽氣始生,日南至,日短之至,日影長之至,
故曰:『冬至』。」

2 《後漢書》註引蔡邕《獨斷》:「冬至陽氣起,君道長,故賀。」〔南朝宋代〕范曄:
《後漢書》(北京:中華書局,1973 年),冊 11,卷 95,志第五,〈禮儀中〉所引蔡
邕《獨斷》註,頁 3127。

3 《禮記》:「周之始郊日之至」,意思是周朝在冬至之日舉行祭天儀式。

4 「凡樂,圜鐘為宮,黃鐘為角,大蔟為徵,姑洗為羽。靁鼓、靁鼗,孤竹之管,雲
和之琴瑟,雲門之舞,冬日至於地上之圜丘奏之,若樂六變,則天神皆降,可得而
禮矣。」詳見《周禮》。

5 蕭國健:《香港華人傳統文化》(香港:中華書局〔香港〕有限公司,2018 年),頁
44-46。

6 俗語有云:「冬至食魚生,夏至食狗肉。」廣東人吃的魚生,即是生吃鯇魚片。鯇
魚去骨起肉,再切成薄片,然後與蘿蔔、莞茜、薑絲、海蜇拌勻來吃。不過,近人
對此說法有所質疑,中國人講究不時不食,魚生是冷吃,不適合冬天氣候享用。狗
肉燥熱,夏天不適合吃,夏至吃狗肉無疑是火上加油。故有人認為是「夏止狗肉,
冬止魚生」之誤也。

7 《清嘉錄》:「有餡而大者為『團』,無餡而小者為『圓』。」詳見《大公報》,1956
年 12 月 22 日,〈一年容易又冬至 願家家戶戶團圓 漫談冬至習俗〉。

8 「台灣省做『冬節』與福建漳州、泉州二地沒有差異,冬至當日,各家要做湯圓祀
神祭祖,除給神佛和祖先供三碗湯圓外,還要供上三牲或五牲、點燭、鳴炮、燒
金、拜祭。」詳見《華僑日報》,1990 年 12 月 22 日,〈冬大過年有經有典 冬至節
的由來與意義〉。

9 南宋孟元老《東京夢華錄》:「十一月冬至。京師最重此節,雖至貧者,一年之間,
積累假借,至此日更易新衣,備辦飲食,享祀先祖。官放關撲,慶祝往來,一如年
節。」〔宋〕孟元老撰,鄧之誠註:《東京夢華錄注》(北京:中華書局,1982 年),
卷 10,「冬至」條,頁 234。

10《大公報》，1959 年 12 月 22 日，〈今日又是冬至 牲口水果買賣熱鬧 各種來貨多即到即銷清〉。

11《大公報》，1960 年 12 月 20 日，〈冬至前後話釣鱸〉。

12 辛亥革命以後，北京政府內務部呈文：「擬請定陰曆元旦為春節，端午為夏節，中秋為秋節，冬至為冬節。凡我國民均得休息，在公人員亦准給假一日。」冬至向來是古代放假的日子，並非袁氏所首創。《五經通義》：「冬至所以寢兵鼓，商旅不行，君不聽政事。」

第十二節　農曆十二月

邁街相約看花市

前言

　　傳統以來，中國人十分重視農曆新年，以為是一年之始，在此期間例必喜慶歡樂。新年的習俗和禁忌特別多，好使年頭有一個好的新開始，盡量避開各種意外和風險，這樣就可以把吉祥之氣一直帶到年尾。由此，籌備過年的時間特別長，由農曆十二月廿三「謝灶」開始，正式進入年關，一般家庭在緊接下來的日子將會忙於準備賀年事宜。

一、農曆新年籌備

1. 度歲的準備

1.1 農曆十二月十六日：尾禡

　　每月有兩個禡期，分別是初二和十六，一年有二十四個禡，當中正月初二「頭禡」和農曆十二月十六日「尾禡」尤受重視。從前，這一天有些行業會提早休市，安排員工在過年前四出追

回欠款，結算過去一年生意盈虧，以便增聘或裁減員工。東主欲開除僱員，在尾禡宴席間放一碟白切雞，雞咀指向哪一位僱員，代表明年這一位僱員將不獲聘任，是故這碟白切雞又稱「無情雞」。[1] 而很多員工隻身來港工作，在尾禡後各行業陸續休市，他們趁着年假期間回鄉度歲，與妻子短暫團聚，稱為「種薑」，假如翌年孩兒順利出世，擺滿月酒宴請親友，就稱為「薑酌」。[2]

1.2 農曆十二月廿四日：謝灶

灶君又名東廚司命定福灶君。舊日中國每家都有爐灶，所以家家戶戶都設有灶君神位，並配有對聯：「上天言善事，回宮降吉祥」。灶君變成不可或缺的家神，本來只負責管理飲食，後來演變為監測家家戶戶善惡的特派專員，賦予賞善罰惡的職能。每逢年尾，灶君返回天庭述職，向玉帝匯告每戶人家的行為得失，決定未來的衣食福利。從前，一般家庭大多選擇年廿三或廿四晚上舉行謝灶儀式，[3] 或稱祭灶，恭請灶君回天庭覆命，酬謝過去一年來之庇佑。除了化衣外，祭品亦相當講究，盡量以甜食為主，有的更剪一匹紙馬，準備稻草、米和豆，作為灶君坐騎的糧草。

民國時期劉萬章〈巴公的廣州過年日記〉記錄了當時謝灶的祭品和儀式：[4]

> 祭品：一碗米、二磚片糖、一封利是、蔗、金橘、橘子、燒豬肉、一碗水、錢、銀、柚葉、燈盞四個

儀式：把片糖壓在米碗上，「利是」（即封包）又放在片糖上，那些錢，或銀（用單毫或雙毫），和柚葉，浸在清水裡，這碗水置在灶君面前。然後用三杯水酒，一條鯉魚，一張「灶君疏」，和一些冥鏹，更有一種特別送灶君的黑靴黑衣……等，拜的要用男性，不許女性進去，因說這時是灶君沐浴清潔，拜見玉皇上帝。拜完，即在廚裡燒了一串炮鞭。那一碗水，暫不拿開，米和糖與利是，放在米缸裡。別的可吃的拿去吃。

古人相信灶君吃過這些甜食，就不會在玉帝面前說壞話，就算想說出來也會被甜食黏口，只好輕輕帶過便了事。所謂：「臘月二十三日去，新春初一五更來。」到了農曆新年初一五更時分，家家戶戶再次舉行祭灶，迎接灶君從天庭返回人間。現今，謝灶之風已式微，大可理解為新一代的家庭已沒有安放灶君神位，更重要的是他們大多是「無飯夫婦」，平日出外解決一日三餐，對於灶君信仰自然不再虔誠。

1.3 農曆十二月廿八日：大掃除

諺語有云：「年廿八洗邋遢，唔洗豈會發」。中國人習慣年廿八在家「大掃除」，打掃家居，用意是送舊迎新，掃除一年來所積累的穢氣，讓家裡煥然一新，迎接未來，有更好的開始。[5]

1.4 農曆十二月廿九日：貼揮春

每逢新年期間，港人的家庭都有貼揮春的習俗。揮春又稱春聯，從前多數貼在門前，寫上符合對仗平仄的吉祥聯句。傳統的揮春是以墨汁或金油寫在紅紙上，字體講求粗壯工整，祈求自己及家人新一年獲得美好的祝願。香港居住地方環境狹窄，根本沒有足夠空間張貼由上聯、下聯和橫披組成的春聯，取而代之的是寫上四字吉祥詞語的揮春。揮春佔用空間有限，貼在家裡的當眼處，分外觸目。吉祥揮春之遣詞用字千變萬化，彈性較大，如「生意興隆」、「龍馬精神」和「出入平安」等。現時農曆新年，坊間仍流行在家中張貼揮春或春聯，款式則不局限紅紙黑字或金字，無論揮春的質料、顏色和用字都變化多端。

1.5 年卅晚：除夕

A. 賣懶

從前，每逢大除夕，家家戶戶的小孩子會聯群結隊沿街「賣懶」，他們一隻手執小型紅燈籠，另一隻手拿着碗，碗內盛着已蒸熟的雞蛋，邊走邊吃，邊走邊喊：「賣懶，賣懶，賣到年三十晚。人懶我唔懶。」歌詞的大意是希望將自己的「懶惰」賣給別人，這樣以後就不再懶惰。長者相信小孩子賣懶後，會勤力讀書，做事不會躲懶。按東莞賣懶的習俗，會在一隻煮熟的鴨蛋插上一支線香，孩子走出屋外，沿途高歌：「賣懶兒，賣俾廣東王大姨；男人讀書勤奮卷，女人賣懶繡花枝，明日做年添一歲，從此勤勞，不似舊時。」然後將原本鴨蛋的線香插在門口土地，並

返回屋內，鴨蛋則分給家中長輩品嚐。拜祭過後，他們相信過年後孩子將不會偷懶，聽教聽話。[6]

B. 團年飯

過去一年來，家人各有各忙，難得到了年尾一家人聚在一起吃晚飯，這頓飯叫年夜飯，又稱為團年飯。所謂團年，指的是一家團圓之意。[7]吃團年飯前，主婦預備祭品，先拜當天，再拜地主，最後拜祖先，祭品亦成為團年飯的餸菜。今日香港人仍保留了這個習俗，但是很多家庭已經沒有安設神台，祭祀儀式愈見簡化。這一頓年夜飯一定是全年最豐富的晚飯，菜餚均寓意吉祥。比如魚是不可或缺的菜色，取其年年有餘。同時，香港人工作忙碌，吃團年飯的日子也不大講究。主婦為免麻煩，大都是外出光顧食肆。

吃完年夜飯，大家互送祝福，各散東西，稱為「分歲」或「散歲」。晚輩跟長輩行禮請安，稱為「辭歲」，長輩接受後輩祝福後，贈給後輩壓歲錢。如果邀請別人到自己家中過年，叫「別歲」，相反你帶着禮物到別人家過年則叫「饋歲」。[8]除夕一家大小聚在一起，閒話家常，徹夜不能睡覺，此習俗由來已久，名為「守歲」。據說守歲是為了驅除家中百鬼，新的一年便能平安大吉。守歲還有其他的意義，對於年輕人來說，有着為父母延年益壽的意思；對於長者來說，有着珍惜光陰的用意。現在，守歲的習俗已經式微。[9]

C. 年宵市場

按照傳統，過年時在家裡擺放年花，祈求新一年花開富貴。

當造年花有很多，如水仙、吊鐘、桃花、劍蘭和梅花。到了年尾，商販看準商機，開設攤檔，成行成市，形成了年宵花市。開埠以後，市區的年宵市場大多在年廿二或廿三便開始啟市，初期集中於上環華人商貿區，如文咸街、乍畏街和永樂街一帶。[10] 後來，港英政府有見於中上環人煙稠密，在灣仔進行了大規模的填海工程後，將修頓球場亦劃為年宵市場。至於九龍區方面，年宵市場有兩個，分別在深水埗（鴨寮街至海傍一段南昌街）和旺角（深圳街至砵蘭街止的一段亞皆老街）。[11]

戰後，港英政府進一步在各區開設年宵市場，規定商販領有牌照才准許經營。如 1954 年，經營一個年宵攤檔所需的投資絕不便宜，未計算貨品成本，動輒上百元支出。除了付牌照費和申請費三十元以外，還加上搭棚的費用；最令人頭痛的是，租用電燈的費用視乎地區而定，九龍區租用一支電燈只需一元或一元五角，港島區則每支八元。[12] 銅鑼灣避風塘填海後，闢建了維多利亞公園，共有一連六個球場，是港島最大型的公園。灣仔修頓球場亦闢建籃球場、足球場和兒童遊樂場等設施，於是維多利亞公園年宵市場，成為最受港人歡迎的年宵市場。[13]

至於新界地區方面，新界農場因應時節種植年花，以增盈利。新界農場花市早於尾禡之前已經活躍起來，很多家庭駕車前往選購，交下訂金，等待年廿八、廿九才運回家中擺放。[14] 而港府眼見年宵市場有利可途，改為由商戶自由競價，價高者得。現今年宵市場一般由農曆廿四經營至除夕夜，貨品種類繁多，經營者更不獨是商戶，更有的是政黨團體和莘莘學子。上世紀八十年

代初，第二十六任港督尤德每年歲晚都按俗親身逛遊年宵市場，其後歷任港督和特首蕭規曹隨，以凸顯親民形象。[15]

2. 新年食俗

新年前，家庭主婦忙於籌備賀年應節食品，以供親友拜年時享用，或是送禮自用，常見的有脆角、芋蝦、笑口棗和煎堆等。這些賀年食品都必經過油炸，而且數量不少，所以需要騰出一整天時間來製作，這天稱為「開炸」。[16] 所謂「煎堆碌碌，金銀滿屋」，煎堆是不可缺少的賀年食品，材料非常簡單，包括爆谷、花生、糯米粉和芝麻等，然而很講究烹調經驗和手法，能做到甘香爽脆才算是上品。煎堆分球形及扁形兩種，前者是「龍江煎堆」，後者為「九江煎堆」，扁形煎堆取名「大團圓」，球形煎堆則稱「金玉滿堂」，取其吉祥意頭。[17] 糕點同樣屬於賀年食品，蒸的主要有三種：年糕、蘿蔔糕和馬蹄糕。蒸糕寓意吉祥，有步步「高」陞之意。時至今天，很多家庭大多選擇出去購買賀年食品，一來快捷方便；二來出外購買選擇甚多，而且包裝精美，送禮自用皆宜。

二、歲晚酬神

一般拜神的善信相信一年來的平安大吉、事事順利，有賴於神明庇佑。在民間信仰的角度，年初向神明作福許願，年尾敬備祭品、香燭冥鏹，向天禱告，酬謝神恩，是一種單純的神人互動

之關係。是故，還神的日子沒有嚴格規定，只需吉日便可；儀式也沒有固定的形式，按善信能力而定。當然，年中遇難成祥，或是財源廣進者則另作別類，需要隆重酬神。假如年初善信祈福許願，年中願望成真，亦自然需按照承諾答謝神恩，否則會招致神明的責罰。香港很多廟宇和寺觀在農曆十二月十五或以前舉行酬神活動，讓善信答謝神明過去一年的保佑，同時方便信眾在新年進行祈福活動。亦有不少的新界村落按照習俗，舉行集體酬神活動，村民敬備祭品神衣，舞獅和麒麟，酬答神恩。以下是蒲苔島祈福和酬神的概況：[18]

蒲台島居民篤信天后，除了在每年農曆三月二十至廿四日期間，慶祝天后寶誕外，他們還會在年頭祈福（正月二十日、廿二日或廿四日，任選吉日），並在年尾酬謝神恩（農曆十月二十日、廿二日、廿四日，任選吉日），不論是祈福或酬神的日子均要遷就酒家的檔期。假如翌年舉行太平清醮，便會禮聘喃嘸進行封醮儀式，喃嘸事先會為蒲苔島村民祈福，因此翌年太平清醮送聖還宮後，會進行酬神活動。祈福或酬神當天，喃嘸一開始便進行開光儀式，以硃砂筆點於廟內各神像。[19] 儀式完成後，蒲台水陸居民值理會護送天后的行身離開蒲台島，乘船前往酒家，參與酬神聯歡晚宴。每次酬神聯歡，都有近三百多位蒲苔居民參加，場面熱鬧。宴席期間，值理會舉行競投福品環節，籌募酬神活動的經費。翌日早上，將天后行像送還蒲台島天后廟。

1956 年各行業收市及開市日期

行業	收市日期	開市日期
銀行	年初一	年初四
洋行	年初一	年初四
股票市場	年初一	年初四
船務業	年初一	年初四
棉紗布疋業	年初一	年初四
化工原料業	年初一	年初四
洋紙業	年初一	年初四
五金業	年初一	年初四
西藥業	年初一	年初四
食油及蛋業	農曆十二月廿七日	年初六
米麵糖業	農曆十二月廿八日	年初六
金銀貿易場	農曆十二月廿八日	年初六
錢莊	農曆十二月廿八日	年初六
港九魚市場	除夕	年初四
港九淡水魚欄	除夕	年初一
金飾業	年初一	年初二
港九淡水魚商	/	年初一
港九鹹水魚商	年初一	年初二
果菜行	農曆十二月廿七日	年初二
洋行南北行	農曆十二月廿四日	年初四
港九洗染業	年初一	年初四

結論

　　過年是一年來最重要的節日，賀年的籌備過程亦相對漫長，而且事無大小均出家中婦女之手。現今，香港家庭的結構改變，男主外、女主內的時代已告終，大部分主婦都要在職場打拚，家頭細務交予外籍傭工負責。很多賀年前準備的繁文縟節已愈趨簡化，這樣下來過年的氣氛自然也愈見平淡。

註釋

1 另有一說是年初二「頭禡」設宴，如欲裁掉某僱員，就請對方吃無情雞。

2 鄭寶鴻：《百年香港慶典盛事》（香港：經緯文化出版社，2014 年），頁 199-200。

3 在過去舊式社會中，還有規定日子，即官三（廿三）、民四（廿四）、蛋家（水上人家）五（廿五），發瘋佬六（廿六）舉行謝灶儀式。

4 劉氏指出，祭灶只准男性負責，不許女性參與。詳見劉萬章：〈巴公的廣州過年日記〉，載周康燮主編：《廣東風俗綴錄》（香港：崇文書店，1972 年），頁 11-19。

5 古人相信年廿八過後至正月初二，均不宜隨便打掃，否則會掃走「財運」。

6 從前東莞頗為流行賣懶的風俗。報章引李蔭光說：「莞俗，歲之末日，有賣懶之舉，用法用炊熟之連壳蛋一個，上插燃着之綫香一支，兒童手捧鴨蛋，自屋內行至屋外，隨行隨唱比歌。既至，到拔鴨蛋上之綫香插于門口土地神之香爐中，然後回身入屋，鴨蛋則剖而分給家中老輩，如父母伯叔之類，勿自食。」《工商晚報》，1979 年 1 月 27 日，〈今夜除夕習俗〉。

7 張渠《粵東聞見錄》上卷《節序》：「（廣州城）歲除聚飲，曰『團年』。」

8 蕭國健：《香港華人傳統文化》（香港：中華書局〔香港〕有限公司，2018 年），頁 49-50。

9 《工商晚報》，1979 年 1 月 27 日，〈今夜除夕習俗〉。

10 黃佩佳著，沈思編校：《香港本地風光・附新界百詠》（香港：商務印書館〔香港〕有限公司，2017），頁 34-35。

11 鄭寶鴻：《百年香港慶典盛事》，頁 102-103。

12 《大公報》，1954 年 1 月 31 日，〈港九年宵市場巡禮〉。

13 《華僑日報》，1964 年 2 月 2 日，〈冷眼看年宵〉。

14 《華僑日報》，1964 年 2 月 2 日，〈歲晚年頭風俗〉。

15 鄭心嬋：《趣談香港今昔》（香港：萬里書店出版社，2000 年），頁 268。

16 劉萬章：〈巴公的廣州過年日記〉，載周康燮主編：《廣東風俗綴錄》，頁 11-19。

17 《華僑日報》，1964 年 2 月 2 日，〈歲晚年頭風俗〉。

18 蒲台島風物志工作組：《蒲台島風物志》（香港：中華書局〔香港〕有限公司，2016 年），頁 110-119。

19 除此之外，還會在廟前的碼頭一角，進行「祭海角」儀式。儀式除了焚化大量的寶燭衣紙外，還會準備數艘寫上「魚蝦大信」的紙製小船，船上放有冰糖、片糖、青菜、水果、餅乾、茶葉、花生及香燭等祭品，連同切碎的橙、蘋果、糖果，以及芽菜、青菜、豆卜等投入大海，以祈求來年魚蝦大汛，網網千斤。

3

人生禮儀

生老病死是人生必經的階段，無論上至國家元首，下至平民百姓都難逃這個規律。從前，中國人會因應不同人生階段，制定相應的禮儀習俗，當中包括誕生禮、成年禮、壽禮、婚禮和喪禮，祈求每一個人生的階段都能夠順利過渡。不可不提的是，蕭放指出：「人生儀禮是社會民俗事務的重要組成部分，每一個人之所以經歷人生儀禮，決定因素不只是他本人年齡和生理變化，更重要的是在個人生命過程的不同階段，生育、家庭、宗族等社會制度對其進行地位規定和角色認可，也是一定文化規範對個人進行人格塑造的要求。」[1]

本章共分兩節，集中討論婚俗和喪俗，而兩者的古今流變頗能反映出香港華人傳統風俗的特色。第一節介紹香港婚俗，傳統婚姻制度講求「父母之命，媒妁之言」，三書是保障婚姻的文書紀錄，六禮則通過繁複禮儀確認男女雙方成婚的身份和地位。在西方文化和官方制度的影響下，婚俗愈趨簡化，婚禮模式改為由一對新人主導。第二節介紹香港喪俗，以喪和葬兩個層面，探討香港殯葬形式之演變，側面透視出香港華人生活的變遷。

第一節　婚俗

前言

　　中國傳統婚姻講求門當戶對，遵循「父母之命，媒妁之言」，沒有所謂自由戀愛。古代人認為婚姻不是兩個人的事情，而是牽涉到兩個家族的名望和地位。1971 年以前，政府沒有管制婚姻註冊的制度，香港華人只能通過舉行一系列隆重的婚嫁程序，藉此對外公佈男女雙方的夫妻關係，從而確立婚姻的正當性。

一、夫妻關係的確立：從禮俗到法律

　　三書六禮是整個婚嫁禮儀中必須具備的文書及程序，六禮指傳統婚嫁過程中，從納采到親迎的六項禮儀。三書包括聘書、禮書及迎書，是執行六禮所具備的文書。各處鄉村各處例。三書六禮會因應各地風俗習性而有所調整，實際執行起來表現形式亦有差異。

1. 三書[2]

聘書	訂婚時雙方交換的文書
禮書	送聘金、過大禮和送聘禮時交換的文書
迎書	男家迎親當日送給女家的文書

2. 六禮[3]

納采	男家認為某女家可為提親對象後，便委託媒人，將象徵吉祥的禮物送給女家。女家亦在此時向媒人打聽男家的情況，如女家表示反對，可以拒絕收禮。
問名	倘若女家應承這婚事，就需要將女兒出生的時辰八字交給媒人，讓男家找算命先生合算八字。
納吉	將女方的年庚八字放置在祖先神位前，燒上十支香，告知祖先即將迎娶女方，如順利燒完十支香，代表祖先同意這場婚事。及後男家聘算命先生推算男女雙方的年庚八字有否相沖，迎娶女方會否帶旺男家云云。如男女八字不相配，便請託媒人與女方取消婚議。如果順利的話則通知女方，傾談迎娶的條件。
納徵	男家預備禮書，並按照早前議定的條件，送聘禮到女家。雙方交換訂婚文書，代表確認婚約。女家開始準備嫁妝。
請期	男家擇定迎娶吉期，便派人通知女家，或派人查問女方的婚期，此程序為送日。男方在帖子寫上婚期，連同禮物一起送到女家。如女家願意收取禮物，表示同意婚期，否則另擇吉日。
親迎	男方迎娶女方的儀式。

二、迎親與送嫁

1. 男方迎親的禮俗 [4]

程序及儀式		內容
迎親前	脫學	脫學又稱脫褐。男家聘請喃嘸師傅進行脫褐儀式，仿效古代冠禮，在家中的天井放置行禮衣飾和祭品，拜祭四方神明，象徵男方步入人生的新階段。
	安床	安排一名好命公與男方一起安妥新床，希望將好命公的旺氣帶給男方，祈求兒孫滿堂。新人床需要安妥，否則女方懷孕後有機會影響胎兒。
	責床	迎親三天前，擇取吉日，安排數位童子在新人床上睡覺，寓意多子嗣。
迎親	照轎	男家預備迎親的儀仗和花轎。出發前，要請好命婆用燈照遍花轎內外，稱為「照轎」。
	接嫁	迎親隊伍的排序十分講究，第一排是吹打，第二排是燈籠，最後一排是花轎。堂倌送上「迎書」予女家，又僱用媒人婆和幾個老人家隨轎往女家。

1.1 客家舞麒麟迎親

　　舞麒麟，內地慣稱麒麟舞，華南地區則仍稱舞麒麟，意思其實相同。麒麟是中國傳說中的生物，自古已有「四靈」之說。《禮記·禮運》曰：「麟、鳳、龜、龍，謂之四靈」。麒麟位居「四靈」之首。傳說麒麟十分馴良，不傷人畜，堪稱「仁獸」。明代以前，麟舞只限宮廷表演，用於祭祀和祈福，屬王於公貴族、高官顯貴的娛樂；隨時代演進，舞麒麟逐漸走進尋常百姓家。[5] 香港舞麒麟分為本地、客家及海陸豐／鶴佬三個不同傳統，無論外

型、舞動方式,以至伴奏樂器都有所不同。麒麟在客家人心中擁有崇高的地位。每逢慶典,客家人總愛舞動麒麟,期望借助麒麟的神力,為他們帶來福氣。[6]

直到現在,新界客家人仍然保留舞麒麟迎娶新娘的傳統,希望大吉大利,且令魑魅魍魎不敢逞兇。沙田小瀝源村吳水勝師傅回憶自己有一次從沙田步行到西貢大環村迎接新娘,從凌晨 3 時出發,步行到晚上 8 時回沙田。當時路線跨越馬鞍山,取道北港,然後到大環村。途經村落,需要參拜土地和祠堂。[7] 張常德師傅指出,有些村落比較富裕,他們會一次出動兩棚麒麟,一棚麒麟負責保護新娘,通常是屬於村內的麒麟隊,另一棚是外聘的麒麟隊,負責參拜土地和神明。[8] 在迎娶過程中,麒麟作為保護者的角色,會潔淨住所、花車,圍繞新人轉圈,保守迎娶過程順利,所以麒麟會走在新人之前,以表示對新人的保護。[9]

2. 女家出嫁的禮俗 [10]

程序及儀式		內容
迎親前	知日	當婚期定下後,意味女方將成為別人家的妻子。如非必要,女方應避免外出,盡量留在閨房。女家安排年紀相約的閨女陪伴在側,讓女方有個傾訴對象,以排遣緊張的心情。
	搬運妝奩	迎娶前一天,男家委派夫役到女家,搬運妝奩到男家。為了避免有所遺留,女方會預先列明清楚妝奩的內容,抵達後男家則寫回一張「敬貯厚奩」,以表示順利交收。

程序及儀式		內容
迎親	轎髻	迎親當日,女家找一位好命婆為新娘上頭,即是一面梳上婦人髻,一面唸唱吉利的對白,象徵新娘將步入成人階段。
	敬酒	花轎到達女家後,女方出發前會到祠堂叩拜祖先,父母親友獻酒給新娘,新娘哭別上轎。
	撒米	花轎抬起後,好命婆向花轎撒米,隨口說些吉祥說話。

2.1 水上人的送嫁歌

水上群體會在人生的重要階段,如出嫁前演唱嘆歌,是傳統婚嫁儀式中不可或缺的重要元素。嘆歌可以分為獨唱、對唱,甚至數人對嘆,不需樂器伴奏,曲調基本是一個或數個。歌詞有的隨興創作,有的口耳相傳,不拘一格,句子之間愛夾雜一些襯字,唱法和結構亦因應不同情景而有所不同。傳統的漁民家庭講輩份,重男輕女,不容僭越。男家上下在新娘入門前扭盡六壬,務求使媳婦清楚明白自己的身份,日後要聽教聽話。[11] 以黎帶金女士版本之〈送嫁歌〉為例,這首是新娘即將出發男家前唱的嘆歌,其歌詞內容分為三部分,第一部分是希望新娘結婚後不要懼怕路途遙遠,記得時常返回娘家探親。[12]

> 姑友娘呀兮 姑呀 大叻掰繒又唔近寨 姑娘兮
>
> 欲願到嫂請艇開埋
>
> 姑友娘呀兮 又無沙泥填大海 姑娘兮
>
> 你搭車呀唔到呀搭船返來呀兮

姑友娘呀兮 落雨擔遮船尾望 姑娘兮

見阿嫂翕手你換轉衣裳兮

　　另外，如有親友來訪，需要以禮相待，不可怠慢。第二部分唱出身為媳婦的責任，要明白尊卑有序，行為檢點，勤力做家務，細心照顧老爺、奶奶和丈夫。

姑友娘呀兮 我姑返家手搓麻纜又四幡看 姑娘兮

我姑返家細心服侍家爺家娘兮

姑友娘呀兮 我姑返家頭髮光鮮又要打扮 姑娘兮

叫姑返家唔好嫭高裙尾受人彈兮

姑友娘呀兮 我姑返家日頭挨西又煮晚飯

姑娘兮 我姑返家三餐要煮咪厭艱難

姑友娘呀兮 我姑返家細話細聽大話大聽又唔再講 姑娘兮

我姑返家咪聽人說話屈壞心腸兮

　　即使受到長輩的指責，也不可以記恨。第三部分即稱讚新娘懂得選擇結婚對象，嫁人家的大兒子。

姑友娘呀兮 我姑真心講實心話 又叫姑娘又講正話 姑娘兮

問姑娘嫁邊處人家兮

姑友娘呀兮 我姑心水又清揀人大仔 姑娘兮

我姑嫁人大仔樣樣俱齊兮

黎帶金女士（右）演唱的送嫁歌版本，現收錄於長春社文化古蹟資源中心出版《香港非遺便覽與實踐》。

陸上龍船舞

姑友娘呀兮 我姑返家就唔使愁 姑娘兮

我姑返家住在大廈高樓

    原來在漁民家庭中，大兒子擁有最大權力，享有財產的承
繼權，故祝福新娘日後必定生活無憂，可以上岸居住高樓大廈。
嘆歌的歌詞通俗，不拘口語，表達手法樸實自然，反映出歌者的
日常生活實踐。除了新娘出嫁時有唱嘆歌的傳統以外，新娘逐一
向男家長輩敬茶時，流行玩「打四句」，考驗新娘的臨場機智。
所謂打四句，指即場嘆唱四句，格式有點像打油詩，句子長短不
一。結婚時大家會群聚在一起玩打四句，其中一種玩法是即興詠
物，對方拿起一件物件，指明在場人士打四句，如不能就要罰或
出四句，對方又接四句，接不到就要輸身上一件物件，遊戲結
束，將物件物歸原主。[13]

三、成婚

1. 行婚禮儀式 [14]

程序及儀式	內容
踢轎門	花轎抵達男家門口，鳴放爆竹，新郎在花轎門前踏數步。
拜堂	打開花轎門後，大妗姐揹起新娘，新娘的腳不能觸地，直至到達男家廳堂為止。然後，一對新人行三跪九叩之禮，先拜天地，再拜高堂，後夫婦互拜。
飲春酒	拜天地後，伴娘背新娘進新房，新郎跟隨其後步入。親家安排一位好命婆送上兩碗春酒，供一對新人飲用。

程序及儀式	內容
行卺禮	好命婆將兩杯酒遞給一對新人，他們各自飲一半，跟着互相交換酒杯，飲餘下一半，此酒稱交杯酒，又名合歡酒。兩個酒杯更要用紅線拴在一起，含有「千里姻緣一線牽」的意思。[15]
鬧新房	案兄弟對一對新人勸酒，或發問一些尷尬難堪的問題，戲謔新郎和新娘，或要求他們一起做些雙方有身體接觸的動作等等，待案兄弟心滿意足才肯離開新房。
揭頭帕	新郎為新娘揭去蓋住面部的紅帕子，稱為初會或露面。

1.1. 福佬龍船舞

　　福佬人來自福建南部地區，其後輾轉遷徙到於粵東惠州、海陸豐等一帶，然後再移居香港。早期他們多以捕魚、航運和曬鹽為生，屬於香港水上群體之一。隨着時代的改變，大部分鶴佬人上岸定居，有的原在水上進行的傳統儀式，就着生活空間之改變而有所改變。按照福佬人的婚俗，男家的女性親友親自划艇，接載新郎前往女家，迎接新娘，這儀式稱為扒龍舟。現在，扒龍舟已轉化為陸上龍船舞，儀式由海上改為陸上，舞者手執船槳，伴隨着音樂節奏，模擬划艇的動作起舞。[16] 簡單來說，每一龍船舞隊有旗手一名、鑼鼓手各一名，舞者分為兩排，人數不限，唯清一色由鶴佬婦女擔任。隊員大多由男家的長輩和鄰居組成，她們打扮得花枝招展，身穿鮮色衣飾，頭戴彩帽，搶眼十足。迎親隊伍出發時，鑼鼓響起，龍舟舞隊旗手揮動彩旗或彩扇，指揮各隊員的節奏，舞者伴隨着音樂一面划動彩色木槳，一面吶喊壯聲勢，緩緩踏步向前，押後者手持彩色搖櫓，猶如在陸地上扒龍船一樣。福佬迎親團除配有龍舟舞隊外，通常還有麒麟緊隨其後，

伴着一對新人巡遊，在陸地上浩浩蕩蕩前往女家迎親。[17]

2. 迎親後的禮俗 [18]

程序及儀式		內容
二朝	開宴	新娘親手下廚，招呼親朋戚友。
	遞水手巾	新娘送贈手帕給每位男家親友。
	拜堂	一對新人拜祭祖先後，逐一拜過長輩。新娘會送贈鞋子給家姑妯娌，稱為「何惠鞋」。
	探文房	新娘兄弟探訪男家，新郎和陪賓親自接待進新房，讓其與新娘相見寒暄。
	問安	女家安排一名老人家，帶備食物到訪男家，與新娘傾談近況。
	擔茶	新娘諸姑派人送食物到男家，查詢新娘的狀況。
	梅酌	當晚男家大宴親朋，盡情暢飲。
	玩新婦	男家親友假借酒意，大鬧新房。
三朝	撐廚	婚後第三天，新婦適應媳婦的角色，開始操持家務，煎粉團給男家吃，然後返回女家。
	三朝回門	新婚夫婦返回女家，謂之歸寧。男家帶備燒豬和禮物送往女家，證明新娘是處女。新郎新婚後第一次探訪女家，稱為新客。

四、現代婚俗

1. 現代婚姻制度的確立

按照《大清律例》，華人傳統婚姻採一夫一妻多妾制，並需符合「父母之命，媒妁之言」，訂明傳統婚儀中主婚人及媒人的

責任。英治以後，政治尊重華人生活習俗，傳統婚姻的模式並未受到重大挑戰。三書屬於重要的文字紀錄，具有保障婚姻的效力。二次大戰前，鄉間婚俗禮儀極其繁複，各民系會在大傳統的「三書六禮」的框架下，維持着具有民系傳統的婚俗禮儀。上世紀五十年代以後，港英政府先後發表《在香港的中國法律與習慣》（*Chinese Law and Custom in Hong Kong*）和《在香港的中國婚姻制度》（*Chinese Marriages in Hong Kong*）的研究報告，開始就當時的婚姻制度作深入討論，為日後確立一夫一妻的法律地位奠定基礎。[19]

1971 年 10 月 7 日，港英政府頒佈《婚姻制度改革條例》，法律明確規定「男人不得納妾，女人亦不准取得妾侍地位」。然而，當局考慮到執行法例過程中，將會衍生妾侍和其所生子女繼承遺產等問題，為了爭取市民的認同，承諾法例仍然有效保障條例實施前妾侍所生子女的地位，實施以後娶妾則屬違法。自此以後，凡二十一歲以上之男女雙方在政府認可之機構註冊，便可成為合法夫妻；如不足二十一歲者，則需在監護人陪同下簽名結婚。在這情況之下，香港舊式婚姻劃上句號，法律的保護使傳統婚禮儀式失去原來的功能，部分婚俗的繁文縟節逐漸步入歷史洪流。

2. 現代婚禮模式

隨着時代進步，現在港人婚姻自主，男女雙方只要情投意合，即可註冊結婚。港人的婚姻觀念亦有所轉變，婚禮程序愈

趨簡化，新式婚禮模式代之而興起，如旅行註冊結婚和廟宇註冊結婚等。儘管如此，不少本地華人的婚禮仍保留了不少傳統儀式，或用現代方式重新詮釋傳統婚禮，凸顯香港中西文化薈萃的特色。

現在，一對準新人可以視乎自己的喜好、信仰和經濟能力，選擇心目中最理想的婚禮場地和規模，簡化了不少傳統婚禮的繁文縟節。男女雙方家長發出喜帖，邀請親友前來參加婚禮。迎娶當日，通常擇定吉日舉行，早上男方組成迎親隊伍，俗稱「戥穿石」，抵達女方的家。新娘的好友組成姊妹團，安排各種遊戲，百般刁難新郎和伴郎團。經過一輪的考驗，伴娘團滿意迎親隊伍的表現，最後由新郎給伴娘團「開門利市」。新郎順利入屋後，大妗姐安排一對新人向女家的長輩斟茶。接着，一對新人乘搭花車，抵達男家。

新娘迎進門後，他們便一起拜祭祖先，向老爺家婆和眾長輩敬茶。隨後，男女家便出發前往婚姻註冊署，登記註冊及簽署結婚證書。由註冊署職員擔任證婚人，男女雙方主婚人和一對新人簽署結婚證書，雙方交換戒指，儀式便告完成。當晚舉行婚宴，新郎穿着西裝禮服，新娘盛裝打扮，迎候男女兩家的親朋戚友。約於晚上 8 時至 9 時左右，一對新人伴着喜慶音樂步入婚宴場地，兄弟姊妹團負責製造氣氛。近年，為了節省時間，也會安排在婚宴場地舉行簽署結婚證書儀式，並聘請律師擔任證婚人，接受各方親友祝福。新郎和新娘分享大家戀愛的經過，並答謝男女雙方長輩的恩情，晚宴正式開始。

港人的婚禮多採西式，但儀式方面仍保留不少中國傳統。

宗族成員成婚，依俗在祠堂裡舉行婚禮。

香港的交通網絡完善，城鄉一體化下，新界鄉村婚俗禮儀已緊貼城市步伐，但部分的傳統儀式仍能得以沿習。以元朗厦村鄉新圍為例，從前新界傳統婚宴不會在酒樓舉行，而是在一對新人的家裡連續幾天設宴招呼親朋戚友，所以在婚前就要進行開廚儀式，在廚房當眼位置貼上「開廚大吉」的紅紙，現在婚宴已移師酒樓和酒店，部分已改為在神樓上香參拜。結婚前夕，新郎和父親對飲交談，父親勉勵新郎長大成人，要懂得照顧家庭云云。接着雙方互贈利市，父子兩人參拜祖先，然後父親為新郎上頭。結婚當天，男家迎接新娘前，首先到村內社稷、廟宇、書室和圍門等處拜祭，跟着為花車掛上長紅，參拜其四角位置，祈求一切順順利利。男家接了新娘後，隨即一起到祠堂參拜，宣讀祝文，完成後往友善書室舉行上字儀式，即把新郎的字號掛在所屬祖堂的書室內。最後，一對新人輪流向男家的長輩敬茶，參拜神樓，稱為拜家。婚宴則另擇吉日舉辦。[20]

結論

中國古代的婚姻講求「父母之命，媒妁之言」，通過舉行一系列隆重的婚嫁程序，從而確立雙方的夫妻關係。在西方文化影響下，現代婚姻追求自由戀愛，且有官方註冊制度，確認夫妻關係的合法性。時至今天，一對新人可以按着自己的意願主導整個婚禮，主婚人和媒人的角色反而變得次要。他們大都不太講究婚俗禮儀，儀式愈趨簡化，即使在新界鄉村也難以完整地保存。

註釋

1 蕭放：《傳統節日與非物質文化遺產》（北京：學苑出版社，2011 年），頁 261-266。

2 林秉輝編輯：《本地華人傳統婚禮》（香港：香港市政局，1991 年），頁 14-15。

3 蕭國健：《香港華人古今婚俗》（香港：顯朝書室，2012 年），頁 30-32。

4 施志明：《本土論俗：新界華人傳統風俗》，頁 73-78。

5 《東莞縣志》載有麒麟舞的詳細紀錄：「邑尚技擊，秋冬延師教習。元旦至晦，結隊鳴鉦鼓，以紙糊麒麟頭畫五彩，縫錦被為麟身，兩人舞之，舞畢各演拳棒，曰舞紙麟。」詳見丁世良等編：《中國地方志民俗資料匯編·中南卷》（北京：北京圖書館出版社，1991 年），頁 730。

6 葉德平、黃競聰：《西貢·非遺傳承計劃：西貢麒麟舞》（香港：西貢區議會，2019 年），頁 60-62。

7 劉繼堯、袁展聰：《武舞民間 —— 香港客家麒麟研究》（香港：商務印書館〔香港〕有限公司，2018 年），頁 85-90。

8 張常德電話訪問，2018 年 12 月 31 日。

9 客家村的花轎在迎娶時會貼上「麒麟鳳凰在此」的紅紙揮春，寓意驅邪迎福。

10 蕭國健：《香港華人古今婚俗》，頁 50-60。

11 葉德平、黃競聰：《西貢·非遺傳承計劃：西貢漁歌》（香港：西貢區議會，2020 年），頁 26-30。

12 黃競聰、蘇敏怡編著：《香港非遺便覽與實踐》（香港：長春社文化古蹟資源中心，2017 年），頁 72-89。

13 葉德平、黃競聰：《西貢·非遺傳承計劃：西貢漁歌》，頁 108-114。

14 劉萬章：〈廣州的舊婚俗〉，載周康燮主編：《廣東風俗綴錄》（香港：崇文書店，1972 年），頁 35-42。

15 行卺禮，也就是喝「交杯酒」的前身，是將一個瓠瓜分割而成的兩個瓢，作為古代婚禮中所用的酒器。新郎新娘各用一瓢共同進酒，是謂合卺禮。瓠，苦不可食，用來盛酒必然是苦酒。行合卺禮，不但象徵夫婦合二為一，而且也是為了告訴新婚夫

婦：既為夫妻，就應該同甘共苦。此俗周代已見盛行，至宋代，合巹禮變為吃交杯酒。詳見蕭國健：《香港華人古今婚俗》，頁 50-60。

16 施志明：《本土論俗：新界華人傳統風俗》，頁 73-78。

17 周樹佳：《香港民間風土記憶》（香港：天地圖書有限公司，2007 年），頁 74-77。

18 劉萬章：〈廣州的舊婚俗〉，載周康燮主編：《廣東風俗綴錄》，頁 35-42。

19 施志明：〈城鄉不同 —— 近代港府新界政策與社會發展〉。

20 謝德隆、孟榮雲編輯：《鄧氏族譜：香港廈村鄉洪惠房子厚祖派系》（香港：謝德隆設計出版，2015 年），頁 77-84。

第二節　喪俗

前言

　　常言道：「他朝君體也相同。」生、老、病、死是人生必經
的階段。傳統喪禮分為喪、葬和祭三個部分。祭，這部分在前文
已有所詳述，此節集中討論喪和葬的問題。中國人對於死的稱呼
有很多，視乎死者的身份而定，所謂：天子死曰崩，諸侯曰薨，
大夫曰卒，士曰不祿，人曰死。中國傳統喪禮非常繁瑣，與中
國人重視孝道有密切的關係。本節將以香港死亡為主題，帶領
大家穿梭香港殯葬形式之今昔，從而側面透視出香港華人生活的
變遷。

一、傳統喪禮儀式

傳統喪禮儀式簡表[1]

初死	正寢	正寢又名出廳。當長者彌留之際，親友已開始準備其身後事，先將其抬出正屋廳中。及其氣絕後，子孫家眷在旁叫喊，希望死者回來，稱為呼號。
	屬纊	採用屬纊之法，驗正是一時昏厥或是停止呼吸。所謂「屬」即囑目也，集中注意力；「纊」，棉絮也，意謂將棉絮放在口鼻之間的位置，判斷長者是否已氣絕。
	招魂	親友登上屋頂，手持亡者的上衣朝向北方揮動，連續呼喊三遍：「某某人呀（死者的名字），你快回來呀！」然後，把那件上衣蓋在遺體上，希望亡者能再度蘇醒。有些地方，親人則跪地而哭，各執一炷香，稱為「引魂香」。
	沐浴	沐浴時，注意要用帷幕圍起，避免外人看到亡者裸體。喪家擦洗亡者的遺體，梳理髮鬚，修剪指甲等，所修剪的指甲不能隨便拋棄，要收集於小布袋，待大殮時放進棺材。 沐浴更衣後，用絲棉織品或紙張遮蓋亡者的臉容，謂之「覆面」。遺體腳朝街巷，稱為「倒頭」。喪家替遺體換上壽衣，在口中放置珠玉，古稱「飯含」。分置兩封利市在死者的兩手，稱為「責手利市」，據說可以福澤子孫。
發喪	開路	喪家穿上素服，盡情大哭，驚動周圍的鄰居。喪家聘請喃嘸師傅，誦經超渡。喪家為表孝心，這段時間禁止喝酒、吃葷、洗澡等，夫妻不能同床，披髮赤足，否則會使棺材破裂。
	告喪	喪家盡快派人通知親友出殯時間和治喪的地點，報喪人只能在親友家門外通報。
	奔喪	長輩或近親得悉噩耗後須到亡者家中，稱「奔喪」。父母之喪，子女要立即趕回家。如有特別原因不能奔喪，需居家服喪，以示哀悼。古時，官員的父母去世，需暫時停職，返回家中守孝，否則會視為大逆不道。慰問死者的親人，稱「弔唁」。弔唁時，親友饋贈金錢以助治喪，稱為「賻禮」。

入殮	擔幡 買水	買水又稱請水或乞水。喃嘸師傅手持着招魂幡，引領穿着孝服的家中長子到河邊，投幾個錢入河中，然後用河水替亡者沐浴。
	小殮	《釋名·釋喪制》云：「殮者斂也，斂藏不復見也。」意思是不復見亡者。入殮有小殮和大殮之分。亡者死後第二天，為亡者更換壽衣，丟掉「貴手利市」。在場的親友盡哀而止。
	大殮	亡者死後第三天，將遺體放入棺材。遺體四周應填滿東西，不留空隙，遺體的枕頭是用冥鏹造成的，遺體身上鋪滿金銀或死者生前珍愛之物，[2] 腳跟下放置兩塊磚頭。最後把棺材蓋上，稱為「封棺」，又名「成殮」。
出殯	停柩	大殮後，喪家會停柩一段時間，然後再行落葬，這段時間稱為「殯」。
	行進	孝子執幡在前，其他親友披麻戴孝跟隨棺柩，送先人往墳墓。以大燈籠或生花牌引領，寫上某府出殯或某某歸虞，並寫上封諡及享年。[3]
下葬	入土	靈柩入土之後，喪家須化衣上香，拜祭先人。在家招魂安位，守孝 49 天，期間不能剪髮和剃髮。

二、殯儀空間之演變

　　《說文解字》：「殯，死在棺，將遷葬柩，賓遇之。」殯，意即停柩待葬也。中國傳統文化重視「壽終正寢」的觀念，先人在家安然去世才算有福氣，喪家大多光顧長生店。香港華人按照傳統在家辦理喪事，[4] 將靈柩停放屋內。喪禮完畢後，仵工抬出靈柩運往墳場下葬，[5] 此過程稱為「出殯」。[6] 香港開埠初期，來港人士多是單身男性，只為尋找工作機會。假如他們客死異鄉，根本負擔不起在家治喪的費用，甚或業主不欲有人死於自己的單位內，臨終前把他們送到義祠或遺棄街上，[7] 由慈善團體「施棺代葬」。

東華醫院所在位置前身是一個臨時墳地

大新百貨蔡興先生出殯（圖片由蔡旭威先生提供）

1. 長生店與辭靈亭

長生店俗稱棺材舖，顧名思義以售賣棺木為主，也會兼售其他壽儀用品。1845 年，港府進行人口調查，港島區已有長生店紀錄。二戰以前，殯葬服務由長生店提供，喪家多選擇在家舉行喪禮，接着送葬隊伍到達墳場後，喪家需要在墳場附近的辭靈亭舉行辭靈儀式，然後上山安葬。如薄扶林華人基督教墳場附近的香港大學堂草場曾經是停柩的熱門地方，但是這樣會影響墳場附近居民的日常生活。[8] 有見及此，自上世紀二十年代，慈善團體陸續在墳場及公眾殮房附近建辭靈亭，便利貧苦大眾。直到殯儀館服務日漸普及，辭靈亭失去原有功能而陸續拆卸，成為了老一輩的集體回憶。以下介紹由東華三院興建的辭靈亭：

1.1 一別亭

西環雞籠環義山面積甚大，東華三院為方便喪家送喪，減輕日曬雨淋之苦。1918 年，東華三院將堅尼地城 1082 號地段闢為辭靈亭，命名為一別亭。[9] 1928 年，有見於該亭地方狹窄，遂增建客廳，容納更多送殯者聚集。[10] 日治時期，一別亭猶幸未遭日軍破壞，結構保存完好。1950 年代，雞籠環義山遷徙，在原址興建華富邨，辭靈亭失去原來的功能，於 1958 年拆卸，改建為四座八層高的樓房，所得的收入用以補助東華三院的經費。

1.2 永別亭

1926 年，東華三院為免喪家經常借用香港大學堂草場辭

靈，倡建辭靈亭，1928 年終獲港英政府撥地興建。[11] 高陞戲院慷慨借出場地，不收分毫，一連八天八夜演戲籌募經費，共收善款二萬二千六百元。1929 年 12 月 30 日舉行落成典禮，該辭靈亭分為收費亭和免費亭。香港淪陷期間，收費亭遭受到破壞，免費亭則殘破不堪，居民使用殊感不便，因而時常佔用街道。直到 1950 年代初，東華三院重建永別亭，[12] 免費亭改為送殯休息的地方，另建大亭免費供大眾使用。1976 年，東華三院將永別亭改建成「華林園」。

1.3 千里亭

　　二次大戰前，凡廣華醫院病故者多葬於九龍義墳。1927年，時任廣華總理顏成坤為方便居民辭靈，倡議建一辭靈亭。直到 1931 年，東華三院通過此建議，請求港英政府撥地，面積約一千六百呎。[13] 該辭靈亭命名為「千里亭」，取其「送君千里，終須一別」之意。香港淪陷期間，千里亭被拆毀。戰後，何文田墳場遷往和合石，千里亭失去原有功能，該地段交回政府。

1.4 惜別亭

　　東華東院落成後，喪家苦無地方辭靈，多借用保良局旁空地，甚為擾民。於是向港英政府申請建一辭靈亭，取名惜別亭。惜別亭興建費用約五千元。[14] 1932 年 12 月 19 日啟用，華民政務司活雅倫主持開幕典禮。如有需要可向東院索取鑰匙，一律豁免收費。1952 年，港英政府取回地段，興建政府大球場。起初

建議在堅拿道重建惜別亭，[15] 但遭居民強烈反對，遂置惜別亭於
北角油街。第二代惜別亭交通便利，有電車接駁，位置又遠離民
居住宅，[16] 配套完善，建有一座辭靈亭及厝房，厝房樓高兩層，
樓下為辦公室及貯藏庫，樓上為員工宿舍，更有空地方便靈車
出入。[17]

2. 殯儀館

香港重光後，防腐技術不發達，法例規定喪家需於二十四
小時內獲醫生簽發死亡證明紙，一般人離世後一至三天便急需落
葬。當時，東華醫院提供「借殮」服務，喪家把先人遺體運往東
華醫院領取死亡證明，便可送到墳場安葬。故此，長生店、衣
紙舖和壽衣店均集中在醫院附近經營，方便喪家辦理喪禮。直
到 1967 年，港府改革死亡登記制度，喪家必須領取醫生簽署的
死亡紙，然後到生死註冊處領取死亡證，遺體則暫存醫院殮房。
加上本港墓地供應短缺，安葬用地或火葬場等均需輪候，凡此種
種，導致喪家不能在短時間內完成葬禮，令殯儀館有更大的生存
空間。

早在 1920 年代，香港已有殯儀館的營業紀錄，如摩禮信殯
儀館（Morrison Funeral Home），約於 1921 年成立，位於灣仔
天樂里與灣仔道交界。[18] 其時，一般貧苦大眾無能力負擔租用殯
儀館的費用，富有華商則堅持傳統，在家舉辦喪事，故早期殯儀
館的顧客以中下階層的外國人居多。由於殯儀館辦理喪事會製造
噪音，所以選址不宜靠近人口密集地區。開埠初期，灣仔位處市

區邊緣地帶；加上鄰近跑馬地墳場區，不愁客源，灣仔自然成為營運殯儀館的理想地點。但隨着城市發展，灣仔開始轉型為商住區，該地的殯儀館遂紛紛遷移他區。[19]

戰後初期，香港人口激增，土地供不應求的問題日益嚴重。有見及此，港英政府將港九各處臨時墳場一律遷往和合石墳場和沙嶺墳場，以便撥出空地，解決屋荒問題。由於和合石墳場和沙嶺墳場位處新界邊陲地區，而大部分使用者卻居住在城市，港府於是透過鐵路及渡輪構成一條運輸線，接通墳場與港、九兩地。紅磡碼頭位處鐵路沿線，成為渡輪與九廣鐵路的中轉站。[20] 喪家可先行把棺木移送至停柩處進行辭靈儀式，完成後再由火車運至和合石墳場安葬。[21] 按照規定，但凡經香港運往內地或由內地運回香港的遺體必須在紅磡永別亭停柩。因地利之便，陸續有殯儀館設於紅磡區，[22] 吸引了長生店相繼在附近一帶營運。直到 2010 年，全港約有八十間長生店，近七成聚集於紅磡區。

隨着香港經濟起飛，市民大眾生活水準日漸提高。「衣食足，知榮辱」，基層市民也願意花費，為先人辦理喪禮。上世紀七十年代，殯儀館和長生店缺乏監管，很多殯儀館私下改建自住宅民居，為增加競爭力，不惜擅自增建殮房等設施作招徠。部分長生店亦兼營殯儀館業務，設於唐樓地舖或搭建簡陋竹棚經營，喪禮期間極為擾民。報載，上世紀九十年代，一班建築工人於灣仔摩利臣山道拆卸一座三層高的古老建築物，掘開閣樓地板時，驚現多副骸骨，工人立刻報警求助。經調查後發現該建築物曾為一所雲石廠及殯儀館，估計骸骨是殯儀館昔日代客起骨後，後

人未有前來認領，因而暗藏地板多年。[23] 由此觀之，殯儀館、長生店和石廠分工並不清晰。此外，長生店沒有設置殮房等配套設施，服務質素參差、濫收費用等時有所聞，迫使當局立法規管。1986 年，港英政府通過《殯儀館規例》，明確規定持有殯儀館牌照者方可經營殯儀館，所提供的設施必須符合規例要求。目前，香港有七所殯儀館，包括：香港殯儀館、九龍殯儀館、鑽石山殯儀館、大圍寶福紀念館、世界殯儀館、萬國殯儀館和寰宇殯儀館。

時至今天，社會大眾混淆長生店和殯儀館的服務性質，一般人以為殯儀館只能提供靈堂給喪家進行喪禮，而長生店則營辦所有殯葬服務。某程度上，殯儀館是由長生店衍生出來的行業，它們各領有不同的營運牌照。殯儀館領有「殯儀館牌照」，行內稱為 A 牌，持牌者設有殮房，合法存放遺體。長生店領有「殯葬商牌照」，俗稱 B 牌，提供一切殯儀用品，代辦手續和喪禮儀式。事實上，現時所有殯儀館均持有上述兩種牌照，換言之它們能提供一站式殯葬服務。2008 年特區政府已停止發放 B 牌，代之然發放附帶「特定發牌條件」的「殯葬商牌照」，部分的條款相對嚴格，包括「公眾人士不能看見存放棺木的地方」及「店鋪招牌不可提及或暗示任何與殯葬商相關的業務」等，行內俗稱為 C 牌。B 牌必須以店鋪地址登記，如果往後長生店遷往他處，牌照需交回政府，只能轉為較多限制的 C 牌。

長生店

一九四九年九廣鐵路局修築和合石支綫，以配合和合石墳場啟用，
該支綫直至一九八三年才正式停用。

三、葬俗 [24]

「葬」解作以草蓋過先人遺體。從文字結構來看,充分體現傳統中國人死後要回歸土地的觀念。安葬先人基於孝順倫理之心,後人不忍心將自己先人的骸骨暴露荒野,亦不忍葬於鳥獸蟲魚之腹,便把遺體埋藏於泥土中。及後,喪家又恐怕先人的骸骨埋在泥土中會受蛇蟲鼠蟻侵蝕,開始有棺葬的概念出現。唐宋兩代以來,中原漢人大舉南移,儒家思想影響了華南地區,土葬亦成為主流的葬法,其中以「二次葬」最具代表性。不過,時至今天,香港的葬禮則以火葬為主,其次則以土葬、海上撒灰和紀念花園等形式處理。

1. 土葬

《周禮》云:「眾生必死,死必歸土。」土葬是最盛行的葬法,因為中國人相信土地孕育生命,供養人類,所以希望死後「入土為安」。落葬後,拱土上頭放置一塊石頭。此謂一次葬。[25]廣東傳統流行一種葬法稱為「二次葬」,即是二次下葬,又叫拾骨葬。先人初期會安葬於村落附近的山頭,待遺體腐化後,餘下骨殖,擇吉日(多在秋季)掘土開棺,由仵工撿起骸骨,用白酒洗淨,然後將骨殖裝進金塔,其頂部覆以小瓦盆,這過程稱為「執骨」。「執骨」後,由喪家聘請風水師尋找風水寶地落葬。

從前,中國人因各種原因被迫四處遷徙,而「二次葬」的優點是當後人帶同先人的骨殖遷到新的地方定居,仍然可以繼

續拜祭祖先，以盡孝道。以香港新界鄧族為例，北宋時期，鄧四世祖鄧符協遷居錦田，就將祖宗三代的骨殖遷葬於香港地區。1856 年，港英政府正式推出第一條與華人墓葬有關之法律條文 *Chinese Burials and Nuisances*，其目的並非為華人提供較佳的墓葬條件，而是避免華人的墓葬行為對社會造成滋擾。到了今天，香港經常進行二次葬則是因為葬地短缺，當土葬地使用了一定的年期，部分限於租用的條款，年限屆滿後，需重新起回骨殖，移葬於金塔地；或將其火化，安葬於骨灰龕。

　　長久以來，香港骨灰龕由公、私營機構共同供應。近年，骨灰龕位供應嚴重不足，有些無良商人把未經授權的土地或樓宇改建為骨灰龕場，出售謀利。由於這些非法的骨灰龕位缺乏法例監管，不能有效保障購買骨灰龕位的人士的權益，對附近的民居亦構成衛生問題。紅磡區區議員任國棟指出，區內無牌殯葬商、道堂及骨灰龕堂情況嚴重，街道上隨處燒衣，舉行路祭等儀式，均嚴重影響附近居民生活。

香港土葬的墳場列表 [26]

類型	地區	墳場名稱
公眾墳場	港島區	香港墳場、掃桿埔咖啡園墳場、赤柱監獄墳場
	九龍區	新九龍 8 號墳場（鑽石山金塔墳場）
	新界區	和合石墳場、長洲墳場、沙嶺墳場、大澳墳場、禮智園墳場 [27]

類型	地區	墳場名稱
華人永遠墳場	港島區	香港仔華人永遠墳場、哥連臣角華人永遠墳場
	新界區	荃灣華人永遠墳場、將軍澳華人永遠墳場
私營墳場	港島區	薄扶林道基督教華人墳場、跑馬地天主教墳場、跑馬地巴西墳場、跑馬地印度墳場、跑馬地回教墳場、跑馬地猶太墳場、哥連臣角天主教墳場、哥連臣角回教墳場、哥連臣角香港佛教墳場、摩星嶺昭遠墳場、赤柱苦修女墳場、哥連臣角軍人墳場
	九龍區	長沙灣天主教墳場（新九龍第 2662 號內地段墳場）、嘉林邊道基督教華人墳場（新九龍 1 號墳場）
	新界區	崇謙堂崇真會基督教墳場、道風山基督教墳場、荃灣全完堂墳場、西貢天主教墳場、青山基督教墳場、長洲天主教墳場、長洲基督教墳場、新界稼軒盧軍營廓爾喀軍人墳場

2. 火葬

火葬是指採用火化的形式處理遺體。[28] 香港華人對土葬有深厚的情義結，絕大部分的喪家選擇土葬，他們普遍秉承傳統思想，認為先人應保留全屍，深受「身體髮膚受諸父母，不敢毀傷」的儒家思想的薰陶，認為火葬先人是不孝的行為。歷代的皇朝頒下法令，嚴禁火葬，違令者會重判入罪。如宋太祖下詔曰：「近代以來，遵用夷法，率多火葬，甚愆典禮，自今宜禁絕。」從前，採用火葬形式的，往往是患疫症而亡之人，恐造成疫症傳播的根源，或是宗教傳統的原因，如佛教僧侶坐化後用火葬處理遺體，佛教徒稱火葬後餘下的物質為「舍利」，部分更帶色彩，這些「舍利」會供奉於「舍利塔」。[29] 開埠初期，香港華人大多採用土葬為主，但是土葬用地短缺，港英政府於是開始大力推廣

火葬服務，使火葬逐漸成為主流的葬法。

二次大戰前，港英政府指出只有在港的日本人和印度人採用火葬形式，香港華人則仍對火葬十分抗拒，因此即使當時華人墳地出現擠擁的情況，但始終未有計劃推廣火葬。直到 1950 年代，港英政府提倡「生者為大、死者為輕」的觀念，積極推廣以火葬代替土葬，提供近五成津貼優惠，大幅減低葬地的面積，從而騰出更多土地，興建屋房。1962 年 1 月，港英政府動用公帑，在柴灣哥連臣角建造一所具有現代化配備的火葬場，為普及火葬踏出重要的第一步。[30] 根據政府的統計，1975 年全年只有 35% 的先人遺體使用火葬方式處理，到了 2009 年，火葬的使用率已高達 89%。[31] 現時，香港的火葬場分官營和私營兩大類，前者隸屬食物環境衛生署管轄，共有六個；[32] 後者多為佛教寺院所擁有，專門提供寺內僧尼子弟使用，並不對外開放。

土葬及火葬使用率之比較

年份	土葬	火葬
1960	90%	10%
1970	77%	23%
1980	50%	50%
1990	30%	70%
2000	20%	80%
2010	10%	90%

3. 環保葬

火化後，骨灰放進骨灰龕，然後供奉於骨灰龕樓。近年，因應土地不足，政府推行兩項更節省土地的葬法，分別是海上撒灰和紀念花園。

3.1 海上撒灰

海上撒灰並非香港首創，其實很多國家、城市都流行這種葬法。2007 年，特區政府首次進行先導計劃，開放東龍洲以東、塔門以東及西博寮海峽以南三個海域，容許進行海上撒灰的活動。渡輪每逢星期六上午 9 時出發，每位申請人最多可攜同十名家人或親友出席儀式，船上有禮儀師協助家屬親友進行悼念儀式。食環署會預先把先人的骨灰放進一個生物可降解的膠袋，繼而再放進一個布袋內。到達指定的海域後，船上設有撒灰專用的斜板，喪家把載有骨灰的膠袋隨斜板卸下大海，讓先人回歸大自然的懷抱。[33] 由於後人不易重返撒灰的海域，也無法建立墓地拜祭，政府為此設立了「無盡思念」網站，[34] 讓後人能為自己的先人設立紀念網頁，後人透過網頁留言，表達對先人的掛念之情。同時，網站可以上載祭品相片，以「心祭代替形祭」供奉先人。自海上撒灰推出以後，外界初期反應一般，後來食環署不斷優化服務，申請的數字遂逐年攀升。[35]

事實上，海上撒灰在推行上存在一定的困難。首先，每年海上撒灰的名額有限。比如食環署雖提供渡輪服務，但是每月只提供四次的免費服務，每次名額只有二十五個。假如喪家自行租用

私人船隻進行海上撒灰，價錢收費將非常昂貴。此外，香港冬天的天氣寒冷，部分劃為海上撒灰的海域風浪很大，只有每年四月至九月期間適合進行相關儀式。海上撒灰儀式亦有規範，喪家只可以在海面撒下不多於二百五十毫升容量的花瓣數量，否則就會觸犯《簡易程序治罪條例》，等同將廢物棄置海洋。凡此種種，都令有意海上撒灰的喪家卻步。

3.2　紀念花園

自古以來，入土為安是中國傳統的觀念，深入每一位華人的骨髓之中，是不輕易動搖的固有思維模式。因此，特區政府順應華人傳統，以「回歸自然，生生不息」為口號，推出撒灰於紀念花園的新式葬法，讓先人用另類方法重歸土地。現時香港共有十一個紀念花園，置於食環署轄下八個骨灰安置所內，分別位於哥連臣角、鑽石山、和合石、富山、葵涌、長洲、坪洲和南丫島。喪家可在紀念花園舉行悼念儀式，然後親自或由食環署專人代為撒放先人骨灰。為了方便後人拜祭，每個紀念花園內均豎立可供鑲嵌先人牌匾的紀念碑牆。同時豎立告示牌，提醒公眾不可隨意踐踏紀念花園的草地。

四、墳場

墳墓是安置遺體的地方。「墓」原指埋葬先人的地穴，「墳」則解作在墓穴上築起的土堆，如今墳墓兩字連用。中國傳統習俗

向無集體殯葬之殯儀，雖然香港位處邊陲之處，殯儀喪禮仍沿襲中國傳統，向無固定的墳場設施。香港境內墳場之設立，實始於英屬香港以後。英國佔領香港初期，由於當時醫學界對熱帶疾病的認識非常有限，大量在港駐紮或居住的外籍軍民染病死亡。港英政府迫於實際需要，因地制宜，就在草邊山地闢建墳地。丁新豹《人物與歷史：跑馬地香港墳場初探》一書認為香港墳場是香港最早期的墳場，該地早在 1841 年已為外國人的墳地（Burial Ground），並稱之為快活谷（Happy Valley）。[36] 其後，多座不同宗教、種族背景的墓地亦相繼在港島建成，如灣仔天主教墳場（1842）、赤柱軍人墳場（1843）和香港墳場（1844）等。[37]

二次大戰以前，港英政府批出的華人墳場往往缺乏周詳規劃，兼且忽略公共衛生問題，以至華人墳場只屬臨時性質。絕大部分貧苦大眾只可集中在居住附近的山邊安葬。從前上環東華醫院的原址是供華人安葬的「太平山墓地」，當時普仁街即稱為「墳場街」。隨着香港華人地位提升，當時香港華人富商開始關注華人缺乏一個永久性墳場的問題。1911 年，十八位華人領袖聯署向港英政府提請建設一個華人永遠墳場，提供一個長遠用地予華人作安葬之用。當時港督盧吉（Frederick John Dealtry Lugard）批出香港仔官地發展作永久墳場，1915 年香港仔華人永遠墳場啟用，[38] 並成立華人永遠墳場管理委員會（簡稱華永會），專責管理轄下墳場。[39] 隨着香港人口增多，對墳地的需求甚殷，華永會陸續在荃灣、柴灣和將軍澳興建永久墳場，提供超過三十萬墳地和骨灰龕。[40]

香港仔華人永遠墳場建於 1913 年

跑馬地天主教聖彌額爾墳場

結論

　　時至今天，大部分喪家習慣找長生店或殯儀館處理喪事，擇取吉日舉行喪禮反是其次，他們寧願選擇週末時段，更方便親友前來弔唁亡者。港人生活忙碌，喪事亦配合城市急速生活的節奏，儀式愈趨簡化，通常下午開始進行喪禮儀式，翌日已火化並上山落葬。傳統以來，土葬是中國最常見的葬俗，「死無葬身之地」以往被視作惡毒的咀咒，亦是對離世者不敬之事。但隨着葬地和骨灰龕位供應緊張，政府大力推廣環保葬法，相信在不久將來會有更多人選擇新式的葬法。

附錄：現代喪禮流程圖

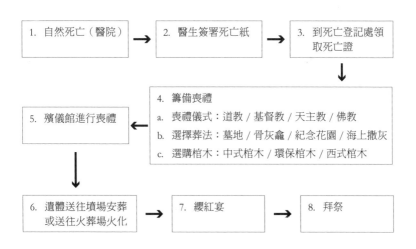

1. 自然死亡（醫院） → 2. 醫生簽署死亡紙 → 3. 到死亡登記處領取死亡證

4. 籌備喪禮
a. 喪禮儀式：道教 / 基督教 / 天主教 / 佛教
b. 選擇葬法：墓地 / 骨灰龕 / 紀念花園 / 海上撒灰
c. 選購棺木：中式棺木 / 環保棺木 / 西式棺木

5. 殯儀館進行喪禮

6. 遺體送往墳場安葬或送往火葬場火化 → 7. 纓紅宴 → 8. 拜祭

註釋

1 施志明：《本土論俗：新界華人傳統風俗》（香港：中華書局〔香港〕有限公司，2016 年），頁 78-83；彭淑敏：《逝者善終、生者善別：圖解香港華人喪葬禮俗》（香港：衞奕信勳爵文物信託，2018 年），頁 31-44；費成康：《中國家族傳統禮儀》（上海：上海社會科學出版社，2003 年），頁 103-144。

2 大殮時盛行用玉。古人認為：玉聚集了陽氣之精，置於死者身上，能保其不朽。起初大約在夏、商、周三代時，只是在死者的衣物、面、鼻上綴玉，到漢代發展而為製作玉衣，稱為「玉匣」、「玉柙」等。

3 俗語說：「死人燈能報大。」享年要加大三歲。

4 英治以後，歐籍人士在港離世，大多交由所屬的宗教團體進行葬禮。如聖約翰座堂是常見為軍人舉行葬禮的地方。

5 早期香港居住環境狹窄，唐樓的樓梯沒有足夠空間運送棺木，他們需要在樓房外邊搭建棚架，將棺木從窗戶運到地面。

6 「出殯」過程中，喪家會途經先人生前工作的地方進行路祭。

7 義祠又稱棲流所。如 1872 年東莞殷商蔡良眼見漁民出海易生意外，隨時船毀人亡，葬身海中，屍骸沖到岸邊無人收殮。於是，購地闢建棲流所，周濟貧苦大眾，撿埋白骨。

8 《工商日報》，1929 年 12 月 27 日，〈永別亭已建築完竣〉。

9 該項工程由協隆號以三千零二十元投得，興建時間共八十天。

10 每租用客廳收費二十元。每租用辭靈亭收費二十元。

11 該項工程由恆新公司興建，費用為一萬三千元。

12 重建費用共四萬元。

13 該項工程由建昌號興建，造價為三千二百元。

14 《工商日報》，1933 年 12 月 20 日，〈東區惜別亭昨開放〉。

15 位置約在今鵝頸橋附近。

16 《華僑日報》，1953 年 4 月 24 日，〈東區不設厝房惜別亭 當局另覓新地點 可能選擇北角遠離民居地點但仍未決定〉。

17 《華僑日報》，1953 年 12 月 10 日，〈加山惜別亭將動工拆卸〉。

18 今址在永寧街休憩公園。

19 1967 年，最後一間位於灣仔的香港殯儀館亦遷至北角，灣仔殯儀區正式劃上句號。

20 每年清明節和重陽節期間，當局開放禁區，准許掃墓人士進入，九廣鐵路更增開尖沙咀至和合石墳場直通車。此外，港英政府特別開放咖啡園墳場停柩處和紅磡殮房停柩處，兩處皆設立永別亭。

21 停柩處的服務時間由上午 9 時至下午 5 時，運柩船會把棺木從咖啡園永別亭運至紅磡殮房停柩處。詳見《華僑日報》，1950 年 11 月 10 日，〈兩處墳場來月啟用 以後遺骸運往安葬 九龍唯一非永遠墳場同時封閉〉。

22 1958 年，九龍區已出現第一間殯儀館，名為九龍殯儀館，位於大角咀。現有三間殯儀館位於紅磡區，分別是世界殯儀館、寰宇殯儀館（前身為福澤殯儀館）和萬國殯儀館。

23 《華僑日報》，1990 年 7 月 15 日，〈灣仔拆卸中殯儀館 地下暗格發現數副骸骨 料是代客遷葬先人骸骨〉。

24 2014 年長春社文化古蹟資源中心獲優質教育基金資助〈話當年‧識今天：香港華人生活變遷〉計劃，筆者和同工劉天佑先生曾合著《香港華人生活變遷》一書，就香港死亡文化變遷，從殯、葬、祭三方面進行研究，以下喪俗一節部分的內容來自是次研究成果。

25 中式墳墓通常是一穴一金塔，也有夫婦同葬一穴。落葬後，墓穴要封頂，然後鳴放爆仗，表示「醒龍脈」。墓地形制多是後高前低，以磚石泥沙砌成蹄形，猶如雙手環抱。「墓」前面中央放置石刻墓碑，石材多是就地取材的山石（花崗岩），或是廣東運來的墨石（水成岩）。一般碑文格式，第一段為小引，寫該墓地鎮坐落的地方和該墓的形象等；正中直落一行是葬者的姓名和官位，一般是「清考某公某府君之墓」，有的會加入葬者在族中的世代、出生和去世日期，寫法必定會按生老病死的順序；下款多為子孫的名字；最後，寫上安葬的年月日。

26 彭淑敏：《逝者善終、生者善別：圖解香港華人喪葬禮俗》，頁 90-91。

27 和合石墳場、長洲墳場、大澳墳場及禮智園墳場均設有棺木墓地。不過，如欲把死者以土葬方式安葬於長洲墳場、大澳墳場或禮智園墳場，申請人必須出示由有

關鄉事委員會發出的證明信及先人的法定代理人或最近親發出的法定聲明文件正本及副本一份，證明死者是島上原居村民、真正居民、或為他們的未成年子女，申請才獲批准。有關資料詳見食物環境衛生署網頁：https://www.fehd.gov.hk/tc_chi/cc/introduction.html。

28 從科學的角度來看，現時火葬是把先人的遺體以 850°C 至 1000°C 的極高溫處理，餘下的主要成分為無機化合物磷和鈣。一般會將火化後餘下的無機物放在碎骨機打磨成粉，成為骨灰。

29 鄧家宙：《香港華籍名人墓銘集（港島篇）》（香港：香港史學會，2012 年），頁 1-4。

30 陳子安：〈淺談香港火葬運動的濫觴〉（上、下），https://www.hkptu.org/ptunews/50598。

31 立法會 CB(2)1960/09-10(01) 號文件：骨灰龕政策檢討，2010 年 7 月 6 日，http://www.legco.gov.hk/yr09-10/chinese/panels/fseh/papers/fe0706cb2-1960-1-c.pdf.

32 2003 年，政府開始分批重建火葬場，引入效率更高的火化技術，以應付日漸增加的火化需求。

33 這個做法有一定的好處，如果先人的骨灰不用膠袋盛載，喪家會覺得對先人大不敬，骨灰散落於茫茫大海，隨波四散，有種「支離破碎」的感覺。

34「無盡思念」網頁，https://www.memorial.gov.hk/。

35 自 2014 年，每逢清明、重陽前後，當局都會安排免費航班，接載曾參與海上撒灰服務的人士，前往指定海域悼念先人。2007 年有一百六十宗申請，到了 2015 年已遞增至超過八百宗。

36 丁新豹：《人物與歷史：跑馬地香港墳場初探》（香港：香港當代文化中心，2008 年），頁 4。

37 鄧家宙：〈香港之墳場列表〉，載鄧家宙、蕭國健主編：《香港史地》（第二卷）（香港：香港史學會，2011 年），頁 56-68。

38 高添強：《高山景行——香港仔華人永遠墳場的建立與相關人物》（香港：華人永遠墳場管理委員會，2012 年），頁 19-22。

39 按《華人永遠墳場條例》（第 1112 章），1964 年華永會成為法定組織，主要為香港華裔永久性居民提供各類墓地和龕位服務。

40 華永會 100 周年特刊電子書，https://bit.ly/3iF28du。

4

居住建築

現今，香港古代民居共有三類，[1] 包括中式建築、西式建築和現代主義建築。截至 2020 年，香港法定古蹟共有一百二十三項，中式建築佔當中約三分之一。[2] 香港中式房屋形制發展的進度非常緩慢。即使沒有經歷遷海，要有系統地梳理出本土中式民居的演變過程亦非常困難。最重要的是，傳統中式民居以磚木結構為主，耐用程度不及西式磚石建築。加上，香港天氣潮濕多雨，易有蟲患，民屋經不起年月洗禮。觀乎其他類型的中式建築，從留下的重修碑記考訂，即使用上最矜貴的建料，最少隔十年就要小規模修葺，隔幾十年便要重修。

本章共分兩節，集中討論傳統民居和村落，使讀者明白香港傳統中式建築文化。第一節討論香港中式傳統民居的類型和形制。基本上，華南民居分為單廊屋、平廊屋和斗廊屋；客家民居以堂橫屋最具代表性；水上群體的生活習慣與陸上人稍有不同，其近岸居所多採用棚屋形制。第二節介紹香港傳統村落的形態，以圍為研究對象，分析圍的種類和形制。

第一節 民居

前言

　　一般傳統民居是由廳堂、天井、臥房、雜物房、廚房等組成，視乎屋主的經濟能力或有所增減。廳堂位置居中，佔整體面積最多，為家庭集體生活空間。廳堂的後牆設神樓，供奉祖先牌位。香港地少人多，傳統民居盡量善用每一寸空間，如利用民居樓底高的設計，在臥房設閣樓，擺放雜物和穀物。如有需要，更可在神樓下的空間劃出房間，供長者居住。基本上，早在漢代時期民居的形制已經確立，與如今遺留在香港的中式建築沒有具體風格轉變，不同於西式民居的發展。簡單而言，清中葉以後興建的中式民居風格，可從香港中式民居的建築細部窺見。由於它們的主人開始接觸西方文化，但另一方面仍保持有中國傳統文化的素養，在兩種文化衝擊下，民居雖固守傳統民居的形制，與此同時，民居內部的裝飾卻混入了當時流行的西方樣式。[3]

一、華南民居

1. 單廊屋

單廊屋屬二水歸堂形，又稱大頭屋或日字屋，由一房、一天井組成，多為貧窮人家居住。這類民居窗戶不多，多依賴天井解決通風和採光問題。門置正中，亦有門開側面；一邊為廚房和浴室，另一邊為貯存雜物之處。天井後面，正房一分為二，前為廳，後為寢室。廳建閣樓，供奉祖先靈位。

1.1 新界蕃田村民居

新田蕃田村屬於新界文氏宗族，據知文氏原籍四川成都。南宋末年，十三世祖天瑞公隨堂兄璧公赴任惠州，其堂兄文天祥抗元兵敗，天瑞公南逃至深圳三門東清後坑。[4] 其族子孫繁衍，清初實行遷海，新田處於遷界範圍，文氏被迫放棄新田，遷回內陸。康熙八年（1669）展界，文氏得以返回故土，重建家園。現分居在蕃田村、仁壽圍、永平村、安龍村、東鎮圍、新龍村及青龍村。[5] 至今新田仍留有不少文氏古蹟，如位於蕃田村的文氏民居。

1.2 形制

新田蕃田村民居的興建年份已不可考。其形制由五間單廊屋組成，闊度不一，其高度、進深和內部佈局基本一致。建築物多數高低一致，以示兄弟同心，是同心協力的表現。後排建築可

以跟前排建築相同或略高，同理，同排的住宅必須高低一致。屋頂為硬山頂，翹角屋脊，鋪以陰陽瓦。一列五間排屋，互不相通，各有正牆門罩式入口。門罩飾有不同的吉祥裝飾，山牆置有「魚漏」，如遇雨水可流出室外。新田蕃田村民居佈局簡潔，由一天井和一房組成，內部沒有多餘的吉祥裝飾。該民居空間有限，放棄使用抬梁式支撐屋頂，樑架是直檁式設計。屋頂重量落在山牆，故在山牆底部以混凝土鞏固。天井亦用混凝土覆蓋，雖失去二水歸堂的效果，但增加了私隱空間，現為廚房和浴室。房間一分為二，前為廳，後為臥房。臥房設有閣樓，用作貯存雜物之處。

2. 平廊屋

平廊屋屬「三水歸堂」形，俗稱單手抄，由一房、一天井、一廳、一廊組成，多為小戶人家居住。天井被圍牆包圍，門開正中，亦有開側門，門內一邊為廚房和沐浴間，另一邊為貯存漁農具之所。天井後排兩廳房，正房為廳，高處建閣樓，上供祖先神位，廳旁為寐室。屋內無窗，大門作採光及透氣用，故常洞開，間或於屋頂開小窗，稱天窗，供採光及透氣用。

2.1 林村田寮下村民屋

宋末期間，有林氏族人遷入大埔林村，開村名坑下莆。[6]據《盧江邵何氏家記》載，何真起兵反元，勢力擴展至新界黎洞、林村和錦田等地，[7]並命林一石據守林村營，足見其地位之重

要。清初厲行遷海令，林村位於遷界內，林氏族人遷移內地。展界後，遷回者少，清政府為開墾荒地，充實戶口，遂推行各項優惠政策，吸引客籍人士定居遷界地區。當中有鍾氏在康熙年間遷入林村，其後子孫繁衍，散居田寮下等地。鍾氏與其他客籍組林村鄉約，合共二十條村，分六甲。田寮下屬第一甲，人口最盛時期達一千人。[8] 及後，為聯防龍躍頭鄧氏，合組六和堂，建放馬莆天后廟，用作鄉約議事場地，且每十年舉行一次太平清醮。現時，林村田寮下村民屋屬於客族鍾氏所有，興建年份則無法考究。

2.2 形制

該民居面闊五間，由平廊屋和斗廊屋組成排屋，兩者左右相通。窗框、門框和牆基皆以麻石砌成，其餘部分以青磚建成，表示屬小康之家。無論民屋外部或內部都飾有灰雕為主的吉祥裝飾。特別的是，屋脊以夔龍作裝飾，山牆更有魚漏，供雨水流向室外。屋頂為硬山頂，並用直檁式嵌入山牆，承托椽子。面積較細的為平廊屋，門樓有檐板外加劍角，[9] 避免雨水弄濕桁條。內部佈局由一房、一天井、一廳、一廊組成，屬三水歸堂格局。門樓後為天井，兼作廚房和浴室；旁為廊屋，供儲物之用。天井後為廳堂，廳堂可通往臥房。臥房加建閣樓，可作貯存雜物之用。臥房不直接對着入口，須曲折地經過廳堂才能進入。這種設計優點是可以保持屋主的私隱。旁邊較大的民居為斗廊屋，門置正中，屬「四水歸堂」形。它由一廳兩房和兩廊屋組成。門樓後為

天井，左右廊屋，一邊作廚房、浴室，一邊作儲物之用。天井後為廳堂，左右臥房劃出閣樓，供貯存雜物之用。其中一臥房不接通廳堂，只直接通往廊屋。

3. 斗廊屋

斗廊屋屬「四水歸堂」形，俗稱雙抄手，潮州稱下山虎或爬獅。斗廊屋由一廳兩房和兩廊屋組成，故稱三間兩廊式。門置正中，三間兩廊式多數樓高兩層，經濟寬裕者可建三層或四層不等。樓下為廳堂、臥房和輔助房間，臥房和貯存房則設在樓上。[10] 平面佈局方面，廳堂居中，房在兩側，廳堂前為天井，天井兩旁稱為廊。廊房分別可用作廚房、柴房和雜物房，多為小康之家居住。中為天井，常自設水井。兩廊的屋坡要斜向天井，所謂水為財，故要內流，不可外漏。臥房在廳的兩旁，房門一般由廳出入，也可由廚房出入。如兩廊都設有廚房和灶頭，也有它的優點，當兄弟分家，各可使用一邊屋，廳、天井和水井可以共用。臥房後半部上方會置閣樓，作儲存稻穀、堆放農具和雜物使用。臥房後部也不開窗，怕有「漏財」之虞，只在東、西側開窗一扇，寬約 80 厘米，高約一米，用來採光和通風。

3.1 柴灣羅屋

羅氏先祖原籍山東濟南，宋代末年始南徙，約於清朝康熙年間（1662-1722）遷至柴灣。《粵大記》載香港島之六個地名，未見有柴灣一名。由此可證，明代中葉以後，柴灣仍屬荒蕪之地。

柴灣三面環山，北為鯉魚門海峽，旁為筲箕灣。有說，住在筲箕灣一帶的居民常到該處取水伐木，故命名為柴灣。[11] 復界後，清廷鼓勵客家南遷，開墾荒地。乾隆年間，該處已有六村，以漁農及打石為業，可考者有大坪村、西村、陸屋、成屋、籃屋、羅屋。日戰期間，香港淪陷，羅屋亦難逃戰火的洗禮。1952 年柴灣劃為徙置區，六村陸續清拆，重新發展。1967 年羅氏後人悉數搬離羅屋。1976 年 5 月，市政局把羅屋活化為民俗館，並在1989 年 11 月 10 日，評級為法定古蹟。1990 年 1 月 19 日，羅屋民俗館正式開放。

3.2 形制

羅屋 [12] 面積約一百二十平方米。屋頂為平脊，並用陰陽瓦鋪蓋，為客家典型民居鋪瓦方式。與一般廣府民居不同，屋頂鋪陽瓦，瓦片與瓦片之間鋪上瓦筒，瓦筒邊緣位置裝上瓦當，防止瓦片傾瀉。香港潮濕多雨，廣府民屋會在瓦片邊緣位置裝上滴子，避免雨水流入屋內。前有天井，側有廁所，後有廳堂，左右皆有房間，形成「三間過」的格局，左右對稱，有明顯的中軸線。羅屋外型樸實，外牆沒有明顯修飾，唯門框以花崗石砌成。羅屋門前裝有雙扇木門，後有直木櫳，[13] 可以阻擋不速之客進入，並建有屋簷以擋風雨。窗戶設計亦非常細小，容不了一人進入，並裝有鐵柵保護。採光依靠天井和天窗，地面鋪上廣東地磚。天井左右各有廊房，用作廚房和雜物房。廳堂為主要活動場所，供奉羅氏祖先神位。兩旁房間建有閣樓，用作貯放雜物。羅屋對外有一

羅屋位於柴灣，屬於典型客家斗廊屋。

三棟屋現活化為香港非遺中心

片空地稱「曬棚」或「禾坪」，用作曬穀、晾衣及宴客之用。

二、客族民居

1. 堂橫屋

　　堂橫屋為粵東最常見的客家傳統民居，由縱向的堂屋加橫屋組合而成。正中堂屋居中軸線上發展二堂、一天井或三堂、二天井不等，視乎經濟能力而定。堂屋兩旁各有橫屋相對，雙數遞進，即二橫屋、四橫屋和六橫屋。如三堂屋加二橫屋，就稱之為三堂二橫。前面有半月形水塘，稱月池，可作防火之用。如前有空地，稱為禾坪，可作曬禾和宴客之用。

1.1 三棟屋

　　三棟屋正名是陳必四堂，位於荃灣，「前迎汲水門，後枕獅地，左為青衣山嶺，右為花山。」[14] 陳氏遠在洪武年間由北方遷到福建省汀洲府寧化縣，約於清康熙年間徙遷新安羅村，繼而在乾隆年間遷居到荃灣老屋場。陳任盛帶領四個兒子：健常、俠常、偉常和倬常合力經營，不經多年，家有恆產，人口增加，遂興建村之念。長子健常擅於堪輿之術，他在找尋建村之地時，屬意建於牛牯墩（現址在今荃灣官立工業中學），在堪輿學上名「海棠春睡」。[15] 該地本屬孫氏所有，後孫氏急需錢銀，遂賣予陳氏。

1.2 形制

三棟屋的形制為堂橫屋，建於乾隆五十一年（1786），是新安縣羅芳村陳氏所建。該村面積長一百五十餘呎，闊一百呎，中軸對稱，分前、中、後三廳。廳上有棟樑，故稱三棟屋。前廳可安放雜物，中廳作議事場地，後廳為神廳，作祭祖之用。左右有橫屋，為該族四房之居所。此部分約於 1756 年建成，廳與廳之間有天井。村前有禾坪，村北有水井。十九世紀末，陳氏子孫繁衍，遂在主要部分兩旁加建橫屋，以左右兩巷分隔。村屋使用夯土磚，由泥土、石灰、禾稈草等物夯打而成，唯獨祠堂牆腳以麻石砌成，翹角式屋頂。屋簷有檐板，門額置有彩擋，皆飾以吉祥裝飾。門框左右寫有「帽山舒鳳彩，灣海獻龍文」。由此可見，建築的主客甚為分明。

三、水上民居

1. 棚屋

干欄亦稱杆欄或麻欄，有兩種形制。第一種是高樓式干欄。上層住人，下層是圈欄，是飼養家畜的地方，可供人直立進入；第二種是低樓式干欄，建築面積比高樓式干欄低，且不能直立進入底層。[16] 香港位於亞熱帶地區，夏天天氣濕熱，為防蛇蟲鼠蟻，唯有將居室升高，利用樓梯上落。[17] 現時干欄仍散見吉澳、塔門、西貢、流浮山、長洲和大嶼山一帶，其中位於大嶼山西北面的大澳最具規模。[18] 水棚又稱水欄，港人稱之為棚屋，多為水

上人 [19] 居住。從前水上人世代艇居，漁船等同他們的「身家、性命、財產」。漁船集工作、生活和居住的功能於一身。[20] 後來因為漁船空間有限，非常擠迫，漁民開始靠岸邊搭建棚屋。

隨着該工種日漸息微，水上人遂改在陸地謀生，開始靠岸生活。初期他們的居所仍舊在船上，泊在海灘，用木柱固定，是棚屋的最早期形態。這類木製的「船屋」不能久持，很快便住不下去。於是水上人以木架構，用葵葉和松皮搭建半月形棚屋，稱為葵棚或水棚。葵棚屬於臨時性建築（英屬香港初期，很多政府建築物都是用葵棚搭建），有經濟能力的會以石材替代木柱。[21] 半月形（船蓬）棚屋亦稱桶形棚屋。從外型可見，桶形棚屋仍具有漁船形態，如船篷一樣，反映屋主多少保留了漁民生活的習性。桶形棚屋好處是建材簡單，就地取材，易於搭建；壞處是不夠耐用，易於損毀。

眾所周知，香港屬亞熱帶氣候，每逢夏季六月至八月是颱風季節，間會豪雨成災。桶形棚屋建於淺灘，並建在最高潮汐線之上，以確保不受潮水的影響，同時選址亦會考慮四周有山巒作屏障的地方，但是，如遇上天災亦難免首當其衝，隨時有屋毀人亡之虞。因此，棚屋居民放棄使用葵葉和松皮等這類原始建材，漸漸改用鋅鐵和木材建棚屋，並髹上一層顏料，以防生鏽。無可否認，鐵皮棚屋變得更穩固。然而，鐵皮本身散熱緩慢，外牆的顏料其實是一層黑色的瀝青，易於吸熱，使室溫高出一般磚石建築。特別在夏季，空調未普及的年代，居民在棚屋中生活，不可謂不辛苦。其後，為了增添更多的生活空間，棚屋的外形隨之然

演變成長方形，部分是三角形頂的。經濟能力許可則擴建至兩層高。外牆亦不再髹上黑色的顏料，建材仍以坤甸木和鋅鐵作主要物料，不過大多改用「瓦楞」鋅鐵，散熱程度較佳。

棚屋之間會以木橋互通，連成一區。棚屋靠海的部分通常預留空間，形成通道，稱為棚頭。棚屋背後保留空間稱之為棚尾。棚屋居民盡量使用棚屋的空間。屋頂用作曬鹹魚，棚頭用作晾曬衣物，或就地生火煮食，部分亦把廁所和廚房設在棚頭，棚尾則用作擺放雜物，更會在棚屋底下飼養豬仔。至於棚屋內部分前、中、後三部分，前部分是廳堂或睡房，中部分安放神位，後部分是臥房，多數預留給家中長者。現時新型的棚屋已經改用混凝土結構，內部大小視乎他們的經濟能力而定。

1.1 大澳棚屋

現存香港最多棚屋的地區是在大嶼山大澳。1898 年新界租借給英國，港英政府開始着手規管棚屋，並留有政府檔案記錄。英文稱為 Pile Houses、Pile-Huts 或 Matshed，棚屋居民稱為 Matshed-dwellers。棚屋不算在陸地蓋屋，不用繳交地稅，但須領有棚屋牌照（Matshed Permits）。大澳的棚屋多數建於大嶼山及大澳島之間，借其山巒作避風港，保護漁船。同時，棚屋為漁民提供一處休息和工作的地方，並慢慢在一涌和二涌形成棚屋區。1920 年代擴展至新基棚屋區，數量不斷遞增。最早的棚屋區要算是一涌、二涌和三涌。後來還有沙仔面、新沙棚、半路棚、三釣棚、大涌棚、新基棚、吉慶後街棚和鹽田村棚等。

棚屋的建材十分易燃，如不幸遇上火災，很容易波及鄰近的棚屋。

大澳被稱為香港威尼斯，其棚屋享譽世界。

二次大戰後，港英政府加強支援漁民，為他們提供低息貸款，助他們脫困。港英政府運用漁類統營處的盈利，開辦漁民子弟學校，提升他們的教育水平。1980年代，港英政府立法規管寮屋，將棚屋歸入寮屋，其數目隨之然減少。另一方面，積極為水上人在陸地上建村，部分教會和慈善機構會資助水上人建村，如長洲圓桌會新村和西貢美援新村等。部分亦因經濟改善，陸續在陸地上建永久建築，使用混凝土和磚石建造，不但有自來水和電力供應，亦不再懼怕受天災影響。

結論

龍炳頤教授指出香港傳統民居為南方「合院」式。[22]香港屬亞熱帶氣候，夏天炎熱潮濕，多雨水；南方合院式以散熱和通風見長，[23]故廣為本區人士採用。展界以後，回遷居民較多為廣府人，常見形制為廊屋，分單廊屋、平廊屋和斗廊屋多種。客家人遷入後，除了部分仿照原有民居式樣營造，亦會引入其家鄉房屋形制。至於濱海地區居民以漁鹽為業，其建築風格有別於內陸民居，常以棚屋為居。不幸的是，清初厲行遷海令，香港地區一度荒廢，因此，本港現存之古建築均為復界以後興建。加上，香港城市化嚴重，傳統房屋多不復見，只有新界郊區至今尚存。

註釋

1 世界各地對「古」之標準不一，香港地區則以 1950 年為限，五十年代之前之建築文物，算作古蹟，皆受保護。

2 詳見古物古蹟辦事署於 2019 年 10 月 25 日公佈之「香港法定古蹟」名單。考香港中式建築建於 1950 年前的約有六千多幢，其中絕大部分為傳統中式民居，屬法定古蹟的中式民居只有四間，包括有新田大夫第、荃灣海壩村古屋、沙田王屋村古屋和柴灣羅屋。

3 例子有新田文氏大夫第。大夫第屬斗廊屋之變體，建於 1866 年，屬三間兩廊式建築，由文氏第二十一世祖文頌鑾興建。大夫第樓高兩層，平面佈局如九宮格，建材為高級青磚。門廳後為天井，其兩側各有廊房，可作存放雜物之用。後進中央是正廳，作設宴之用，設有神廳。正廳兩側為臥房，臥房與廂房之間有樓梯上落。二樓有多間廂房，用作書房和臥房。室內細部則引入不少西方建築的元素，部分更採用古典柱式和巴洛克裝飾等，構成中西合璧的建築風格。

4 天瑞公無子，壁公以其三子入繼。

5 新田文氏分遷至州頭和石湖圍。

6 蕭國健：《香港新界之歷史與鄉情》（香港：中華文教交流服務中心，2008 年），頁36-40。

7 蕭國健：《香港古代史》（香港：中華書局〔香港〕有限公司，2006 年），頁 36。

8 蕭國健：《香港新界之歷史與鄉情》，頁 36-40。

9 檐板飾有吉祥裝飾，故又名花板。

10 大門有兩種設置，一是設在正面入口，二是設在兩側入口，簡言之按整體佈局和道路系統來決定。

11 1843 年，港英政府在西灣建立軍營，翌年築成道路通往赤柱。柴灣曾一度譯作西灣。

12 羅屋的歷史發展詳見丁新豹、司徒嫣然編：《羅屋民俗館》（香港：香港市政局，1990）。

13 所用木條「上圓下方」，代表天圓地方。另有橫向木櫳，稱為「趟籠」。

14 蕭國健：《新界家族發展》（香港：顯朝書室，1991 年），頁 97-102。

15 村在美人腿上，前迎汲水門，後枕獅地，左為青衣山嶺，右為花山。

16 《魏書‧獠傳》：「依樹積木，以居其上，名曰杆欄。平闌大小，隨其家口之數。」
   這類型民居以木或竹為柱樑，搭建閣樓。《梁書‧林邑國傳》：「國其俗：居處為
   閣，名曰干欄，門戶皆北向。」《舊唐書‧西南蠻傳‧南平獠》：「人並樓居，登梯
   而上，號為杆欄。」《新唐書‧南蠻傳下‧南平獠》：「山有毒草，沙蝨、蝮蟲也。人
   樓居，梯而上，名為杆欄。」

17 河姆渡遺址發掘到全木結構的建築遺跡，距今約有五千年歷史，其時榫卯銜接的技
   術已趨成熟。「房子長約 23 米，進深約 7 米。其結構是先將木樁打入泥地，承重部
   分用方樁，圍護部分用板樁或圓樁，在木樁上地龍骨，上鋪地板、豎立木柱，設板
   壁和門窗，上覆以屋頂。樁、柱等均用榫卯銜接，榫及卯孔是用石斧、錛、骨鑿等
   砍伐木作工具加工而成，顯示河姆渡文化高超的木作工藝。」詳見黃競聰：〈香港
   傳統村莊與中式民居發展〉，載香港史學會主編：《香港歷史探究》（香港：香港史
   學會，2011），頁 72-86。

18 饒玖才：《香港舊風物》（香港：天地圖書有限公司，2003 年），頁 123。

19 水上人指以航運和捕魚為業者，多為蜑家和福佬，間亦有客家人和本地人參與。

20 新舊漁船的空間佈局不同，舊式漁船前部分是漁民工作的地方，後半部分是漁民作
   息的地方，廁所和廚房設在船尾。新式漁船佈局則剛好相反。詳見廖迪生、張兆和
   合著：《香港地區史研究之二 ——大澳》（香港：三聯書店〔香港〕有限公司，2006
   年），頁 117。

21 廖迪生、張兆和：《香港地區史研究之二 —— 大澳》，頁 117-118。

22 蕭國健：《香港新界北部鄉村之歷史與風貌》（香港：顯朝書室，2014 年），頁 82。

23 合院式建築是國內最普遍之傳統民居。南方和北方合院式建築是有分別的，就庭院
   的功能和空間佈局可見不同。北方合院式追求橫向發展，以便納陽和防寒；南方合
   院式擴大室內進深，庭院改作天井，以增加空氣流通。

第二節　香港傳統村落的形態

前言

　　香港有很多地方的名稱以「圍」來命名，比如位於新界東之大圍和新界北之天水圍。[1] 時至今天，我們約定俗成喜用「圍村」來形容鄉間村落，但從建築學角度，圍與村是兩個不同的名詞。[2] 圍是指四周有圍牆環繞着的村落，村是指沒有圍牆的村落。蕭國健教授曾經在 1995 年調查香港新界境內一百三十一條村，其中以「圍」命名者共七十一個，以「屋」命名者共九個，至今可考之有圍門者凡八十四個，有圍牆者凡五十七個，其圍牆四角建有更樓者凡二十一個。[3] 然而，香港圍村實質數字應該較調查結果為多。[4]

一、香港傳統圍村之概況

　　現存新界村落多依山環水，前者植樹栽竹，可擋風和防賊；後者則便利灌溉耕種，供村民飲用。村莊入口為「水口」處，[5]

建有門樓，門樓上刻有村名。村口有大榕樹，樹下有土地壇。村莊邊界位置亦會安放土地（伯公或社稷大王），以示村莊的勢力範圍。村內房屋排列整齊，大族者多建祠堂，以顯家聲。次之則改以廟宇為中心，處理村中要事。祠堂為供奉歷代祖先的場所，故必建於風水最佳位置，或在村莊的東南部。[6] 相反，有村中長老指出，廟宇通常座落在風水較差的位置，因為村民相信神靈有鎮邪、保境的功能。[7] 畜舍和廁所等輔助性房屋則置於村邊。[8]

　　圍村是由村形成的，村分成排屋村和散屋村。散屋村多是雜姓村，為了互相照應，遂合力建村。姓氏愈多，分佈愈亂。雜姓村基本上沒有秩序，不同姓氏之房屋常聚在附近，以避免衝突。排屋村則多是同姓村落，起初同姓鄉民建排屋聚居，後人口繁衍，遂發展為排屋村，後來為防鄰近不友善之徒來騷擾，於是在村的四角建碉樓，以作監察和抵敵之用。最後建排屋成牆，將四角的碉樓連在一起。此為由村演變為圍村最常見之過程，稱原生型圍村發展式。據說香港最早以「圍」命名的村莊是建於北宋開寶六年（973）之錦田南北二圍，即現時錦田之水頭村和水尾村，由鄧氏四世祖鄧符協所建。香港現存最早的圍是龍躍頭老圍，約建於明代。老圍倚居高臨下之勢，監視外面動靜，提防鄰近不友善的鄉民。積存圍位於沙田大圍，以灰磚砌牆，牆身設有槍孔，方便射擊敵人。覲龍圍又稱新圍，位於龍躍頭，舊日圍外有護河環繞，正門外建有石橋。[9]

　　圍的功能有三，一是聚族而居，二是抵禦外敵，三是顯示經濟地位。羅馬非一天建成的，圍也是一樣。圍，大者如吉慶圍，

龍躍頭鄧氏建有五圍六村，老圍倚居高臨下之勢，便於防範外敵入侵。

觀龍圍又稱新圍，它的四周原置有護城河，現已填為平地。

小者如三棟屋，皆是經過族人經年累月而建成。建「圍」絕對不簡單，大量財力和人力是不可缺少的。從前，無論強或弱的氏族都會建圍，前者確保自己的勢力得以延續，如吉慶圍；後者保護自己的生命財產，如屯門鍾屋。建圍最終目的不離保障圍內人生命財產，得以安全繁衍。建圍往往是就地取材，較富裕的牆腳會選用堅固的花崗石，牆身則用青磚；經濟能力稍遜的則改用黃泥和夯土作建材。

康熙至嘉慶年間圍村紀錄 [10]

縣志	村落名稱
康熙年間《新安縣志》	鑑巷圍、壆頭圍、沙莆圍、高莆圍、田寮圍、鬱子圍、長莆圍、石岡圍、竹園圍、水蕉圍、山下圍、水邊圍、屏山圍、香園圍、菡下圍、廈村圍、輞井圍、子屯圍、新村圍
康熙年間《新安縣志》記錄有圍門及圍牆，但未以圍命名者	石湖塘、大井村、大塘村、石步村、田心村、沙岡村、洲頭村、米步村、蕉逕村、企嶺村、沙田村、衙前村、香港村、北港、涅涌村、定角村、澳尾村、洞仔村、瀝源村、東西涌、螺杯澳、石壁村、梅窩村、大步頭、龍躍頭、高塘凹、河尚鄉、丙岡村、萬屋邊、粉壁嶺、谷步村
嘉慶年間《新安縣志》	屏山香園圍、錫降圍（廈村）、高莆圍（錦田）、英龍圍（元朗）、石岡圍（錦田）、合山圍（錦田）、東安圍（錦田）、壆頭圍（新田）、沙莆圍（錦田）、竹園圍（元朗）、元蓢南邊圍、元蓢西邊圍、水邊圍（元朗）、田心圍（錦田）、新豐圍（屏山）、子屯圍（屏山）、袁家圍（梅窩）、丙岡圍（粉嶺）、積存圍（沙田）、福興圍（新田）、陳屋圍（蕉徑）、潤頭圍（打鼓嶺）、木湖圍（打鼓嶺）、田心圍（船灣）、南涌圍（沙頭角）、莆上圍（上水）、大埔圍（大埔）、嶺皮圍（東涌）

縣志	村落名稱
嘉慶年間《新安縣志》記錄有圍門及圍牆，但未以圍命名者	廈川村、長岡村、新圍村、錫降圍、輞川村、石湖塘、馬田村、大塘村、山下村、石步林屋村、石步李屋村、張屋村、大井村、廣田村、石壁村、沙螺灣、石甲門、龍躍頭、河上鄉、上水村、粉壁嶺、松柏蓢、洲頭村、張屋村、泰亨村、大步頭、涇涌村、鍾屋村、北港村、田心村、古瑾村、香港村、黎洞村、蓮麻坑、禾坑、烏蛟田、荔枝窩、蓮逕、平蓢、梧鼇石、梧桐寨、寨凹、大芒崒、大菴、蕉逕、掃管鬱、城門

據康熙年間志籍所載，以圍命名之村落凡十九，有圍門及圍牆而無圍之名者凡二十五，合共四十四個村落。另據嘉慶志籍所載，以圍命名之村落凡二十九，有圍門及圍牆而無圍名者凡四十一，合共七十個村落。此統計或有遺漏，然可見嘉慶年間之圍村數量，必較清初時為多。事實上，部分村莊由多所圍村組成，故古代官方的資料不大可靠。其時治安未靖，大族為保全自己的勢力，圍牆建得比以前更高，甚至會安裝連環鐵門，以防強攻。隨後兵器現代化，刀、箭、劍改為火槍，連環鐵門亦加裝上鐵板。1898 年中英簽訂《拓展香港界址專條》，港英政府租借新界，在該地建警署，治安大有改善，圍逐漸失去實際作用。到了 1900 年代，治安好轉了，鄉民便在圍外建村。新圍建有新屋村，如遇上大盜光顧，則退回圍內暫避。

二、圍之類型與分佈

本港之圍主要分成兩大類型；第一種是廣府圍，第二種是客

家圍。圍村多集中於元朗平原（屏山、廈村、元朗十八鄉及新田等地）、錦田盆地（錦田及八鄉）、粉嶺上水盆地（大埔、粉嶺、上水、沙頭角及打鼓嶺等地）及沿海谷地（沙田、荃灣及屯門）。

1. 廣府圍

廣府泛指廣州一帶中心地域。簡言之，廣府圍是廣府人所興建的，屬於圍村的一種。廣府圍由排屋組成，多呈方形，四周有橫屋圍繞，門口內向，形成圍牆。圍牆裝有銃口，外窄內闊，便於進攻。牆基約高二至三米，建築材料多是花崗岩，牆身則以青磚建成。圍內排屋整齊，正門建有門樓，直入盡頭為神廳，供奉圍內村民信奉之神靈，如積存圍供奉侯王；或是神樓，供奉村民之列祖列宗。圍牆四角建有更樓，俗稱炮樓，供監察守護之用。如圍內有人做官，則更樓呈鑊耳形，亦稱功名帽。部分圍外有護城河，以作防衛和防火之用。[11]

1.1 吉慶圍

吉慶圍建於成化年間（1465-1487），由鄧伯經及其族人所建。清初復界後，盜匪為患，康熙年間（1662-1721）鄧珠彥和鄧直見建六米圍牆和護城河。圍牆面積約一百米乘九十米。牆身以廣東青磚作材料，牆基用麻石砌。圍之四角築有更樓，呈方形，較圍牆為高，以供守衛。圍胸有炮眼，外窄內闊，便於發射。圍內民居排列整齊，井然有序，呈對稱縱軸架構。左右兩旁各有七條橫街，寬約六呎。正門入口直達盡處為神廳，其屋頂呈

鑊耳形,又稱功名帽,表示該族人具有功名在身。門樓向西,裝有連環鐵門,左側嵌有中英對照的銅製碑刻。時移世易,今吉慶圍護城門河已被填塞,外牆則仍保持原貌。

2. 客家圍

客家圍又稱圍籠屋,是典型的客家民居,間亦稱「村」或「屋」。客家圍多呈方形,四周以橫屋排列成圍牆,分前、中、後三廳。左右為橫屋,廳與廳之間為天階,前廳多用以安放雜物,中廳為客廳,作議事廳用途,後廳為祖祠,用以安放靈位。前廳出口為全村之大門,各橫屋設有獨立門戶,內有小巷分隔,各小巷另有出口大門。圍屋前有廣場,俗稱禾坪,供曬穀或休憩之用;坪前有風水池,可作防火用。屋後多種竹林及梧桐,以防盜賊進入。

2.1 曾大屋

曾大屋創建人為曾貫萬,又名三利,廣東省嘉應州長樂縣(今稱五華縣)客家人,生於清嘉慶十三年(1808)。幼時家裡很窮,十六歲時與兄輝賢來港謀生。開埠初期,港英政府大力發展香港島,需要大量石材,採石業成為熱門行業。曾氏先後在茶果嶺和筲箕灣石廠任職,後自立門戶,成立三利石廠,兼營淡水生意,遂致富。曾氏熱心公益,多次捐助地方建設。[12]

山下圍村又稱山廈圍,簡稱曾大屋,乃曾貫萬從隔田村購買得來。曾大屋屬城堡式圍屋,呈長方形,仿照深圳坪山祖屋大萬

曾大屋是由打石致富的曾貫萬興建，形制仿照其祖屋大萬世居。

曾大屋屬於城堡式圍屋，採用三堂四橫，四角建有碉堡防衛。

世居形制。1848 年動工，到 1867 年竣工，歷二十載，採「三堂四橫」設計。三堂者，前、中、後廳也。圍內有二水井，居民可自給自足。曾大屋佔地六萬餘呎，約四十六米乘一百三十七米。圍牆以青磚疊成，牆腳則以麻石鞏固，圍牆四角建有三層高的鑊耳型碉堡。曾大屋樓高兩層，前廳用以安放雜物；中廳為正廳，用以會客和議事；後廳為祖堂，安放曾族列位祖先神位。各廳之間以天井間隔。圍牆北面有三門，中為主門，以麻石砌成。門匾刻有「一貫世居」四字，意指先祖開業困艱，期望世代同居，互相保守。主門用鐵鑄，其他兩門只裝木門。四角均築有鑊耳型的三層高碉堡，碉堡上有槍孔和瞭望台，用以對付盜賊的侵襲。本來曾大屋外面有一條護城河圍繞整座堡壘，以吊橋啣接，但護城河現已遭填塞，吊橋亦拆去。圍前為禾坪，左右皆有通道，四通八達。路旁置有土地壇，供奉護圍社稷神位。[13]

結論

香港位於廣東邊陲，距縣城較遠，官方守備不足以護民，加上有鹽、珠、香之利，漸引起海盜和強盜垂涎，故居民只得建圍自保。由於香港經歷遷海之禍，致使康熙前文物建築不能保存，無法有系統梳理出香港傳統村落和民屋的源流發展。宋代以前，只能借助考古成果推敲香港社會生活的概況；宋代以後則要憑族譜和縣志等文獻史料整理本區宗族的發展脈絡，從而建構出村落和民屋的發展模式。

註釋

1 大圍原稱「積存圍」，建於萬曆二年（1574），是沙田區最大的圍村。《新界九約竹枝詞》有「大圍風景實如何，村裡人居雜姓多」之語，「積存圍」共住了十六個姓氏，其中以韋姓最多。至於天水圍之命名則與圍村無關，天水圍以養魚聞名，四周築有堤岸，因而得名。

2 據建築文物保護顧問何志清解釋：「其實，是沒有『圍村』的，我們可以找到某某圍，或某某村，但沒有某某圍村，但人們後來將兩者合在一起叫。而圍村為甚麼出現，用最簡單的話來說，以前住在本港村落裡的多是一個家族，由於沿海寇患頻繁，居民為求自保，就在房屋周圍建矮石牆，用以抗盜，這就出現圍村了。」詳見《文匯報》，2006 年 10 月 28 日，〈圍內的故事 圍外的更替〉，http://paper.wenweipo.com/2006/10/28/OT0610280002.htm。

3 蕭國健、沈思、葉慶芳：《香港圍村調查報告》（香港：衞奕信勳爵文物信託，1995年），缺頁數。

4 《香港圍村調查報告》所調查之村並不包括禁區內的村落。

5 所謂「水口」，就是村落附近地勢最低處，水流出口的地方。昔日新界鄉村的水口，多距離村落五百至一千米。詳見饒玖才：《香港舊風物》，頁 114-117。

6 龍炳頤：《香港古今建築》（香港：三聯書店〔香港〕有限公司，1992 年），頁 12。

7 亦有村莊如屏山聚星樓，高三層，具有擋北煞、昌文運和鎮洪水之用，亦可作瞭望台，以防衛敵對村民入侵。

8 蕭國健：《香港新界之歷史與文物》（香港：顯朝書室，2010 年），頁 1。

9 蕭國健：《清初遷海前後香港之社會變遷》（台北：台灣商務印書館，1986 年），頁 53。

10 蕭國健、沈思、葉慶芳：《香港圍村調查報告》，缺頁數。

11 劉義章主編：《客家區域文化叢書：香港客家》（桂林：廣西師範大學出版社，2007年），頁 140。

12 陳運棟：《客家人》（台北：聯亞出版社，1980 年），頁 44-45。

13 梁炳華：《北區風物志》（香港：北區區議會，1994 年），頁 49-51。

5

傳承與創新：
從傳統風俗到
非物質文化遺產

前言

　　「非遺」，是近年來常聽到的保育潮語，其全名為非物質文化遺產，台灣稱之為「無形文化資產」。因為非遺的概念引入，特區政府陸續投放資源保育相關的項目，使在非遺框架下的傳統風俗得以有機會「重生」，轉化為具本土特色和歷史內涵的文化遺產，其價值足以令群體產生認同感，是社區凝聚力的催化劑。非遺無形中成為了傳統風俗的「救命良藥」。本章嘗試以三項香港首份非遺清單項目為研究對象，探討現代社會對傳統風俗帶來的衝擊。

一、非遺的定義及類型

　　非遺所指是舊的傳統，與文物建築不同，屬於無形的文化遺產。在撥開其重重學術迷霧後，非遺不過是前人經過日常生活的實踐，累積得來的經驗和智慧，它們是存活於人類腦海裡的知識，具有看不到、摸不着的特性。這些知識和經驗活用於日常生活之中，並非一成不變，而是不斷地再創造，尤有進者，為了回應時代的轉移，其表現內容、形式不時與周圍環境、自然和歷史產生互動。此外，非遺給所屬社區和群體帶來認同感和持續感，增強對文化多元和人類創造力的尊重。每個國家的非物質文化遺產的內涵均有差異，各國視乎本土情況，自行制定分類項目，以方便推行保育工作。香港的非遺按照教科文分類，涵蓋五個方面

的項目：

1. 口頭傳統和表現形式

口頭傳統譯自英文 Oral Tradition。按《公約》的分類，口頭傳統和表現形式屬於第一類文化表現形式，涵蓋所有非文本傳統，意指由上代人陳述的過去的口頭信息，屬於社會大眾世代流傳的口述故事，不需依賴文字記錄，單靠民眾口耳相傳亦能賦予生命力。而在這個過程中，語言就擔當了非常重要的角色。語言，是傳遞資訊的工具，不同的族群有各自的語言，又稱方言。當大家共同使用一種語言溝通，則容易產生共鳴，有「同聲同氣」的感覺。言語通過直指、隱喻，配搭不同聲調、說話節奏，表達不同的情緒和心思，甚至成為娛樂消閒的工具。這種口頭傳統通過口耳相傳的方式，一代接一代相傳下去。

1.1 例子：客家話

在新界村落中，客家話仍是老一輩客家村民的日常用語。大部分香港的客家村落自清初復界後，從內地遷移到本港居住，亦把傳統的日常語言一代接一代流傳至今。從前交通不發達，居民多從事原始經濟作業，安土重遷，對外難有頻繁的交流。每處地方的客家話，其音調和用語均有差別，香港的客家群體多來自惠陽和嘉應地區，融合了本地文化後，其詞彙及句子結構常出現廣府話化的特徵。

農曆正月初九，深井天地父母誕有舞獅賀誕的環節。

大埔墟天后誕巡遊，不少賀誕隊伍都會舞獅助慶。

2. 表演藝術

表演藝術是人透過肢體動作、身體語言，或配合樂器、言語的表達藝術；常見的音樂、舞蹈、歌劇都納入此類別，其中最主要是用作娛樂用途。表演藝術多出現於傳統節慶活動，並擔當重要角色，娛人娛神，增添節日的氣氛。

2.1 例子：舞獅

中國舞獅文化源遠流長，主要分南獅和北獅兩大派別，而在香港地區，較為流行舞南獅。就造型及裝飾而言，南、北獅各有不同，又因配合地方色彩及慣性傳統舞法，兩者風格迥異。例如南獅的造型會結合歷史人物特徵，以黑面獅象徵張飛，紅面獅象徵忠勇威武的關雲長，黃面獅則以白色為主，象徵劉備之仁、勇精神。除了外型不同外，連舞動節奏和動作也有分別：張飛獅勇猛，關公獅持重，劉備獅則相對較為柔和。今天的香港，每逢節慶活動，不同地方群體都會邀請舞獅隊表演助慶，增加節日氣氛。

3. 社會實踐、儀式、節慶活動

社會實踐是構建社群、團結個體的文化活動。其重要性在於令不同人士透過參與該項儀式或習俗，以確認個人成長，追求身份認同。香港各個社區皆有其傳統風俗，也會舉行節慶神誕，透過參與這些儀式和活動，居民成為社區的一分子，藉以建立社區網絡，融入社區。

3.1　例子：大聖劈掛拳

創派祖先耿德海是河北省北平人，家學本是劈掛拳，一次機緣巧合下，拜陝西名師寇四為師，學習猴拳。劈掛拳雄渾剛勁，猴拳輕靈敏捷，耿氏憑其武學天分，融合兩種拳法的優點，創出大聖劈掛拳。[1] 1932 年，耿氏挾技來港教授拳術，先後在南武體育會、南華體育會和精武體育會任教，後創立民眾國術社，專注發揚大聖劈掛門的拳術。大聖劈掛門的傳人甚多，不少從事演藝行業，其中較有名氣者當然要數上世紀七十年代的武打明星陳觀泰。大聖劈卦門的武學種類繁多，包括：拳術、刀術、劍術、槍術等，包羅萬有；其中擒拿法尤為實用。[2]

4.　有關自然界和宇宙的知識和實踐

人類是大自然的一分子。從前人的生活與大自然關係密不可分，一切生活所需均來自大自然，特別是氣候會影響到食物供應，甚至危及人身安全。觀察大自然的規律，有助克服不可知的未來。從大自然中了解身體所缺，取材醫治身體、延續生命。面對不可知的未來，參透大自然的規律和宇宙的奧義，為安排生活作出啟示。

4.1　例子：漁民有關自然界和宇宙的知識

捕魚是一項很危險的工作，置身於茫茫大海中，面對氣候變化，如不能作出適時回應，輕則影響魚獲，重則危及生命。從前，漁民自有一套獨特的知識，相等於求生技能，以應付不同環

境狀況。他們當中，略懂文墨者稀，因此知識和經驗每依靠口耳相傳傳承下去；為了傳遞方便，漁民會創作一套口訣，用字押韻，內容包含捕魚和觀察天氣的知識。隨着科技進步，坊間研發了多種電子器材協助漁民捕魚，所得出的探測結果比起口訣、經驗，更為直接，且易於利用。與此同時，漁業日漸式微，很多漁民已遷到岸上謀生和生活，有關的種種知識和經驗必將為人所遺忘。

5. 傳統手工藝

在沒有機器的年代，所有產品均出自人手製作，物料就地取材，比如木、籐、竹等各類天然物料，憑藉匠人的巧手，配以經驗和技術，轉化為各式製品。因此，每一件製成品都可以說是獨一無二。在製作過程中，匠人善用各自的心思和情感，令使用者可以細味產品背後的藝術價值，其文化內涵絕非機械生產的產品可比擬。

5.1 例子：傳統鄉村建築修繕工藝

現存新界鄉村仍保留了不少傳統鄉村建築，如祠堂、書室、廟宇和民居等，部分更被評級為法定古蹟。香港天氣潮濕多雨，而傳統鄉村建築多以木結構為主，易受影響，常有蟲患。傳統鄉村建築的構件和裝飾亦會隨歲月流逝而需作修繕，以確保其得以繼續使用。這些修繕工藝分為泥水、木工、灰塑和壁畫四類。時至今天，社會大眾開始意識到保育文物建築的重要性；而香港

傳統鄉村建築修繕工藝已納入香港首份非遺清單

嘆歌傳承人黎帶金女士接受 CUSCS 中文系學生訪問

具歷史價值的傳統鄉村建築，亦有賴一班傳統工匠悉心復修和翻新，才得以保留原有風格，讓大眾可以從中尋找過往鄉村生活的軌跡。

二、非遺框架下傳統風俗之創新

1. 個案一：漁歌

唱歌抒情，是人類共有的天性與才能；而不同群體因應生活環境、文化差異和口音變化，各自形成獨特的歌謠。這些民間歌謠有一共同點，就是用詞通俗，內容以描述自己的生活狀況為主，歌詞不拘口語，表達手法樸實自然，反映演唱者的日常生活實踐。水上人四海為家，多以捕魚為業，他們唱的歌有很多名稱，可以從族群、方言和形式等方式來命名，常見有「蛋歌」、「鹹水歌」、「嘆歌」和「漁歌」等。香港的漁歌歌手，對於自己的歌唱傳統，大多沒有統一的稱呼，只習慣稱為「唱歌」或「唱歌仔」。唱的歌仔通常是有對象的，如果對象是大兄（哥哥），這首歌的名稱就叫嘆大兄。

香港漁業式微，大部分漁民轉型到陸上謀生，很多生活習慣都隨之改變，使捕魚和觀察天氣的知識以及漁歌表演技藝亦步向失傳。時至今天，不少的漁歌歌手已屆古稀之年，有的長期缺乏實踐的機會，表演技藝日漸生疏，歌詞忘記得一乾二淨。二次大戰前，社會大眾大多對漁歌普遍缺乏興趣，報章報導少之又少，大概這類民間歌謠出自水上人之口，陸上人總帶有歧視的眼光，

認為他們沒有文化。更重要的是，漁民大多沒有受過正規教育，十之八九不諳文字，無法用文字記錄自己的創作，以至漁歌無法流傳下去。隨着非遺概念的引入，不少學者和民間研究者明白到保育漁歌的迫切性，如不及時保育，相信漁歌將會隨着歌手去世而長埋塵土，遂紛紛開展項目，進行研究和推廣工作。

1.1 傳承方式之創新

傳統以來，民間歌謠很少有文本記錄，傳承方式主要依靠口耳相傳，透過反覆的練習與實踐，在耳濡目染下掌握箇中的技藝。「唱歌仔」沒有所謂師承門派，往往是從長輩身上偷師得來，學得多少全憑天分和記憶力。隨着社會進步，學習漁歌的方式有所變化，部分漁歌表演者亦願意借助現代科技產品，傳承給新一代。西貢漁歌歌手鄭金妹指出自己學習唱死禮的漁歌，既非偷師，更不是由前輩面授教導，而是靠前輩送贈的錄音帶自習得來。她認為這類歌仔只會在白事場地演唱，不適合在公開場合示範和練習，連帶學習也有所避忌。值得注意的是，錄音紀錄對於保存漁歌有着重大的意義，以聲音代替文字，一方面打破歌者自身的局限，另一方面更能完整地保存歌謠的內容。而除了偷師學習外，漁歌常見的學習方法通常是單對單傳授。

2014 年，嘆歌成功納入香港首份非物質文化遺產清單，同年香港科技大學華南研究中心（以下簡稱華南研究中心）獲衛奕信勳爵文物信託基金和康樂及文化事務署非物質文化遺產辦事處（以下簡稱非遺辦）的支持，推行「香港非物質文化遺產——

嘆歌傳承計劃」。該計劃舉辦嘆歌訓練課程，及後更出版《水上嘆歌》一書，記錄了六十三首嘆歌的歌詞，並分為生禮、死禮和其他三大部分，隨書附有音樂光碟。[3] 嘆歌訓練課程打破了以往的學習模式，這種模式並非獨創，其實啟發自該課程導師黎帶金。[4] 2003 年，黎女士每星期抽出幾個晚上到居所附近的公園練習，意外地結識了一班志同道合的朋友，並組成嘆歌小組。由於公園屬於公眾地方，教授和練習的過程難免會影響附近的居民，惹來投訴和阻撓。戶外場地限制大，設置配套欠奉，加上天氣的因素，公園絕對不適合作為教授場地。[5]

在華南研究中心支援下，優化了黎女士的嘆歌小組，並安排人手協助黎女士重新編排課程。此課程首次公開對外招生，期望吸引更多有興趣的人士參與，發掘潛在嘆歌表演者。新編排的嘆歌課程為期十八個月，分為初班、中班及高班。活動場地改在室內，選用政府轄下的朗屏社區會堂，避免了室外各種不明朗因素。朗屏社區會堂鄰近鐵路站，交通相對方便，加上會堂的設施較為完備，故十分適合當嘆歌課程的課室。由於參加者全部是女性，他們在平日需要照顧家人和打理家務，於是將舉行日期定在星期日，以方便學員。至於授課形式，按照參加者的能力設計，她們大多數已有唱漁歌的經驗，只不過久疏上陣，缺乏平台練習，導致表演信心不足。是故，導師先示範和解說，然後由學員自選心宜歌曲表演，導師從旁指導，效果自然事半功倍。[6]

課室的佈置亦是此課程一大特色，一般上課的座位佈置，學員焦點只集中在導師身上，不利參加者之間的互動與交流。再

者，為了提升參加者的質素，演唱者需要出來表演，正面對着其他學員，猶如取代導師的角色和位置，對於經驗尚淺的參加者來說，構成莫大的壓力，影響表現。有見及此，課室的座位編排改為演奏廳模式，移走導師的教桌，騰出更多空間給演唱者，增加與觀眾的距離感，減低演唱者的壓力。課室採用演奏廳座位佈置，使學員不會將焦點全部投放在演唱者的身上，鼓勵學員之間互動交流，培養學員表演的信心。由此可見，開辦課程的優點是可以同時教授多名學員，然而學員的能力各有差異，需要不時調整教學方法和內容，以配合學員的進度。

1.2 保存方式之創新

2016 年，長春社文化古蹟資源中心（以下簡稱 CACHe）開展了為期兩年的《賽馬會香港非物質文化遺產公眾教育計劃》，以香港首份非遺清單項目為主題，推行一系列推廣教育活動，並出版《香港非遺便覽與實踐》。[7] 受制於資源所限，書中只記錄了一首名為《送嫁歌》的漁歌，由嘆歌承傳人黎帶金提供。為了讀者更進一步掌握這首嘆歌的內涵，書中除記錄了《送嫁歌》的歌詞和賞析外，並附置有 QR Code，讀者只需掃瞄 QR Code，便可以聽到黎帶金女士親身示範演唱。值得注意的是，CACHe 邀請到著名畫家蘇敏怡（Stella So）參與漫畫創作及記錄，希望透過其生動有趣的漫畫構圖，活現非遺的知識和經驗。而 Stella So 模仿 MV 表達方式，運用漫畫記錄《送嫁歌》每一句歌詞的畫面，讓讀者能體味歌詞背後的漁民生活場景，全面細味歌詞的文

化內涵。

2. 個案二：香港潮人盂蘭勝會

2011 年，香港潮人盂蘭勝會（潮州人傳統）納入第三批國家級非物質文化遺產項目。然而，香港盂蘭勝會的前景並不樂觀，盂蘭勝會負責人大多表示，申遺以後，特區政府沒有實際支援地區承辦盂蘭勝會，政府部門也沒有作出配套，解決現存盂蘭勝會在籌備過程中所面對的種種困難，更有地區的盂蘭勝會因不同的原因被迫取消或正面臨萎縮的命運。相比之下，西方鬼節「萬聖節」就歡樂得多。踏入九月份，各大商場已經換上萬聖節主題的佈置，有的商場專門製作鬼屋，顧客消費滿一定金額，便可免費參觀鬼屋，藉此吸引顧客蒞臨消費。香港兩大主題公園亦展開廣告攻勢，於各大媒體大肆宣傳萬聖節主題的活動。[8] 反觀香港盂蘭勝會基於上述原因，逐漸步向衰微。這種情況在申遺以後亦未見有起色。[9] 職是之故，香港潮屬社團總會（以下簡稱潮屬）作為申遺機構，自然承擔起記錄、推廣、教育和傳承該項國家級非遺的義務。[10]

2.1 新的傳統：盂蘭文化節中的搶孤競賽

申遺以後，經過數年醞釀，2015 年潮屬首辦香港盂蘭文化節，不但希望通過舉辦大型文化活動，推廣盂蘭文化；與此同時，亦可以營造一個平台，加強聯繫及團結各區的盂蘭勝會。其中，主體項目搶孤競賽的靈感來自潮汕地區的「搶孤」活動，嘗

近年西營盤常豐里老福德宮因人手不足，取消舉辦盂蘭勝會。

自 2015 年，每年農曆七月香港潮屬總會都會舉辦盂蘭文化節。

試訂立比賽的規則，成為適合年青人參與的競賽活動。筆者不其然想起 2005 年香港特區政府主導之下復辦搶包山活動，將形式改為比賽競技，自此長洲太平清醮再次復興，隨後帶動海外旅客到訪長洲。搶孤競賽的「誕生」，多少受到搶包山之成功個案所啟發，同樣地改良傳統文化活動，轉化為有秩序的運動比賽項目。如今搶包山比賽分男、女兩組，參與者不再局限於長洲居民，改為公開招募選手。這個比賽項目日趨受市民重視，電視台亦有直播搶包山的比賽過程。普羅市民大眾通過不同的身份（參加者、電視觀眾和現場觀眾）介入這個文化旅遊活動，從而達至不同程度的滿足感。[11]

據香港盂蘭文化節總統籌胡炎松指出，二次大戰後，大量潮汕人士來港定居，按照舊有傳統，在農曆七月繼續舉辦盂蘭勝會，祭祀「好兄弟」。而搶奪祭品也隨時代的進步，演變為有秩序的派米濟貧的慈善活動。當初之所以構思將搶孤競賽定為香港盂蘭文化節的主體項目，蓋因現時香港盂蘭勝會的善信愈來愈少，組織日趨老化，出現後繼無人的狀況，參與者十居其九是長者，年輕一代普遍抗拒參與這類傳統活動。胡氏不時往返潮汕地區，發現每逢農曆七月期間，潮汕地區的搶孤活動非常興盛，參與者甚眾，場面十分熱鬧。於是他嘗試更進一步引入潮汕地區的搶孤活動，加以優化及規範，將原來慈善濟貧的性質，在不失傳統內涵下轉化為適合年青人參與的運動競技項目，讓普羅大眾以至年輕一輩都可以親身領略盂蘭文化的精粹。

搶孤競賽以六人為一隊，五人出賽，一人後備，以三隊為

一組，每一隊輪流擔任拋孤隊和接孤隊。比賽限時五分鐘。每名拋孤隊隊員獲分配二十個福米包，需在五分鐘內拋出合共一百個福米包。每次拋出福米包需越過孤棚上的定點杆，使其落在搶孤區內。其餘兩隊為接孤隊，共十人在搶孤區內手持孤承搶接福米包，最後積分最高的隊伍便勝出。經過初賽，積分最高的九支隊伍分成三組進入決賽，[12] 其中積分最高的三隊就會進入總決賽，最後搶接得最多福米包的隊伍依次序成為冠、亞和季軍。大會特設最佳隊伍造型獎，評審會按照參賽隊伍及其到場支持的隊友的陣容、旗幟和服飾等綜合表現作為評分指標。

　　搶孤競賽舉辦以來，每年的參與隊伍逐年遞增，隊伍不限於盂蘭勝會組織，發展至今甚至有不少來自外地的隊伍。第一屆搶孤競賽超過一半隊伍是盂蘭勝會組織，只有一間中學組隊參與。2016 年參與搶孤隊伍增至二十四隊，升幅最多的是來自地區的組織及學校。2017 年參與搶孤的隊伍共有四十二隊，當中佔了一半以上是潮籍社團與學校，升幅較去年上升兩倍以上，反觀盂蘭勝會的組織則未有明顯增長。每年香港盂蘭文化節都吸引社會各界的關注，並得到傳媒的廣泛報導。[13] 2018 年，香港盂蘭文化節更獲香港旅遊發展局資助兩百萬，開拓海外旅客市場。潮屬順應時勢，擴大搶孤競賽的規模，分為院校賽和公開賽。2018 年搶孤競賽邁向國際，邀請海外機構組隊參加，隊伍多達五十四隊。從參觀人數來看，每年香港盂蘭文化節亦例有增長，2018 年參觀人次逾一萬六千五百人，較去年升幅達兩倍，側面說明社會大眾對香港盂蘭文化節日漸支持。

結論

　　香港人用「非物質文化遺產」這個名稱，某程度反映了現實，部分非遺項目正面對瀕危或行將滅絕的情況，有難以傳承的危機，幾可預知將成為今人之「遺產」。在全球化影響下，文化趨向一元，傳統每因脫離了日常生活的視覺，在有意無意之間被邊緣化，使我們有了傳統風俗屬於過時產物的錯覺。其實，假如走入田野，我們會赫然發現有不少傳統風俗仍在掙扎求存，其中若干項目更具有頑強的生命力，反過來影響大眾的日常生活。從上述兩個案例可見，香港傳統風俗在傳承的過程中正面對不同程度的挑戰，但在非遺概念引入下，大眾能有全新的角色審視它們的價值。從另一角度來看，也有些非遺傳承人藉着創造傳統，賦以新的內涵和意義，以使其文化合乎申遺框架的要求。

附錄：香港保護非物質文化遺產簡史 [14]

年份	簡史
2003 年	聯合國教育、科學及文化組織（以下簡稱教科文）舉行第三十二屆大會，通過《保護非物質文化遺產公約》。
2006 年	粵劇、涼茶經粵港澳三地政府聯合申報成為首批國家級非物質文化遺產。
2008 年	粵劇女文武生陳劍聲女士成為第二批國家級非物質文化遺產項目代表性承傳人。
2009 年	粵劇經粵港澳三地政府透過中國政府共同申報成為聯合國首批人類非物質文化遺產。

年份	簡史
2011 年	長洲太平清醮、大澳端午龍舟遊涌、香港潮人盂蘭勝會和大坑舞火龍經香港政府獨立申報成為第三批國家級非物質文化遺產。
2012 年	大坑舞火龍總指揮陳德輝先生成為第四批國家級非物質文化遺產項目代表性承傳人。
2014 年	香港特區政府公佈首份非物質文化遺產清單，共四百八十個項目，並建立網上「香港非物質文化遺產資料庫」。 西貢坑口客家麒麟舞、黃大仙信俗、全真道堂科儀音樂和古琴藝術經香港政府獨立申報成為第四批國家級非物質文化遺產。
2016 年	香港文化博物館非物質文化遺產組升格為非物質文化遺產辦事處。三棟屋博物館翻新為非物質文化遺產展覽及資源中心。
2017 年	康樂及文化事務署公佈首份「香港非物質文化遺產代表作名錄」，涵蓋共二十個項目，當中包括十項國家級非物質文化遺產，還有南音、宗族春秋二祭、香港天后誕、中秋節薄扶林舞火龍、正一道士傳統、食盆、港式奶茶製作技藝、紥作技藝、香港中式長衫和裙褂製作技藝，以及戲棚搭建技藝。
2018 年	香港斲琴師傅蔡昌壽先生成為第五批國家級非物質文化遺產項目代表性承傳人。
2019 年	大坑舞火龍獲國家文化和旅遊部列入「國家級非遺代表性項目優秀保護實踐案例」。 非物質文化遺產辦事處推出「伙伴合作項目」和「社區主導項目」，旨在支持香港市民和團體進行與非遺有關的計劃。

註釋

1 1928年受中央國術館張之江所委託，耿德海連同八卦掌傅振嵩、自然門萬籟聲、鐵沙掌顧汝章、查拳王少周四位宗師聯袂南下傳藝，世稱「五虎下江南」。

2 擒拿之術大致分為：拿法、折法、纏法三種，合共七十二把，針對人體不同關節和穴位，作出不同層次的攻擊。大聖劈掛門有兩句擒拿口訣：「拿法不離打法，打法不離拿法」。意思是施展擒拿手之時，必須預視對手動作隨時變招，原本擒拿手技雖失去效果，但此時拿法變為打法，改以埋身肉搏一舉擊破對方的破綻。每一招擒拿法都有三種破法，而眾多招式中有二十多招秘技，名為五毒十八緊，招式狠毒，非大聖劈掛門入室弟子不能習。

3 廖迪生、胡詩銘編著：《水上嘆歌》（香港：香港科技大學華南研究中心，2018年），頁 43-54。

4 黎帶金女士年逾七旬，在她記憶中最早聽過的嘆歌，是祖輩哄睡的床頭歌。小時候，黎帶金家境貧窮，沒有太多娛樂，聽祖母的嘆歌成為兒時最佳娛樂。黎帶金十多歲，從澳門移居來港，自此展開新生活。她在筲箕灣太平餅乾廠工作，接著結婚、養育子女，終日忙於生計，基本上沒有再唱過嘆歌，更何況身邊也沒有懂得對嘆的人。在這種情況下，黎帶金只好放棄唱歡歌。直到她的孫兒出生，哄其睡覺的時候，不經意哼起兒時的嘆歌，令她「重拾」唱嘆歌的興致。

5 嘆歌傳承人黎帶金女士訪問，2017年1月20日。

6 廖迪生、胡詩銘編著：《水上嘆歌》，頁 43-54。

7 此書主要分為兩個部分；第一部分是「香港非遺概論」，總結過去的經驗，探討香港保育非遺發展概況。第二部分是「香港非遺實踐」，以繪圖解構八項香港非遺清單，涵蓋五大類型，為非遺在生活中實踐提供可能性。

8 到主題公園的鬼屋消費，彷彿成為感受萬聖節氣氛的重要媒介。感覺上西方萬聖節好像一個節慶活動，多於一個悼亡節日。參加者可以盡情玩樂，沒有任何禁忌，當晚很多人會刻意「扮鬼扮馬」，奇裝異服，通宵達旦參加萬聖節派對。

9 單以西營盤為例，東邊街渣甸橋盂蘭勝會、西區正街水陸坊眾盂蘭勝會和西區常豐里老福德宮聯誼會盂蘭勝會相繼停辦，部分物資已捐給長春社文化古蹟資源中心作永久收藏。

10 2012 年，香港賽馬會慈善信託基金資助「香港潮人盂蘭勝會考察計劃」，委託香港
樹仁大學陳蒨教授進行全港潮人盂蘭勝會研究和田野考察，2015 年結集出版《非物
質文化遺產、集體回憶與身份認同：潮籍盂蘭勝會》。潮屬亦自資出版多本普及和
宣傳刊物，包括：《國家級非物質文化遺產 —— 中元節（香港盂蘭勝會）》紀念特
刊及小冊子、《盂蘭的故事》漫畫書及《香港盂蘭文化與當代社會》通識專題研習
教材等。除了研究和出版外，自 2012 年起，每年召開全港各區盂蘭勝會座談會，
聯合各區盂蘭勝會代表和香港特區政府官員商討盂蘭勝會傳承問題。事實上，香港
盂蘭文化節當然屬於保育盂蘭的具體工作之一。詳見吳淑芬編：《香港盂蘭文化節
2018 場刊》（香港：香港潮屬社團總會，2018 年），頁 10-11。

11 詳見黃競聰：《風俗通通識》（香港：長春社文化古蹟資源中心，2012 年），頁 103-
121。

12 如有相同分數則以抽籤方式決定。

13 香港盂蘭文化節總統籌胡炎松訪問，2015 年 8 月 24 日。

14 黃競聰、蘇敏怡編著：《香港非遺便覽與實踐》（香港：長春社文化古蹟資源中心，
2017 年），頁 154-160。

結語：香港民俗館與非遺中心

「生和隆」三個字，紮作行業內無人不識，創辦人梁有錦是紮作界殿堂級師傅，譽為花燈大王，現今炙手可熱的紮作師均是其門人，並以曾拜師梁有錦學藝為榮。梁有錦師傅雖已去世，但其紮作品仍已成為香港歷史博物館的展品。現在生和隆正處於半休業狀態，他的兒子梁金華退休後，間或返回生和隆，整理亡父生前的資料和遺物。每次筆者走進生和隆，抬頭一看很自然瞧見到一枝黃底紅字的錦旗，敬贈者為「香港華人風俗促進會」，該組織成立 1976 年，致力舉辦各類型中國傳統文藝活動。這個非牟利團體由一班知名的富商和華人菁英倡議成立，他們均是當時赫赫有名之輩，如馮秉芬、鄧肇堅、鄭裕彤、胡漢輝、廖烈武、岑才生等，其目標是「挽救逐漸式微的中國風俗」。[1]

上世紀七十年代，香港經濟起飛，市民大眾普遍受惠，生活質素逐步提升。在獅子山下，港人安居樂業，埋首於各類型投資產品，期望追求更優質的生活。傳統風俗趕不上潮流的步伐，香港很多傳統風俗已近式微，年輕一輩不再重視中國傳統文化，

生和隆創辦人梁有錦師傅是行內公認的紮作業大宗師，人稱花燈大王。

非遺中心時常舉辦推廣和教育活動，讓社會大眾認識香港非遺。

普遍缺乏傳統風俗和信念的認識，對傳統風俗活動的參與意識更是薄弱。香港華人風俗促進會擔當了推動傳統風俗文化的角色，舉辦各類型中國傳統文藝活動，嘗試扭轉港人重利的社會風氣。1977年，香港華人風俗促進會與香港旅遊協會合作，在維園舉行全港首個大型中秋節花燈晚會，帶動了其他地區相繼仿效，形成年度的盛事。其後短短數年之間，該會接連舉辦傳統文化活動，包括：調查與研究、專題講座、展覽會、比賽和考察古蹟等。

華人風俗促進會的成功在於一班熱愛中華傳統文化的華人菁英，憑藉豐富人脈和資源，並獲得官方充分的支持下，以贊助形式舉辦傳統節日的慶祝活動。全盛時期，該會邀請到時任港督尤德爵士夫人擔任名譽贊助人，社會各界領袖紛紛加入，使華人風俗促進會更獲社會大眾的認可。1984年，華人風俗促進會進一步拓展會務，計劃招募社區人士加入成為會員，並將其分為四類，計有普通會員、學生會員、永遠會員及贊助會員。[2] 1986年，該會更計劃資助及支持青松觀興建全港第一間香港民俗館，「專門展出精美的中國文物、手工藝品、農具及民間收藏品，以便將傳統風俗習慣傳予後人，為熱心研究中國民間藝術的各界人士提供豐富資料。」[3]

據該會初步構思，整座民俗館樓高三層，分為三大主題；第一部分陳列青松觀珍貴藏品，第二部分展出與香港傳統風俗有關的展品，第三部分是農曆時令的應節物品。除此以外，民俗館還設有攤檔，不定期示範手工藝、表演技藝和中國舞蹈等。[4] 這個

構思並非憑空想像出來，其實早已與青松觀、新界鄉議局和地政處、屯門拓展處等密鑼緊鼓籌備。屯門民俗館選址「屬意於毗連青松觀西南方的一幅土地上。因民俗館的風格及建築形式構想，均與青松觀現有的亭台樓閣，園林水榭相同，極富東方色彩，形成一系列和諧一致的東方建築物，他日落成，對本港及外來遊客均有強烈的吸引力。」[5] 可惜的是，屯門興建民俗館的計劃最終落空，類似的民俗館則相繼於荃灣和柴灣落成。

這兩個民俗館就是今日大家熟悉的三棟屋和羅屋。[6] 它們分別座落於鐵路港島線和荃灣線的終點站。因着鐵路工程的開展，處身於工程範圍內的古老鄉村被迫拆村，港英政府預視到荃灣和柴灣的地貌即將面臨翻天覆地的變化，保留兩座古蹟有助社會大眾認識地區發展的歷史。從保育古蹟的角度來看，保存古蹟只是保育的第一步，接下來還要思考如何活用古蹟，迎合現代社會的需要。事實上，活化現存古蹟作民俗館，比起重新興建一幢民俗館，這似乎更合經濟效益。加上，民俗館位處屯門區，交通不太便利；相對而言，三棟屋和羅屋鄰近鐵路站，相信也是當局放棄在屯門建民俗館的原因。

在當時社會重利的風氣下，三棟屋和羅屋能活化為民俗館，已算是不幸中之不幸。除此以外，包括上窰民俗文物館，共有三座古蹟已活化為民俗館，但這是否就能完全取代一座全新的香港民俗館呢？三間經活化的民俗館均屬於客家建築，活化後的展覽自然離不開以展示客家人昔日的生活方式為主軸。受場地空間所囿，加上展館的角色定位是公共博物館，展覽場地已經再沒有多

餘空間進一步延伸展示其他群體的生活習慣，更遑論介紹香港傳統風俗，並提供場地作表演技藝的示範。現時，康文署轄下與香港傳統文化有關的博物館共有十二間，其中有三間屬於客家歷史博物館，餘下僅有香港歷史博物館設有香港故事館，涵蓋了香港四大民系的傳統文化。

顯然，香港客家文化並不代表香港傳統文化，更甚者四大民系亦難以概括香港傳統文化的多樣性。客家歷史博物館佔據數量上的優勢，純粹出於「歷史遺留下來的問題」，是港英政府與新界大宗族互相角力下偶然產生的結果。隨着非遺概念的引入，2014 年 6 月，特區政府發表〈香港非物質文化遺產普查建議清單〉，以《公約》的五大類別，普查出四百八十個項目。[7] 2015年 5 月，康樂及文化事務署將非物質文化遺產組升格為非物質文化遺產辦事處，以便加強保育香港非遺的工作。2016 年，三棟屋博物館搖身一變成為香港非物質文化遺產中心，並舉辦一系列教育活動，讓社會大眾認識香港非遺。2018 年，政府撥款三億元支持香港非遺保育工作，翌年非遺辦推出「社區主導項目」和「伙伴合作項目」，相信在不久將來，香港傳統風俗又會有一番新景象。[8]

註釋

1　《華僑日報》，1984 年 10 月 20 日，〈華人風俗促進會成立八周年紀念特刊〉。

2　凡成為會員者均可參加該會舉辦之活動，獲贈該會出版之刊物，以及購買該會舉辦之表演項目門券時享有折扣優惠。詳見《華僑日報》，1984 年 10 月 20 日，〈華人風俗促進會成立八周年紀念特刊〉。

3　《華僑日報》，1986 年 4 月 18 日，〈未來方針促進瞭解推廣與保存風俗重要　將多方面推廣我國風俗　着重鼓勵市民參與研究　建民俗館展中國文物民間珍藏手工藝品　舉辦講座展覽研討會推動宣傳中國文化〉。

4　《華僑日報》，1986 年 4 月 18 日，〈華人風俗促進成立十周年紀念特刊〉。

5　《華僑日報》，1985 年 5 月 24 日，〈屯門計劃建龐大民俗館 吸引外來遊客〉。

6　《華僑日報》，1986 年 2 月 5 日，〈荃灣三棟屋改建民俗館 近千萬工程合約批出〉；《華僑日報》，1986 年 6 月 14 日，〈二百年歷史「羅屋」重修復舊觀改作民俗館〉。

7　香港首份非物質文化遺產普查清單，https://bit.ly/2QTzFol。

8　非物質文化遺產資助計劃：https://bit.ly/3jXItpo。

參考書目舉要

中文專著

1. 〔漢〕班固:《漢書》,北京:中華書局,1962 年。

2. 〔漢〕應劭:《風俗通義》,上海:上海古籍出版社,1990 年。

3. 〔清〕屈大均:《廣東新語》,北京:中華書局,1985 年。

4. 〔清〕舒懋官修,〔清〕王崇熙纂:《新安縣志》(嘉慶)。

5. 丁世良等編:《中國地方志民俗資料匯編・中南卷》,北京:北京圖書館出版社,1991。

6. 丁新豹:《人物與歷史:跑馬地香港墳場初探》,香港:香港當代文化中心,2008 年。

7. 卜永堅等:《大埔傳統與文物》,香港:大埔區議會,2008 年。

8. 王開桃、宋俊華:《沙灣飄色》,廣州:暨南大學出版社,2011 年。

9. 文榕福主編:《泰亨鄉(庚寅年)太平清醮特刊》,香港:明登設計印刷公司,2010 年。

10. 文榕福:《泰亨鄉乙未年(2015)太平清醮特刊》,香港:泰亨鄉乙未年(2015)太平清醮建醮委員會,2015 年。

11. 井欄樹村辛卯年安龍清醮特刊編輯委員會:《井欄樹村 1981-2011 辛卯年安龍清醮特刊》,香港:井欄樹村辛卯年安龍清醮特刊編輯委員會,2011 年。

12. 田仲一成著，錢杭、任余白譯：《中國的宗族與演劇 —— 華南宗族社會中祭祀組織、儀禮及其演劇的相關構造》上、下冊，香港：三聯書店（香港）有限公司，2019 年。

13. 民政署信託基金小組廟宇小組編：《廟宇指南》，香港：民政署，1980 年。

14. 打鼓嶺慶祝坪源天后寶誕演戲理事會：《打鼓嶺區慶祝甲午年坪源天后寶誕》，香港：打鼓嶺區坪源天后廟理事會，2014 年。

15. 石澳村、大浪灣村、鶴咀村太平清醮籌委會主編：《石澳村、大浪灣村、鶴咀村太平清醮特刊》，香港：石澳村、大浪灣村、鶴咀村太平清醮籌委會，2016 年。

16. 危丁明：《仙蹤佛跡：香港民間信仰百年》，香港：三聯書店（香港）有限公司，2019 年。

17. 阮志：《入境問禁：香港邊境禁區史》，香港：三聯書店（香港）有限公司，2014 年。

18. 朱詠筠等編：《學有所承：傳統工藝師生作品展》，香港：長春社文化古蹟資源中心，2014 年。

19. 朱詠筠編著：《傳統、現今與反思 —— 國家級非物質文化遺產教材套》，香港：長春社文化古蹟資源中心，2016 年。

20. 沙田區九約十年一屆乙酉年太平清醮委員會編：《沙田區九約十年一屆乙酉年太平清醮特刊》，香港：沙田區九約十年一屆乙酉年太平清醮委員會，2005 年。

21. 沙田九約（乙未年）十年一屆太平醮醮刊編輯小組：《沙田九約（乙未年）十年一屆太平醮特刊》，香港：沙田九約（乙未年）十年一屆太平醮建醮委員會，2015 年。

22. 沙田大圍村建醮委員會主編：《沙田大圍村侯王宮十年一屆丁酉年太平清醮》，香港：沙田大圍村侯王宮十年一屆丁酉年太平清醮，2017 年。

23. 沙頭角鹽寮吓十年一屆酬神慶典特刊編輯小組：《沙頭角鹽寮吓十年一屆酬神慶典特刊》，香港：沙頭角鹽寮吓十年一屆酬神慶典大會，2017 年。

24. 何佩然：《班門子弟：香港三行工人與工會》，香港：三聯書店（香港）有限公司，2018 年。

25. 邵婉欣：《漁數家珍 —— 香港仔鴨脷洲生活誌》，香港：長春社文化古蹟資源中心，2016 年。

26. 余繩武、劉存寬、劉蜀永編著：《香港歷史問題資料選評》，香港：三聯書店（香港）有限公司，2008 年。

27. 冼玉儀、劉潤和主編：《益善行道：東華三院 135 周年紀念專業文集》，香港：三聯書店（香港）有限公司，2006 年。

28. 林秉輝編輯：《本地華人傳統婚禮》，香港：香港市政局，1991 年。

29. 周康燮主編：《廣東風俗綴錄》，香港：崇文書店，1972 年。

30. 周樹佳：《香港民間風土記憶》，香港：天地圖書有限公司，2007 年。

31. 周樹佳：《香港諸神：起源、廟宇與崇拜》，香港：中華書局（香港）有限公司，2009 年。

32. 周樹佳：《觀塘廟宇實錄》，香港：觀塘區議會，2010 年。

33. 周樹佳：《鬼月鈎沉：中元、盂蘭、餓鬼節》，香港：中華書局（香港）有限公司，2015 年。

34. 科大衛、陸鴻基、吳倫霓霞合編：《香港碑銘彙編》，香港：香港市政局，1986 年。

35. 施志明：《本土論俗：新界華人傳統風俗》，香港：中華書局（香港）有限公司，2016 年。

36. 胡炎松：《破解盂蘭迷思》，香港：香港樹仁大學，2015 年。

37. 胡樸安主編：《中華全國風俗志》上卷，石家莊：河北人民出版社，1986 年。

38. 香港城市大學中國文化中心編：《考察香港：文化歷史個案研究》，香港：三聯書店（香港）有限公司，2005 年。

39. 香港長洲太平清醮值理會編印：《玄天上帝丙戌年長洲太平清醮：包山節會景巡遊》，香港：香港長洲太平清醮值理會，2010 年。

40. 馬木池等：《西貢歷史與風物》，香港：西貢區議會，2003 年。

41. 馬沅編：《香港法例彙編》，香港：華僑日報有限公司，1936 年。

42. 馬金科主編：《早期香港史研究資料選輯》上、下冊，香港：三聯書店（香港）有限公司，1998 年。

43. 陳守仁：《神功戲在香港：粵劇、潮劇及福佬劇》，香港：香港中文大學音樂系粵劇研究計劃，2008 年。

44. 陳守仁、湛黎淑貞：《香港神功戲粵劇的浮沉》，香港：中華書局（香港）有限公司，2018 年。

45. 陳運棟：《客家人》，台北：聯亞出版社，1980 年。

46. 陳植漢：《老港滋味》，香港：中華廚藝學院，2014 年。

47. 陳蒨、祖運輝、區志堅編：《生態與文化遺產──中日及港台的經驗與研究》，香港：中華書局（香港）有限公司，2014 年。

48. 陳蒨：《潮籍盂蘭勝會──非物質文化遺產、集體回憶與身份認同》，香港：中華書局（香港）有限公司，2015 年。

49. 陳錦濤等著：《與師傅對話》，香港：創意館有限公司，2016 年。

50. 徐振邦：《七月講鬼》，香港：次文化堂，2014 年。

51. 高添強：《高山景行──香港仔華人永遠墳場的建立與相關人物》，香港：華人永遠墳場管理委員會，2012 年。

52. 梁炳華：《北區風物志》，香港：北區區議會，1994 年。

53. 梁炳華：《觀塘風物志》，香港：觀塘區議會，2009 年。

54. 莫斯（Peter Moss）：《馬照跑：香港賽馬會千禧年回顧──香港賽馬史》，香港：香港賽馬會，2000 年。

55. 許舒著，林立偉譯：《新界百年史》，香港：中華書局（香港）有限公司，2016 年。

56. 費成康：《中國家族傳統禮儀》，上海：上海社會科學出版社，2003 年。

57. 厦村鄉約甲午年醮刊編輯委員會：《厦村鄉約甲午年建醮特刊》，香港：厦村鄉約甲午年醮務委員會，2014 年。

58. 黃佩佳著，沈思編校：《香港本地風光‧附新界百詠》，香港：商務印書館（香港）有限公司，2017 年。

59. 黃湘陽主編：《第三屆中華文化人文發展國際學術研討會論文集（補編）》，香港：珠海學院中國文學及歷史研究所，2019 年。

60. 黃競聰：《風俗通通識》，香港：長春社文化古蹟資源中心，2012 年。

61. 黃競聰編：《風俗演義》，香港：長春社文化古蹟資源中心，2012 年。

62. 黃競聰、劉天佑：《香港華人生活變遷》，香港：長春社文化古蹟資源中心，2014
年。

63. 黃競聰、蘇敏怡編著：《香港非遺便覽與實踐》，香港：長春社文化古蹟資源中
心，2017 年。

64. 彭淑敏：《逝者善終、生者善別：圖解香港華人喪葬禮俗》，香港：衛奕信勳爵文
物信託，2018 年。

65. 華琛、華若璧：《鄉土香港 —— 新界的政治、性別及禮儀》，香港：中文大學出版
社，2011 年。

66. 渡邊欣雄，周星譯：《漢族的民俗宗教 —— 社會人類學的研究》，台北：地景企業
股份有限公司，2000 年。

67. 葉德平、黃競聰：《西貢．非遺傳承計劃：西貢麒麟舞》，香港：西貢區議會，
2019 年。

68. 葉德平、黃競聰：《西貢．非遺傳承計劃：西貢漁歌》，香港：西貢區議會，2020
年。

69. 鄭心墀：《趣談香港今昔》，香港：萬里書店出版社，2000 年。

70. 鄭寶鴻：《百年香港慶典盛事》，香港：經緯文化出版社，2014 年。

71. 蒲台島風物志工作組：《蒲台島風物志》，香港：中華書局（香港）有限公司，
2016 年。

72. 鄧家宙：《香港華藉名人墓銘集（港島篇）》，香港：香港史學會，2012 年。

73. 鄧國新主編：《元朗街坊十年例醮勝會（癸巳 2013）》，香港：元朗街坊十年例醮
勝會（癸巳 2013）特刊編輯委員會，2013 年。

74. 鄧錦祺、鄧月嫺主編：《大埔頭鄉癸巳年太平清醮特刊》，香港：大埔鄉事委員
會，2013 年。

75. 廖迪生、張兆和：《香港地區史研究之二 —— 大澳》，香港：三聯書店（香港）有
限公司，2006 年。

76. 廖迪生主編：《非物質文化遺產與東亞地方社會》，香港：香港科技大學華南研究
中心，2011 年。

77. 廖迪生主編：《認識大澳傳統龍舟遊涌》，香港：香港科技大學華南研究中心，2012 年。

78. 蔡志祥、韋錦新、潘淑華：《「迷信話語」報章與清末民初的移風變俗》，香港：香港科技大學華南研究中心，2013 年。

79. 蔡志祥：《酬神與超幽：香港傳統中國節日的歷史人類學視野》上、下卷，香港：中華書局（香港）有限公司，2019 年。

80. 蔡榮基：《榮基花牌》，香港：榮基花牌（香港）有限公司，2019 年。

81. 慶春約十年一屆太平清醮建醮委員會編印：《慶春約十年一屆太平清醮紀念特刊》，香港：慶春約十年一屆太平清醮建醮委員會，2019 年。

82. 劉義章主編：《客家區域文化叢書：香港客家》，桂林：廣西師範大學出版社，2007 年。

83. 劉繼堯、袁展聰：《武舞民間——香港客家麒麟研究》，香港：商務印書館（香港）有限公司，2018 年。

84. 橫州六村壬申年太平清醮編輯小組成員：《橫州六村壬申年太平清醮特刊》，香港：橫州建醮委員會，2012 年。

85. 龍炳頤：《香港古今建築》，香港：三聯書店（香港）有限公司，1992 年。

86. 蕭放：《傳統節日與非物質文化遺產》，北京：學苑出版社，2011 年。

87. 蕭國健：《清初遷海前後香港之社會變遷》，台北：台灣商務印書館，1986 年。

88. 蕭國健：《香港古代史》，香港：中華書局（香港）有限公司，2006 年。

89. 蕭國健：《香港新界之歷史與鄉情》，香港：華文教交流服務中心，2008 年。

90. 蕭國健、謝永昌：《香港廟神志》，香港：香港道教聯合會，2010 年。

91. 蕭國健：《香港華人古今婚俗》，香港：顯朝書室，2012 年。

92. 蕭國健、游子安主編：《鑪峰古今：香港歷史文化講座 2012》，香港：珠海學院香港歷史文化研究中心，2013 年。

93. 蕭國健、游子安編：《鑪峰古今：香港歷史文化論集 2013》，香港：珠海學院香港歷史研究中心，2014 年。

94. 蕭國健、游子安主編:《鑪峰古今:香港歷史文化論集 2015》,香港:珠海學院香港歷史文化研究中心,2016 年。

95. 蕭國健:《香港華人傳統文化》,香港:中華書局(香港)有限公司,2018 年。

96. 蕭國健、沈思、葉慶芳:《香港圍村調查報告》。

97. 蕭登福:《太歲元辰與南斗星神信仰》,香港:嗇色園,2011 年。

98. 謝德隆主編:《上水鄉二〇〇六年(歲次丙戌)六十年一屆太平清醮特刊》,香港:上水鄉鄉公所,2006 年。

99. 謝德隆主編:《粉嶺龍躍頭鄉十年一屆太平清醮癸巳年(二零一三年)醮會特刊》,香港:龍躍頭鄉公所,2013 年。

100. 謝德隆、孟榮雲編輯:《鄧氏族譜:香港厦村鄉洪惠房子厚祖派系》,香港:謝德隆設計出版社,2015 年。

101. 謝德隆主編:《錦田鄉十年一屆酬恩建醮歲次乙未(2015 年)第三十三屆特刊》,香港:錦田鄉十年一屆酬恩建醮第三十三屆委員會,2015 年。

102. 譚思敏:《香港新界侯族的建構》,香港:中華書局(香港)有限公司,2012 年。

103. 饒玖才:《嶺海漫話》,香港:天地圖書有限公司,2005 年。

104. 嚴昌洪:《中國近代社會風俗史》,台北:南天書局,1998 年。

英文專著

1. Faure, D., *The Structure of Chinese Rural Society: Lineage and Village in the Eastern New Territories*, Hong Kong: Oxford University Press, 1986.

2. Faure, D., Siu, H., *Down to Earth: The Territorial Bond in South China*, California: Stanford University Press, 1995.

3. Hase, P.H., Sinn, E. (Ed.), *Beyond the Metropolis: Villages in Hong Kong*, Hong Kong: Joint Publishing (H.K.) Co. Ltd., 1995.

4. Hayes, J., *The Rural Communities of Hong Kong: Studies and Themes*, Hong Kong: Oxford University Press, 1983.

5. Hayes, J., *The Great Difference: Hong Kong's New Territories and its People, 1898-2004*, Hong Kong: Hong Kong University Press, 2006.

封面圖片　　小童在新界鄉村玩鞭炮取樂（圖片由周家建博士提供）

本書部分圖片由長春社文化古蹟資源中心（CACHe）和蘇萬興先生借出

策劃編輯　　梁偉基

責任編輯　　張軒誦

書籍設計　　吳冠曼

書　　名　　簡明香港華人風俗史

著　　者　　黃競聰

出　　版　　三聯書店（香港）有限公司

　　　　　　香港北角英皇道 499 號北角工業大廈 20 樓

　　　　　　Joint Publishing (H.K.) Co., Ltd.

　　　　　　20/F., North Point Industrial Building,

　　　　　　499 King's Road, North Point, Hong Kong

香港發行　　香港聯合書刊物流有限公司

　　　　　　香港新界大埔汀麗路 36 號 3 字樓

印　　刷　　美雅印刷製本有限公司

　　　　　　香港九龍觀塘榮業街 6 號 4 樓 A 室

版　　次　　2020 年 10 月香港第一版第一次印刷

規　　格　　大 32 開（140 × 210 mm）368 面

國際書號　　ISBN 978-962-04-4702-0

© 2020 Joint Publishing (H.K.) Co., Ltd.

Published & Printed in Hong Kong